新订人文地理随笔

唐晓峰 著

生活·讀書·新知三联书店

Copyright © 2018 by SDX Joint Publishing Company.
All Rights Reserved.
本作品版权由生活·读书·新知三联书店所有。
未经许可，不得翻印。

图书在版编目（CIP）数据

新订人文地理随笔／唐晓峰著．—北京：生活·
读书·新知三联书店，2018.4（2023.1重印）
（三联精选）
ISBN 978-7-108-06110-2

Ⅰ.①新… Ⅱ.①唐… Ⅲ.①人文地理学－文集
Ⅳ.①K901-53

中国版本图书馆 CIP 数据核字（2017）第 231144 号

特邀编辑	吴　彬
责任编辑	王　竞
装帧设计	鲁明静
责任印制	董　欢
出版发行	生活·讀書·新知 三联书店
	（北京市东城区美术馆东街 22 号 100010）
网　　址	www.sdxjpc.com
经　　销	新华书店
印　　刷	河北松源印刷有限公司
版　　次	2018 年 4 月北京第 1 版
	2023 年 1 月北京第 3 次印刷
开　　本	850 毫米 × 1168 毫米　1/32　印张 13.25
字　　数	272 千字　图 127 幅
印　　数	12,001－14,000 册
定　　价	46.00 元

（印装查询：01064002715；邮购查询：01084010542）

目录
Contents

新订版序言 1

一

中国最早的地理记录 2

"断代"工程与"断地"工程 5

大禹治水传说的新证据 8

中国的"两河文明" 12

山脉与历史 16

国家起源的"地理机会" 29

古代黄土高原的另一种居民 34

民族与地域 38

"边缘"的价值 41

"文明老区"行 44

二

翻越中条山 50

垣曲有座博物馆 53

南风歌 58

闯出山西　63

山东地区与华夏文明　67

寇准与巴东　71

西南首善　75

玉石传奇　79

澳门　黑沙　白玉环　83

天子之南库　87

三

观天文，察地理　92

中国古代的"神文地理"　96

泥里金龙　102

"墓大夫"的事业　106

古代的"数字"地理　110

人文地理大界线　113

中国古代王朝正统性的地理认同　117

环境狂想曲　125

山中无老虎　128

目录

四

风从四方来 134

歌唱自然的时代 137

含咀山水之英华 141

大块文章 144

地可以怨否 147

家乡情怀 150

地远车疾 153

穷家富路 157

五

中国近代地理学的"身世" 162

行年二十,步行三千 172

时代遗情 176

毛泽东的革命地理 179

兵家地理 183

中国地图上的长城 191

地图与人 195

"如何用地图扯谎" 199

梵蒂冈的地图画廊 203

六

"瓦子"与城市 212

城市的"商"态环境 215

虚拟世界 218

人居的都市 221

都市大街 224

时尚地理 230

宠物景观 234

休闲之美 238

生活地理：地点、场所 242

历史的视窗 251

回望自行车时代 254

工业遗产 258

陌生的城市 262

城市纪念性小议 265

老北京 270

访谈录：近代北京城如何脱离传统 275

七

环境的起源 290

名分问题 297

目录

长城内外是故乡 305

"边地"的主体性与多元性 313

人文疆界 328

地理学与"人文关怀" 337

原生态社会 345

城市包围农村：台湾观感 356

八

现代语境下的徐霞客 366

还地理学一份人情 379

"我最热爱的是中国" 388

泽林斯基的《美国文化地理》 399

"天涯共此时"

（附《大卫·哈维：当代人文地理学家中的思想者》） 405

新订版序言

我喜欢地理学在思想上的丰富性、文化上的丰富性,从远处说,它是文明成就的一种,从近处说,它贴近人心,贴近生活。琢磨这些问题,既能满足学术兴趣,也能增加文化乐趣、生活乐趣。

地理知识是一种素材,是科学的素材,也是思想文化的素材,不在思想文化方面用功,是丢掉了地理学的半壁江山。在我国目前的地理学界,多数人都在钻研环境问题、经济问题,这是基础建设的需要,没错。但从长远来说,地理在思想文化上的表现,会成为越来越多人们的兴趣所在,它的大众性更强。

在学习的时候,常常有这样的情况,你听到一个新的学术概念,开始不明白,想了半天,"噢,原来是这么回事"!随后,你用几句通俗语言做了解释。在这个瞬间,你已经把学术概念转换成通俗语言了,我认为这是真正的领悟。当然也有相反的过程,普通人说了一件事情,学问家听了听,会说(例如):"你讲的就是福柯提出的 discourse。威权通过 discourse 而自我实现。"很多学者喜欢这个过程。我却喜欢前面那种过程,写随笔,就是品味那种心得。

人文地理的话题,是常写常新的,因为社会在发展,人的思想在变、眼光在变,一代人取代一代人,后浪推倒前浪,会有意料不到的主题出现。而我们的古老大地,对无论怎样的"新新人类",

都是厚载不弃的，大地之宽容会是永恒的话题。当然，如果有谁不顾大地的脾气禀性，胡作非为，大地也会是不客气的。

《人文地理随笔》的第一版是二〇〇五年发行的，现在过去了十来年，老友吴彬提出修订一下再版。我于是复查了一下原来的篇目，感觉有些话题比较死板，有些篇目比较学院气，不适于放在"随笔"名下，于是拿掉。另外，近些年又有些新写的篇目，正好趁这个机会加进来，这样就形成了这本《新订人文地理随笔》。

本书中的短文曾分别在《中国国家地理》《读书》《书城》《社会学家茶座》等刊物上发表，因为时间过了很久，已不易一一查清它们发表的时间了，请读者见谅。

唐晓峰

二〇一七年七月十日于五道口嘉园

中国最早的地理记录

——纪念甲骨文发现一百周年

一百多年前,金石学家王懿荣在药铺常卖的"龙骨"上识出文字,从而掀开以甲骨文(卜辞)研究历史的新阶段。甲骨文的发现,与竹简帛书、敦煌文书、故宫档案的发现,并列为二十世纪我国历史文献的重大发现。一九九九年八月,在甲骨文主要出土地安阳,举行了庆祝甲骨文发现一百周年的国际学术研讨会。

面对甲骨文的古拙,文辞的简略,我们很容易会小看了使用这种文字的人,进而小看了商代文明,这是不当的。考古学与古文献学研究证明,商代的政治文化、精神文化已有很高的水平,原来怀疑是晚出的东西,不少都在甲骨卜辞中发现了存在的证据,如干支的使用。现已发现的十几万块甲骨卜辞材料,是中国最早的系统文字材料,所记录的内容十分可观,其中地理一项,所含信息不少,可以说是中国地理知识记录史的第一篇。

首先,有地理知识就得有地名,很难设想没有地名的地理知识是个什么样的东西。对大地的利用越充分,地理知识积累得越多,出现的地名也就越多。现在所发现的甲骨文,仅仅是商代文字的一部分,就已经有上千地名。而商代必然还有写在其他材料上的文字(只是没有保存到今天)与更为丰富的口头语言,所以商代实际使用的地名应当更多。

地名主要属于人文地理的范畴，它所体现的是大地上人文活动的积累。大量地名的出现，说明卜辞记录的有关人与"地"的事很多。学者们按地追踪，发现商人的活动范围和地理视野相当大。如商王在都城殷（今河南安阳）命人贞卜，对象可以是太行山另外一侧某国的安危，也可以是陕西泾渭地区某国的凶吉。而"鬼方""工方""夷方""土方""羌方"等，则代表了更为遥远的人文地理区位。

当然，甲骨文中许多地名已成为死字，我们今天只能看到笔画样子，却读不出字音来，更不知是指哪块地方。它们是被历史淘汰了的文字，从而也终止了对它们所代表的地点的记忆。不过，甲骨文中也有些地名竟沿用到了今天，像洛、洹、沁、淄等。洹，就是洹字的老祖先。从洹到洹，形式上变了不少，但意思还是一样，这正是中国文明连续性的一个小证据。

甲骨卜辞证明商代有异地同名现象，原因是地名源于族名，如戈族住的地方就叫戈，共族住的地方就叫共。如果戈族搬到

商代甲骨刻辞拓本，内有"洹"水一名

另外一个地方，那么新的地方还叫戈。这个现象说明了文明早期人文地名起源的一个重要特点。

甲骨文的地名中有自然的山河名称，有多样的风向说明，而更值得注意的是人文地理的东西。史学家称早期模糊的记载为"史影"，那么，在支离残缺的甲骨卜辞中，不但有人文的"史影"，也有人文的"地影"。对人文的"地影"，卜辞专家如王国维、郭沫若、陈梦家、李学勤等都进行过研究推断，使我们对商代的人文地理态势，有了稍微具体的认识。卜辞中最常见的人文地理内容有城、邑、边鄙（郊区）、商王的田猎区、四土、邦方（方国部族）等，这几样东西构成了商代人文地理的主要框架。

甲骨文材料证明商代已经出现大地域国家的早期特征，而国家领土只要大到一定程度，就会出现所谓"中央与地方的关系"一类问题。中国古代常说"王畿千里"，"王畿"可以理解为"中央"，国土若超过了一千里，就有了"地方"。随着领土的扩大，国家机器要建立一套管理控制大地域的办法，具体说就是"中央"管控大量"地方"的办法，地理的政治内容因此出现。

商代所谓的"地方"是什么样子？王玉哲先生曾提出一个很值得重视的看法：商代的国土不是一个弥合的整体，而是以都城（大邑）为中心，四周远近散布着几个或几十个属于商朝的诸侯"据点"，在这些据点之间的空隙地带，存在着不听命于商朝甚至与商朝敌对的小方国，就是说，商朝的国土是疏而有漏，这是早期大地域国家的政治地理形态。这种疏而有漏的形态，到了秦汉高度集权的帝国时代，则是不被容忍的东西了。

"断代"工程与"断地"工程

夏商周断代工程，目的在断定中国古代文明进程的准确时间，意义非常重大。作为地理从业者，我们称道断代研究的同时，又自然而然地想到另一桩重要的事，即中国古代文明发展的地理空间问题，有条件的话，我们能否也做一回夏商周"断地"工程。

理论上我们把时空分开，但事情的时空属性必然是交织在一起的。"发生"一词在英文作"take place"，直译是"找一处地方"。这个词用得好，文明发生时，要找一处地方。文明的发生到底在哪里？文明的发展壮大又先后朝着哪些地理方向？文明的地盘又是如何向四面步步壮大？这些都需要做"断地"研究。而这些"地"若与"代"挂起钩来，我们的文明发生问题就更加清晰明白了。

对于中华文明的空间地域问题，历来有各种说法，混乱之状并不亚于"代"的问题。在王朝时代，生长在"文明"地域的冠带士子骄傲得很，以为泱泱华夏在舜爷、禹爷的时代，就南抚交趾、北定山戎、西抵渠羌、东尽鸟夷，"方五千里，至于荒服"（到了蛮夷的地方）。直到二十世纪二三十年代，顾颉刚先生带头澄清了这个问题，提醒人们文明不可能一下子就坐出一片大地盘，疆域只能是渐渐大起来的。

但是，后来又有人把早期朝代的地盘尽量地压缩，压到小得可怜。比如说商朝，不过是一个以安阳为中心的"统治家族"，是个极为一般的"城邦小国"。按照城邦小国的思路去想，商朝地域范围怎么也宽广不起来。可是，我们明明读过商朝后人缅怀祖先的诗句"邦畿千里，维民所止，肇域彼四海"。我们又明明在距离中原近千里以远的湖北黄陂看到典型的商代城址。

那么，我们文明历史上这个光辉的奠基时代，即夏代、商代、周代时期的疆域究竟到了什么程度？这是相当重要却又相当难断的问题。在三代以后的朝代，都设立了一套郡（州）县制度，疆域内分布着密密麻麻的郡县名称，它们大多方位记载明确，以它们为定位点，可以做很细致、很实在的古代地理研究。可是在三代时期，没有（或者说没有记载下来）如此密集准确的地名供我们方便地使用。欲恢复三代地理的本相，需要配合其他办法，诸如考古学、古文字学等。

在传世及出土的卜辞金文中，有不少三代的地名，如果将它们仔细落实，再结合许多文化遗址，可以大大增进对三代历史地理的了解，明确它们的疆域范围。另外，近二三十年的考古发现已经频频令我们吃惊，不少原以为是"狐狸所居，豺狼所嗥"的地方，忽然挖出精美陶玉，现出庄严鼎彝。对我国早期文明的足迹之密、放形之远，学者们又越来越不敢低估了。一些在"想不到的地方"所发现的重要遗址，都引发我们认真地去想一想：它们在古代文明大地谱系中曾占据怎样的坐标、具有怎样的人文地理属性？

由考古新材料所导致的历史地理观念的变化，几乎是"七八年来一次"。过去关于文明的"摇篮"即文明地理重心的理解，还是一元式的，只认黄河中游这一个"摇篮"，尽管其他地方也有另外类型的文化，但不称它们是"摇篮"。现在，只有一个摇篮的理解已经说不通了，因为考古研究显示，在东北、东南、西南都有强大原始文化存在，说明我们的文明最终是由众多摇篮培育起来的。

至于夏商周三代的地理问题，事实与观念也在丰富更新，除了落实新的地名定点、确认地域关系，还有如何认识早期朝代疆域总体形态的问题。我们习惯于将王朝领土想象成连续弥合的，但有专家尖锐地指出，早期国家的领土可以是插花状的。另外，对距都城远近不同的领土，势必存在不同的管理控制方式，如商代有"内服""外服"之别，这在早期国家地域机制中有什么意义？此外，"四夷"地带的重要性不能忽略，三代时期是开放型疆域，那是一个大融合时代，在四夷地带照样埋伏着华夏文明的基因火种。

大禹治水传说的新证据

二〇〇二年春天,保利艺术博物馆的专家在香港古董市场购得一件西周中期的铜器,叫豳公盨,其内底的一篇九十八字的铭文,引起学术界的震动。铭文劈头便讲:"天命禹敷土,随山濬川,乃差地设征。"撇开铭文的其他重要内容不论,仅这十来个字,就说到了中国古代地理的一桩大事,即大禹治水。

大禹治水是每个中国人熟悉的一个历史传说,大概在小学课本中就有了。大禹治水的意义不只是战胜水灾,不只是把洪水疏导光就完事了,这个传说中包含着一系列整理疆土的伟业。到目前为止,我们能追溯到的中国大地上大范围的、一体化的人文地理格局形成的起点,就是以大禹治水这件事为标志的。

豳公盨

大禹治水后,他所行经的地方,被称作"禹迹"。经过大禹治理的地方就变得文明,没得到大禹治理的地方依然是野蛮世界,所以"禹迹"就成为文明之邦的代名词。"芒芒禹迹,画为九州"(《左传》),在"禹迹"的范围内又划分为九个州,于是"九州"又成为文明之邦的代名词。从历史地理的角度看,"九州"比"禹

山东嘉祥武氏祠东汉时期大禹像拓本

迹"有了更进一步的演进,因为"九州"说出了一套地理分区体系、一个大范围的地理格局。从洪荒世界到"九州"的演进,是中国古代文明发展的一个侧面,一场重要的宏观地理变革,这场变革是在大禹治水的传说中表述出来的。

关于大禹治水的传说,文献中多有记载,而最经典的历史文本是《尚书》中的《禹贡》篇。在王朝历史时期,《禹贡》属于儒学经典,备受尊崇,人们笃信大禹治水、分画九州是事实。到二十世纪初,中国王朝体系崩溃,旧学沦落,新思潮涌现。在这个背景下,一批历史学家对中国早期的历史传说进行了认真的清理,指出传世文献记录的东西不是那么可靠,于是纠正了不少对早期历史的误传。关于大禹治水这件事,传世文献的记载受到怀疑,而确凿的证据只有东周时期的铜器铭文,所以大禹治水的传说到底是什

么时候出现的,谨慎的人只追溯到春秋战国,不敢讲得再早。

现在,豳公盨的发现及其铭文的释读,将大禹治水传说的确凿证据提前到了西周时期。有了这个证据的支撑,文献中有关西周时期大禹治水、分画九州传说的记载也相应增强了可信性。我们可以确信,在大约三千年前的时候,大禹治水的传说已经流行了。

大禹治水是历史"传说",但传说背后的时代特征与传说表述的观念应当是真实的。在大禹治水、分画九州的传说中,我们最关心的是对大范围疆域得以整治的积极颂扬,和对其作一体分区的认知方式。这些东西都是西周时期地理思想史上的重大成就。一些青铜器铭文证据显示,到了春秋时期,无论是东方的齐国还是远在西方的秦国,都存在着这样的颂扬和认知方式。

我们一般把"统一中国"的功劳归于秦始皇,而说周代是一个分封割据的社会。但是在许多观念上,特别是在地理观念上,"一统"化或一体化的东西早已在周代大量出现了。除了"禹迹"这个仍带有原始痕迹的一体性地域概念外,周人还说"普天之下,莫非王土","王土"也是一体,是更成熟的一体性地域概念,"九州"则是它的分区。

豳公盨铭文拓片

值得注意的是,周人所

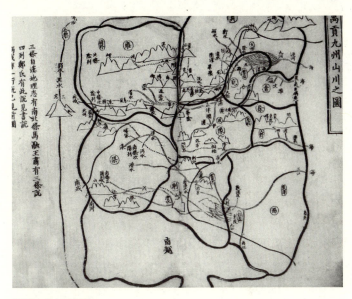

《禹贡九州山川之图》

称颂的"平水土、画九州"的伟业都是在禹的名义下完成的。这说明在周人眼中,禹是一个有影响的人物,而禹所处的夏朝是一个有成就的历史时代。不管周人做了怎样的夸张,也绝不会是无端的编造,我们在探索中国文明起源的问题时,对于周人所传颂的事情,应给予足够的重视。

在这次发现的豳公盨铭文中,还有一项十分重要的地理思想史内容。铭文中将大禹治水与"明德"密切联系起来,也就是说,大禹治水已成为"德"的重要例证。"德",是周人着重宣扬的精神崇拜对象,是一切事物是否具有正统性的标准。大禹治水与"德"的联结,说明"禹迹""九州"这些连带性观念,都具有了如"德"一般的崇高地位。这一思想发展,为后世以"九州"为代表的大一统地理观念之不可动摇的地位,奠定了基础。这是一桩在中国文明发展史中具有深远意义的事情。

中国的"两河文明"

近几十年来,在长江流域发现了不少重要的新石器时代、铜器时代的考古遗址,长江流域的上古文化令人刮目相看。于是有人借用一个老词儿"两河文明",称中国的上古历史是又一个"两河文明"。中国的"两河":一个黄河、一个长江。

中国的这"两河",比原来常说的两河即西亚的幼发拉底河与底格里斯河要长大得多,两岸也辽阔得多。另外,黄河长江的水性、两岸的人文各不相同,历史关系也很复杂。中国的"两河文明"需另有个说法。

从地图上不难看出,幼发拉底河与底格里斯河彼此相距不远,中上游最近处恐不足百里,下游今天已汇流为一,两条河流所处的地理、气候条件基本相同,水性不致相差太大。历史上两河之间(称"美索不达米亚")有苏美尔等古老文明发祥,两河合力浇灌,养育出灿烂成就,如车轮、历法、文字。两条河流在人文发展上的"一体化",是那里的明显特点。

中国的黄河、长江,在养育早期文明方面,很难说一体化。黄河流域的仰韶文化、龙山文化与长江流域的新石器文化不同,是两大类各自成长的原始文化,互不统属。即使到了铜器时代,黄河流域与长江流域的人文关系也不是那么清楚。西亚的两河流域约在公元前二三二〇年时出现统一国家阿卡德－苏美尔，形成"两条河流，一个王权"的局面。而中国的黄河、长江两流域最早何时共尊一个王权，还是个尚待研究的问题，不过显而易见的一点是，黄河、长江的统一比西亚那两河的统一要难得多，也伟大得多。

在中国早期国家阶段，所知力量最大的王权，即夏朝和商朝，都在黄河流域。长江流域可能另有大小王权，或无法确知，或势力小不成气候。黄河流域的夏王权势力是否曾到达长江流域？按史书的说法，大禹曾巡狩到会稽（今绍兴一带），算是到了长江。但今天的历史学家对此事多抱怀疑态度，认为夏朝不可能远控江表。商朝的势力到没到长江？本来也是否定的人多，赞成的人少，但是最近几十年来的考古发现提供了一些有利于赞成派的证据，问题开始变得有趣。

首先是一九七四年湖北黄陂盘龙城商代遗址的发现，其中有城邑宫室、奢侈墓葬、手工业遗址等，各种铜器、陶器的风格与郑州商朝都城遗址的相同。根据这些实物证据推测，很可能是黄河流域商朝的一支贵族率人来到这里筑城定居。问题是，这位贵族为何远离热土辗转至此？他是否负有商王的什么使命？如果这位贵

盘龙城宫殿复原图

族不是偶然来到这里，而是履行商王的一项部署，那么我们可以说：黄河流域商朝的王权到了长江，"两条河流，一个王权"的局面获得了第一个证据确凿的支点。

不过，盘龙城商朝据点的政治意义，必须有更实际的经济说明、军事说明或信仰说明，才站得住，无端的领地扩张、为领土而领土的事情在商代应不存在。在盘龙城遗址被发现以后，继而探索商王对于长江流域究竟抱有怎样的需求的问题，便是一个很实际、很重要的历史地理问题。在长江流域，不断有铜器时代的重要遗址被发现，犹如重笔勾勒出长江流域惊人的铜器文明。最有名的当属江西新干大洋洲、四川广汉三星堆遗址。不过在考虑盘龙城商

盘龙城青铜钺

盘龙城玉戈

朝据点的战略意义时，一批商周时代铜矿在长江中游的发现尤其值得注意，它可能提示着北方早期王权觊觎长江的一个重要原因。以文明特征而论，没有铜器不成商朝，商王对于铜矿资源的控制一定不吝代价。所以一些考古学家推测，盘龙城商朝据点与控制长江中游的铜矿可能有关系。经济的需求(铜矿)导致政治行为(诸侯据点)，在理论上没有问题，在历史事实上也很有可能，也许黄河与长江的政治结合就是这样开始的。

　　黄河、长江是中国历史上的文明大河，其两岸均为人文渊薮，但"两河"的政治统一过程并非一件简单迅速的事，而是一个渐进的历史过程，它需要强大的王权或皇权支持，还需要跨越大空间的社会组织措施。黄河、长江的最终全面联合，是中国古代政治家的巨大成就。

山脉与历史

山是中国人的负担、挑战、资源、财富。

饱览过中国名山,再去美国科罗拉多大峡谷,会觉得没什么。美国导游说,有三分之二的中国游客对美国大峡谷之奇景不以为然。我曾在晋东南上过太行山,所见景色,比美国大峡谷壮观。在美国大峡谷旁,我曾想,若到张家界,将山上树木拔掉,显露嶙峋山体、万丈深渊,那眼前美国的峡谷真是算不了什么,更不用说青藏高原了。所以,中国归来不看山。

从艺术角度赞美大山,乃中国人之长项。在数千年文化史中,借助高山景观的情思抒发,源远流长。每个大时代的颂歌中都有山的位置。比如:"于皇时周!陟其高山,嶞山乔岳,允犹翕河。""泰山岩岩,鲁邦所詹。""山,快马加鞭未下鞍,惊回首,离天三尺三。""山舞银蛇,原驰蜡象。"中国的山脉资源丰富,千姿百态,世面广大,如果成立世界名山鉴赏委员会,中国人应当做主席。

从历史角度看山,与艺术角度又有不同。历史进程与山的关系密切。美国翻过阿巴拉契亚山,又翻过落基山,为其历史进步的两大标志。在中国历史上,拿下太行、秦岭二山也是关键。太行、秦岭两大山系在中原对接,其间为函谷隘道,乃中华咽喉。夏代还小,也拿下了中条山。商人从东向西,没有完全拿下太行山、中条山。

函谷隘道

周人反向发展,终于拿下函谷,地接东西,才"普天之下,莫非王土"。

　　山脉雄伟高大,以人之渺小,望山之高大,没有不折服的。但除了仰叹"危乎高哉"之外,人们做得最多的事,还是低头寻出穿山的道路。远古文献《山海经》中开列了许多山头,但讲的都是祭山,没有交代穿山的路径,不太实用。《禹贡》则不同,讲山水穿行,"随山浚川",导山导水,最为实用。穿山比爬山重要。

　　车到山前必有路。那么没有车呢?关于穿山,古人先经历的是无车的时代。那时的人们都像《水浒传》中的解珍、解宝"生来骁勇英豪,穿山越岭健如猱"。没有车穿山,是凭身体腿脚的本事。在腿脚穿山时代,不分什么大小山口、深浅谷道,容得下人身,就可以前进,一脚高,一脚低,没有关系。

　　现在还没有弄清楚,到底是中国人自己发明的轮子还是交流学习来的轮子,总之到了商代(公元前十六——前十一世纪),中国进入了轮车时代,有轮车遗迹为证。车轮可以承载重物,循环滚动,远行千里,是人类的重大技术进步。然而,车轮对路面却有较严格的要求,不能是一轮高一轮低,要比较平坦才可以顺利行走。那么,原来可以容身,可以凭腿脚蹬踏行进的山口,却不一定容许车轮行进了。所以,随着轮车的出现,对于山口谷道,人们要做一番优选。不适宜车行的山口被淘汰,适宜车行的山口渐渐出了大名。

"太行八陉"是出名的山口谷道,基本上可以走车。《战国策·楚四》记载:骥"服盐车而上太行",就是车行太行山间的一个例子。这是有关伯乐的故事。山高路陡,尽管是千里马,还是"蹄申膝折,尾湛胕溃,漉汁洒地,白汗交流;中阪迁延,负辕不能上"。千里马应该奔驰赛跑,却不宜干拉车的笨活儿。幸亏"伯乐遭之,下车攀而哭之,解纻衣以幂之。骥于是俯而喷,仰而鸣,声达于天,若出金石声者,何也?彼见伯乐之知己也"。韩文公曰:"世有伯乐,然后有千里马。"没有伯乐,只有拉车的马。千里马比伯乐多,可能还有若干匹千里马,没有遭遇伯乐,默默拉了一辈子盐车。

中条山的北面有盐池,产盐供给四方。向东走的盐车要过太行山,应当是走某些陉。《史记·淮阴侯列传》:"今井陉之道,车不得方轨。""方轨"是车并行的意思。虽然不能并行,但走车是没有问题的。这是井陉。

《穆天子传》讲神奇故事:"天子命驾八骏之乘,赤骥之驷,造父为御,南征翔行,逐绝翟道(翟道,在陇西,谓截陇坂过),升于太行,南济于河。"故事是神奇的,但编故事所用的许多材料是

太行八陉示意图

真实的。天子驾车而行是真实的,"升于太行,南济于河"也应是真实存在的行车路线。

《水经注》描述函谷关:"邃岸天高,空谷幽深,涧道之峡,车不方轨,号曰天险。"我们看到,重要的谷道都可以车行。

能车行还是不能车行,古人分辨得很清楚。我们把视野转到

白陉古道

飞狐陉

燕山，从形势上看，燕山是太行山向东北方的延伸，战略意义也很大。《日下旧闻考·边障》引《金国行程》："渝关、居庸，可通饷馈。松亭、金陂、古北口，止通人马，不可行车。"渝关就是山海关，居庸关夹在太行山与燕山之间，是太行八陉最北面的一陉。这两个关可以行车，具备军事物饷运送的条件，格外受到重视。其他三关"不可行车"，地位低一等。

能在大山之间穿行，是人对山地的技术性征服，征服了大山，有不同的结果、不同的意义。有一种进山、穿山行为，是为了完成文明大业，这是历史学家最重视的价值。

考古学家发现，距今四千年前，我国有一个发达的人类群体文化，以典型遗址所在地河南偃师二里头村命名，称二里头文化。二里头文化中有铜器、宫殿等，其社会当进入了早期国家形态。按照时代与地域特征，许多学者推断，二里头文化应该是夏代遗存。我们注意一下二里头文化的地理特征，它的分布范围虽然不大，却跨越了中条山的南北两面。这个地理特征值得我们思考一下。

一般来说，河流两岸文化差别不大，古人渡河不是难事，需要的话，一天来回几趟都可以。所以在考古地理中，河流一般不是文化的分界。但高山的情况不同，翻山不易，且路途较远，所以山脉容易构成文化分界。如晋西南地区有一个陶寺文化，核心区在临汾一带，它的南播范围，不过峨嵋岭（汾涑二水的分水岭）。也就是说，峨嵋岭两面的文化不同。

中条山比峨嵋岭要高大险峻许多，但二里头文化却能地跨中条山的南北两面。我们不得不承认，二里头文化的居民们很有穿山的能力，而且，他们不仅能穿山越岭，还能将大山两面用文化统一起来。这里面的办法，包含社会进步。我们站在大山前面试想一下，怎样能让大山另一面的人服从自己，与自己建立联盟？这个办法一定不简单，要想到，那可是一个没有高超通信手段的时代。

二里头文化的源地在哪一方？是南面还是北面？二里头文化是从山的一面传到另一面的吗，或者是南北两面的文化联手？无论怎样，都必须解决中条山的阻隔问题。翻越山脉，社会文化向山的另一面推进、扩展，达到文化统一甚至政治统一，在那个时代，当然是文明成就。任何一个不满足于原有生存环境的束缚，要拓展生存空间，壮大社会力量的团体，势必要突破自然地理障碍。在中国，山脉是最早需要突破的对象。

秦国势力穿越秦岭，占据四川盆地，经济实力大增。晋国翻出太行山（应该是出轵道，即"太行八陉"的轵关陉），获得"南阳"地区（今河南济源至获嘉，不是今天的南阳市），不久称霸。韩、赵、魏三家分晋，个个向山外拓展，列入"战国七雄"。这些政治集团之跨越山脉，建立隔山疆土，最终不是靠技术能力，而是靠政治能力。所以，是政治成果。

跨越山脉，要突破自然障碍，也要击败政治对手。"太行八陉"有井陉，"天下九塞"也有井陉。它又是陉，又是塞。陉是通道（陉，连山断处，又通径，是通道），塞是防守。对于攻方，想的主要是"要道"；对于守方，想的主要是"雄关"。同一个山谷，一攻一守，是一对人文属性。是人文行为赋予山脉形体以价值。

一般来说，山体本身没有什么经济价值（除非含有矿物），但

井陉古道

具有政治、军事、交通价值(后来又有艺术价值),在守卫一方是屏障,在进攻一方是逾越的目标。屏障使一些群体得以存活、发展,而逾越则是大地域整合必须完成的任务。

太行山内外有着比较复杂的人文关系,一方面,太行山外面的山麓地带,特别是东南方一带,是早期华夏文明起源的重要地区,诞生过不少大小都城。另一方面,太行山里侧却是戎狄天地。山地适宜戎狄活动,他们"各分散居谿谷,自有君长"。山内的戎狄与山外的华夏,有着很长时期的攻防历史。

戎狄强盛时,可以杀出山地,"侵暴中国"。在北部,戎狄曾越过燕国,打到"齐郊"。在南部,"戎狄至洛邑,伐周襄王,襄王奔于郑之氾邑。"周襄王在外面躲了四年,才在晋国的护卫下回到洛阳。

东周初期，南夷与北狄两面夹攻，"中国不绝如线"，华夏人相当紧张了一回。华夏人最有名的向山内地区反击是齐桓公的北伐山戎，他率军"束马悬车登太行，至卑耳山而还"，大败戎狄。晋国是被分封在山西南部山区的华夏诸侯国，开始时晋国势力不大，被戎狄包围，"拜戎不暇"，后来逐步强大，向北发展。晋国以及拆分出来的韩、赵、魏，逐步统治了山西的大小盆地，实施经济开发，政治稳定，戎狄或被同化，或被逼限到边角地带。赵国更是向北拓展，直达阴山下。

太行山南北绵延很长，在早期历史中，其北段山地与南段山地中曾有不同的人文发展。司马迁在《史记·货殖列传》中谈到中国北方的两大文化生态区域，南部主要是农业区，北部则"多马、牛、羊、旃裘、筋角"。这两个地区的分界大体在龙门—碣石一线。龙门就是黄河在山陕南部出山的地方，碣石在渤海岸边。这条龙门—碣石线横断山西山地，在其中部穿过，然后沿太行、燕山山系边缘折向东北。在太行山的北部山地，是农牧混合经济，所以有戎狄集团长期残存。直至战国晚期，北部山间仍有白狄建立的中山国存在，错落于燕赵之间。

秦岭山脉横亘东西，与太行山南部及中条山接近。这些山脉之间是华夏轴心地带，函谷关就在这里。函谷关不是华夷分界，而是华夏自分。洛阳为首都（东周时代），老子从东向西走，是出关。后来长安为首都，于是反过来，从西向东走算出关。

秦岭山地构成宏观气候分界线，南北两方气候不同，远古以来孕育不同人文群体。北方为华夏故地。秦岭南面，西有四川盆地，

函谷与函谷关

东有汉水流域，古代各自发达。四川盆地曾有巴蜀文化，三星堆遗址令人惊异。汉水流域乃楚国地盘，楚君曾自称为"王"，问鼎中原。

在古代经典地理文献《禹贡》中，将楚地称为荆州，将巴蜀称为梁州，为"九州"之二。《禹贡》的描述，已经将秦岭南部归入华夏，这是长期文化融合的结果。二里头文化曾沿秦岭东端南传，如果二里头文化果真为夏代遗存，则夏朝已经开始了南扩的历史。到了商代，已经在长江附近建立据点，今湖北黄陂发现地地道道的商朝文化遗址，有城邑、宫室、贵族墓葬。周朝在汉水北部封建诸侯，称"汉阳诸姬"（周朝的统治家族是姬姓）。

秦国从西边通道进入四川，壮大国势，前面已经说过。自渭河流域向东南，另有一路，斜穿秦岭，经武关到达今南阳一带。这一线交通在关中建都的时代也是极其重要。刘邦就是由这条道路，

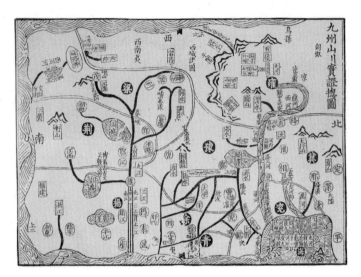

《九州山川实证总图》

抢在项羽前面攻入咸阳。《史记·秦始皇本纪》说：子婴为秦王才四十六日，"沛公破秦军入武关，遂至霸上，使人约降子婴"。有的地理书介绍武关，只讲政区位置，不讲秦岭山间要害，没有说在点上。

秦岭南北方政治的整合是华夏文明发展的又一巨大成就。

最后再来看燕山。燕山接续太行山，继续向东勾勒华夏区的边界。这些山脉的走势，仿佛是"天以限华夷"，很是完整。燕山南面是大平原，北面是蒙古高原，又是两个人文生态世界。这两个世界的差异，比前面提到的都大。

燕山阻挡北面季风，南部山脚下适宜人居，早有人群集团在这里发展。周武王灭商，为了安抚天下各种势力，给了一些中立的集团以封号。在今天北京这块地方,有一个中立集团被封为蓟国（都城在今宣武门一带）。不久，周朝自己的人来了，在南边不远的地方建立燕国（都城在今北京房山区琉璃河）。天下是周人的，燕国当然势力大，找个机会便将蓟国灭掉了。燕国随后成为北方大国。

燕国的发展，战略方向之一是向北翻越燕山。"燕有贤将秦开，……袭破走东胡，东胡却千余里。"燕国遂占据整个燕山山地，并在燕山北坡修筑长城。燕国之举，掀开了燕山南北两方争雄的历史。燕山虽不及太行、秦岭绵长，但其南北两方的争雄，仍然决定了中国历史中头等地位的大事。

以燕山为中心做宏观地理观察，南方是辽阔的华北平原，西北方是蒙古高原，东北方是东北平原及山林。在中国王朝历史后期所出现的历史地理事实，足以说明燕山地位之重：正是来自这三个大地区的人们，依次建立了统治整个中国的庞大王朝。从蒙

燕山喜峰口

古高原来的蒙古人建立了元朝，从南方来的汉人建立了明朝。从东北来的满人建立了清朝。燕山脚下的北京城，作为这场历史大旋涡的中枢，成为中国的京师首善。

燕山上的长城，见证过波澜壮阔的历史。燕国首先在燕山北部修建长城，秦朝因之。到北朝时期，北齐改在燕山顶部修建长城，北周、隋继续修缮利用。到了明代，又在北朝长城的基础上修建了坚固整齐雄伟的长城。燕山可以说是伟大的长城之山，燕山长城与京师最贴近，时间最持久，形态最壮观。燕山长城守卫的是一系列南北往来的著名通道，其中的居庸关，享有古老的历史，而山海关则被尊为"天下第一关"。

关，属于山脉，属于社会，属于历史。自然的高山，配以人文的雄关，是我国高山文化十分突出的特色。"雄关漫道真如铁，而今迈步从头越。"现在，许多山口都开通高速公路了。世世代代，名山故事将永远伴随着中华历史。

燕山长城，北朝时修建，今北京北部山上仍可见其遗址，因遗址低矮，一般不被人注意

国家起源的"地理机会"

九十多年前,德国社会学家弗兰茨·奥本海出版了一本小册子,书名是《论国家》。这是本篇幅不长的讨论国家历史问题的书,一九九九年被译成中文出版。书中在讨论国家起源时,涉及一些地理性质的问题,很值得注意。

历史学家们从政治、经济、军事各个方面揭示出许多历史发展的机缘,而从历史地理学的观察角度,我们强调历史发展还须有一个地理机会。所谓地理机会,意思是具体的历史发展从不是在空中抽象地完成,而必当在一处或几处关键的地理部位上首先获得条件,最早发生,然后还是在地理上,渐渐扩大,最后完成。历史发展的地理机会,就是那个(些)最早具备条件的地理部位。善于"脚踏实地"思考问题的人,都会明白,历史发展没有地理机会是不可能的。英文的"发生"一词写作 take place,直译是"得一个地方",很有地理意味。

国家的产生问题可以作为一个抽象的理论问题来讨论(这样的讨论已经相当多了),但是讨论一个具体国家的产生时,却不能总是抽象,章学诚说过:以议论为春华,以事实为秋实,要华实并进。如今研究中国古代国家起源的问题,以文献、考古材料之丰富,应当开始考虑摘取秋实了。

中国最早的国家"秋实"集结在晋南豫西地区。虽然在国家诞生的前夜，也就是"龙山文化"后期，我国方域之内存在不少临近国家"门栏"的社会族群，苏秉琦先生曾将其归纳为六大区系，但无论长江流域的良渚文化如何繁盛，辽河之畔的红山文化如何发达，它们都未能跨越门栏而形成真正意义的国家。中国最早的真正意义上的国家形成于晋南豫西，即夏朝。看来，只有晋南豫西地区存在着国家产生的"地理机会"。

奥本海在《论国家》中提出这样的观点：在纯粹农民居住区的经济和社会条件下，不易产生国家，甚至说"原始农民从未创立过国家"。他援引地理学家拉策尔的观点，认为农人与牧人之间的矛盾，是早期文明发展的推动力，"国家首先在那些与遥远的草原接壤的富裕的农民地区产生"。奥本海观点的普遍适用性，可能有问题，他所依据的主要是西亚的历史，对于埃及或南美可能不一定适用。但其强调农人与牧人的接壤处是早期文明激发地带的观点，也许确实代表了一类模式，值得我们在研究中国文明起源问题时注意。

我国北方有一个绵长的农牧接触地带，这样一个特殊的人文地理结构为中国历史带来了一项恒久的历史主题。在中国古代的"正史"中对这个历史主题有丰富的反映。近世美国学者拉铁摩尔曾详细考察过这个历史主题，写有《中国的亚洲内陆边疆》一书。今天的史学家、考古学家都承认，遗漏掉这个历史主题将不成其为中国历史。在国家起源的问题上，很可能也是如此。

如果考虑国家起源之"地理机会"的人文边际特性，在夏文化（即中国考古学上的二里头文化）分布地域中，我们更关注晋南地区。晋南是中国古代北部"人文边际"地带的最南端。司马迁曾明确指出这里存在过的一条人文分界线，即"龙门—碣石"线（见《史记·货殖列传》，今习称"司马迁线"），上古晋南地区的这条人文界线，大体由今天的龙门山向东北延伸，经霍山再向东北，最后止于今河北昌黎一带。这条线是农业地带与非农业地带的分界，司马迁在《史记·货殖列传》中称"龙门、碣石北多马、牛、羊、旃裘、筋角"，是一个狩猎畜牧的世界。

值得注意的是，在山西龙山文化时期的文化面貌与社会特征上，已经表现出区域差异。特别是从经济上观察，在滹沱河至晋中一带，"多半是狩猎、畜牧为主而兼营农业"，在晋南与晋西南地区，"则多半是以农业为主，兼营狩猎和畜牧业"。[王克林《山西考古工作的回顾与展望》（上），《山西文物》一九八六年一期]山西考古学者认为，这种差异可能说明彼时已形成两大族群，北面的族类"可能是属狄（翟）族及其先世"，南面的族群"似可视为中原华夏族或其支系的先世"。[王克林《山西考古工作的回顾与展望》（上），《山西文物》一九八六年一期]无论族属如何命名，这些文化现象说明在这个时候，已逐渐出现了一条"农猎"或"农畜"的分界线。在随后的历史时期中，山西南北一线的文化曾有南北影响强弱的拉锯变化，这在北部的朱开沟文化中有所反映。

在南北文化拉锯变化的某个时间段，陶寺龙山文化在晋南出现，它的来源背景尚待确证，但其所包含的早期国家因素（礼器）却渐为公认。陶寺文化分布于汾河下游及其支流浍河流域，在临

陶寺龙盘

汾、襄汾、侯马、曲沃、翼城、绛县、新绛、稷山、河津诸县（市）发现大量遗址。核心区是崇山周围的汾浍三角洲地带。遗址年代距今四千五百至三千九百年。从遗物中的生产工具、生活用具看，其经济为发达原始农业。在时间与地理区位上，陶寺文化与夏朝具备衔接关系。

夏代国家形成的事实让我们无法忽视与其时空密切的陶寺文化的意义，而陶寺文化的地理位置，也让我们无法忽视它独特的人文边际关系。后来的晋国几乎占据了与陶寺文化相似的地理位置。关于晋国，史书中称"晋居深山，戎狄之与邻……拜戎不暇"（《左传·昭公十五年》），陶寺文化时期，周围的"深山"里活动着些什么样的人群，是个值得注意的问题。

现在关于晋南国家起源的历史，我们可以讲的话比以前多了许多，而晋南的特定人文地理部位，要求我们一切判断要以晋南的基本人文地理事实为依托。历史事件的地理机会有其必然性的内涵，夏朝国家绝不会是偶然地于晋南登场。我们站在历史地理学的立场认为：认识晋南，才能认识夏朝。

古代黄土高原的另一种居民

我们常说黄土高原培育了华夏文化,但就在黄土高原培育华夏儿女的时候,它还培育了戎狄的儿女。戎狄,是古代与华夏不同的族群,长期生活在黄土高原的北部地区,华夏文人称他们为"蛮族",因为他们不行"礼乐",不修文字,不念诗书,却养太多的牲口。

华夏的文明人,庙堂列鼎中盛满了牲口肉做的肉腊、肉糜,但他们从来低视养牲口的戎狄。戎狄是黄土高原的另一种居民,但被把持历史记录大权的汉族士大夫给抹杀了。我们今人,也受了古代文人的影响,歌颂黄土高原是"大地母亲"的时候,却忘了黄土高原上的另一个兄弟。

在新石器时代,气候比今天温湿,整个黄土高原是原始农业的"一统天下"。后来气候变得干冷,黄土高原的南部问题不大,先民照样种地。但黄土高原的北部,环境逐渐恶劣,庄稼生长得越来越差。家猪要吃人的剩饭,而人已经没有剩饭了,所以猪这类东西也不易喂养了。这里的先民,在艰苦的环境中摸爬滚打,终于找到另外一种维持生活的方式:多养到野外食草的牲畜,这些牲畜不与人争食,人还可以从其全身索取生活资料。于是,人们一手握锄一手执鞭,开创了大范围的半农半牧生活方式。

由于大范围半农半牧生活方式的出现,在黄土高原的人文地

古代黄土高原的另一种居民

陕北李家崖商代遗址出土石像,为古代北方民族遗物

理格局上,便出现了两个不同的区域。这两个区域,用现在的话说,是两类不同的生态系统。在南部地区,水土条件好,农业持续发展,人口与时俱增,城郭壮大,文人滋生。而在北部地区,人们要艰苦得多。他们"随畜因射猎禽兽为生业""咸食畜肉衣其皮革""各分散居谿谷,自有君长,往往而聚者百有余戎,然莫能相一"。处在这种状态下,社会进化当然缓慢得多。于是,南、北之间在政治、文化方面的差别日益增大。后来,南部的人叫作华夏,而北部的人称为戎狄,相互反目,关系紧张了很久。

在华夏人撰写的史书中,戎狄主要是"反面角色",除了侵犯抢掠,祸乱华夏,便没有什么正面的历史贡献。我们说,这种看法是不公平的。

戎狄正是古代处于中国北方的过渡地带，或曰边缘地带，或曰生态敏感地带的一个主角，而戎狄的起源与自然环境变化引起的整个生态变化有关，戎狄起源的过程就是中国古代北方畜牧业大面积产生的过程，我们关于戎狄的概念离不开畜牧业。戎狄的兴起反映了人类对环境变化的一种适应方式，在"适应"中也伴随着创造，畜牧业就是一个创造性的成果。司马迁称赞北方许多地方是"畜牧为天下饶"。这里面就包含了戎狄的历史贡献。

古代汉族文人看不起戎狄的人，却盛赞戎狄的马。有名的"駃騠"，就是指戎狄的骏马。《左传》记载："冀之北土，马之所生，"有"屈产之乘"，乘就是驷马。汉族文人忘了，马是人喂出来的。没有戎狄的养马技术，哪里来的北方良马。

在中国历史上，戎狄社会的贡献不仅是发展了畜牧业的规模、技术，将其抬升到生活主要基础的地位，它还为后来草原大规模游牧经济的产生打下了必要的基础，做好了历史准备。如果说在中国北方，农畜混合经济是环境变化的推动，而草原游牧经济的出现，则主要是人类畜牧技术发展的推动。当对牲畜的控制能力增强、骑马的技术出现之后，人们就有条件彻底抛开农业，去到新的更广阔的地理空间中，大规模开展游牧活动，并建立一种新的依托大规模游牧经济的社会组织。

跳出农业社会历史的局限，放眼中国北方的辽阔大地，我们可以看到历史上人文发展的丰富性。这些人文的丰富性，是对多样地理环境适应的结果。而所谓"适应"，对人类来说绝不是消极的。人类文明中的许多重要内容，都是在能动地适应环境的过程中创造出来的。农业是一种创造，畜牧业也是一种创造。

中国古代戎狄在地域上分布很广，黄土高原北部只是其分布地域的一部分。戎狄在地域上与华夏相邻，两方的交流其实是不可避免的。别看华夏人在观念上把戎狄贬得很低，但在实际生活中，却对他们相当"实事求是"。除了想要戎狄的马，华夏国君还想要戎狄的兵士。另外，大概戎狄女子有妖媚的一面，华夏国君还要戎女来做妃子。上层是这样，基层社会恐怕更多。想到这一点，我们如果到黄土高原，缅怀它的"摇篮"历史时，就更不要忘了古代北边那些放牲口的人们，我们不少人其实还是他们的后代呢。

民族与地域

根据现代社会学理论,做民族识别时,有一条标准是"他们有一种共同的具有历史渊源的地域意识"。这句话很值得从地理学角度琢磨一下,要紧的是"历史渊源""地域意识"这两项内容。

作为一个民族当然要有一份立足之地、一个生存范围,这是基本条件。但这不是"地域意识"的全部内容。"地域"不仅是一块供休养生息的地盘而已,那可能是他们英雄的祖先(后来常常升华为祖神)所开创的"圣地",是他们在大地上的"根",意识形态味道很浓,所以要说"地域意识"。我们看到,有些民族为了保卫圣地,愿意付出一切代价,这里有实际的需要,但更多是出于一种神圣信仰。另外,"根"的内涵不是干巴巴的一两个地名,而常常展开为一部动人的史诗或神话故事,故事中讲述着祖先(祖神)如何战胜艰难险阻率领族人到达"圣地"。"圣地"都是来之不易,"地域意识"往往与英雄行为相联系。除了讲述历史的史诗,在其他精神活动中也可以发现"地域意识"。如我国古代乌桓人,无论到什么地方,行丧葬仪式时,都要"使二人口诵咒文,使死者魂神径至,历险阻,勿令横鬼遮护,达其赤山"(《魏书》)。意思是用咒语护送死者的灵魂安全返回圣地——赤山。这些都说明,"地域意识"已成为民族文化的重要组成部分。

民族与地域

从地理学的角度思考民族问题,重要的是理解他们的"地域意识",考察他们的"根"。然而,民族的地理之"根"与他们自身的生成一样,属于历史范畴,它的形成要有一个过程。一个民族并非天生就有一块属于他们的"天长地久"的土地。流浪(无目的地)或迁移(可能有目的地)几乎是每一个民族"曾经拥有"的历史。史诗中充满苦难的流浪史,往往构成全部民族史的序幕。正是那段充满苦难的无地历史,才衬托出拥有"圣地"之后的无限价值。流浪、迁移是一个民族的地理选择过程,在这一过程中,人群的凝聚力和排他性不断增强,民族性才得以强化。当然,"选择"是今人的轻松术语,当时的流浪与迁徙必充满着今人承受不了的艰辛磨难,选择常常是被动的。

或以为只有"少数"民族才有选择(流浪)史,而像"炎黄子孙"这样老牌"正统"的民族天生就住在黄河流域,没有选择这回事。如果细观历史,看看华夏民族的形成期,可知这种想法不大符合历史事实。且不说所谓"华夏"民族是如何由众多古代民族一点点融合而成,就是依照华夏"正史"(我们常称少数民族的是史诗,却称汉族的是正史)的记述,夏人、商人、周人原来的团体都不大,都曾迁移。"夏墟"也好,"殷墟"也好,"周原"也好,起初都不是他们的老巢,他们都是由别处迁来,因驻扎生息得久,又开出一片文明基业,才把生地变为热土,热土变为"圣地",然后埋祖坟、立宗庙,子孙磕头,土地才具有了神圣的民族性。后来大一统,夏、商、周从血缘到地域全部打通,在血缘上编出一套合一体系,如"五帝",地缘上也编出一套合一体系,如"九州",大家都是五帝的子孙,大家都住在九州之内,所谓华夏族的世系与地系才形成眉目。这个过程用了上千年。

有的民族,有发祥地,还有发展地,两者都很重要,但两者不必统一。商人的发祥地至今无定论,有人认为在北方,有人认为在东方,但肯定不是在大量出土青铜重器的豫北——那是商人的发展地。周人的发祥地可能在邰(今陕西咸阳市武功县),但他们真正的发展却始于周原,盛于丰镐。关于发祥地,因为隔世久远,言语简略,并常显怪诞,如古代的巴族"本有五姓……皆出于武落钟离山",武落钟离山(今湖北长阳县境内)是他们的发祥地,这个发祥地"有赤黑二穴,巴氏之子生于赤穴,(其余)四姓之子皆生黑穴"(《后汉书》)。

在《史记》《汉书》中,系统描述了我国古代主要民族群体的分布格局,中间是华夏,南边有巴、蜀、楚、越,西方有戎、羌,北方有胡、狄,各居其方。这一格局是各个民族在移动中选择、斗争、艰苦开发的一时结果,都是来之不易,所以称"筚路蓝缕,以启山林"。然而斗争和选择对许多民族来说并没有结束,大的民族移动浪潮在后来的历史中出现过多次。移动,造成一些民族的消失和另一些民族或"次生民族"的生成,这是民族历史中无法抹掉的地理特性。大地域、民族移动、民族兴衰,不懂这些,便弄不懂中国历史。

"边缘"的价值

当代地理学中有一个"中心地"理论,把我们的注意力都引导到"中心"的问题。我们的意识中,充满了对于"中心"的偏重。由此延展开来理解世界,则世界是由一个个"中心"牵头构建起来的。

但我们又渐渐注意到,有不少人是从"边上"想问题,从"边缘"来说话的。钱锺书有一本书叫《写在人生边上》,见过台湾有一本讲报道体验的书叫《边缘档案》。他们讲的人生的"边上"、社会的"边缘",虽然都是抽象的所指,但都从社会生活的角度提醒我们,"边缘"可以另有价值。起码"旁观者清",就是一个人人皆知的"边缘"的好处。

地理学所讲的边缘是具体的。在地理学中的确有人认真研究"边缘"的问题。不过在地理术语中,常用的是大尺度的名称,叫"边疆"或"边界"。两者都是指大社会单元的边缘,但"边疆"与"边界"的用法又有不同。如果边缘以外没有什么人烟了,这个边缘地带(可以很宽阔)就叫边疆;如果边缘地带以外另有一个不同的人文社会单元,则这个边缘地带(不会很宽阔)则称边界。

在地理大发现的年月,地理学家、人类学家、生物学家、探险家们为"边缘"地带,"边缘"社会,"边缘"文明的未知性、奇特性所吸引，涉足于天涯海角，发现了自然与社会的许多隐秘。当时从"边缘"回来的人都是英雄。的确，如果达尔文自封在"中心"伦敦，而洪堡也恬居在"中心"柏林，那么人类的那一段科学发展史，肯定是另一副缓慢的样子。

一百多年以前，年纪尚轻的美国教授特纳（F. J. Turner）把考察美国历史的目光投向西部边疆，最终出版《美国历史中的边疆》一书。以往的美国史研究，描述的是一个从中心向外扩散的历史，"一切体制的起源都要追溯到中世纪日耳曼的丛林之内"。而特纳的结论是，美国体制不是欧洲老家（中心）的"苍白的复制品"，而是"在艰苦卓绝的边疆地带，人们变得美国化、自由化，并融合为一个新的种族。他们已不再是英国人，也不具备英国人的特征"。正是在边疆一个个先驱者的小屋中，培育起最底层阶级的民主意识。惠特曼所歌颂的"民主之船"的驾驶人，是西部边缘的人自为战的开拓者，却不是波士顿或查尔斯顿英国背景深厚的绅士。特纳说，西部边疆对于美国人犹如地中海之于希腊人，他们在那里冲破传统束缚，获取新的经验。美国人一向为当年西部边疆的开发而自豪，洛杉矶奥运会开幕式上，他们还穿上当年的服装，欢快地展示了西进的场面。

边缘地带，是历史与地理的特殊结合点。一些重要的历史机缘可能只存在于地理的边缘，在这样的关头，忽视了边缘就错过了历史。一九七八年，一群考古学家发现他们在关注一个共同的问题：人类在边疆与边界的活动。几年后他们汇集出一部文集《边疆与边界考古》（*The Archaeology of Frontiers and Boundaries*），内容涉及欧洲、非洲、北美、格陵兰的各类边疆或边界。这是一本值得地理学家注意的书。这些考古学家有意识地强调对"非中心地"(noncentral place)的研究,即到边缘地区去把握历史。他们看到社会体系的边缘,存在着明显的、活跃的社会变异潜力。"变异",这正是边缘地带最具特长的历史贡献。没有变异的历史不成其为历史,而没有边缘地理的参与,几乎谈不上变异。"某某边区",这样的地方在中国近代史上意义之重大,是每个中国人都了解的。近几十年,在中国古代文明的"边缘"地区如东北、内蒙古、四川发现了重要的考古遗址,在这些遗址中或许保存着解答中国历史早期"变异"问题的信息。

大文明与小人生有共通之理。钱锺书等借用地理的"边上""边缘"概念来比喻人生,就是要借用这些道理。我们可以把人生看作是具有空间结构的事情,那么有的人站在中心,但更多的人处于周围,还有的人待在边缘,所以现在有一个说法叫"边缘人"。边缘人是形容脱离热闹生活,或脱离时代品位,或脱离单位人事主流,坐在"冷板凳"上的人。"边缘人"虽然没有"中心人"那样"闪亮登场"的风光,但细看他们的生活,很可能另有其乐。"中心人"的前景是沿一条清楚的阶梯攀升。而"边缘人"的前景,是否永远暗淡下去,却是说不定的事情。改革以来,许多原来的"边缘人"都"发了"。社会人生充满了"变异"的机会,前面说过,"边缘"最富于"变异",所以我们不能小看了人生的"灯火阑珊处"。

"文明老区"行

我国是文明古国，幅员辽阔。但在文明之初，我们文明的火种，只在一个个不大的地方首先燃烧，著名考古学家苏秉琦先生生前曾形容这一情形，说中国文明起源"有如满天星斗"。这一个个不大的地方可以说是我们的"文明老区"。古书中常说的"夏墟""有夏之居""殷墟""周原"都是"文明老区"。还有一些"文明老区"，古人已经忘记，却被今天的考古学家发现，如东北的西辽河、内蒙古的岱海、浙江的河姆渡等。奇怪的是，许多"文明老区"，今天都相当贫穷。我们应当开发建设好"文明老区"，否则对不起老区人民，也成不了好的炎黄子孙。

一九九九年三四月份，曾去了一趟"文明老区"之一的"夏墟"，也就是晋南，据说是夏国家起源的地区。我们去的具体地点是临汾，目的是观看"祭尧"活动与参加海峡两岸晋南文化研讨会。临汾有尧庙，去年不慎烧毁，今年飞快重建。重建的尧庙"整旧如旧"，保存了古风，不像有些地方，修出一件锃亮的工艺品。

"祭尧"活动很隆重，有几十名台湾同胞不远数千里辗转赶来，崇敬祖先之情，不言已明。有一位台湾同胞对汾河显然思慕已久，一放下行李，便到街上跳进出租车，"请拉我去汾河"！汾河，是华夏民族又一条母亲河，其名早见于《诗经·大雅》，汉武帝《秋风辞》:"泛楼舡兮济汾河,横中流兮扬素波。"那位台湾同胞曾是大学校长,风格儒雅,一定深知历史,耳熟汾河,故而迫切如此。可惜,令这位台湾同胞失望,同时令我们大陆同胞感到不好意思的是,汾河已然水枯,几乎是干河床一条,疲惫不堪地躺在那里,没有"素波",风一刮,扬起的是尘土。

环境!"老区"的环境令人担忧!三四千年以前的汾河两岸,人杰地灵,"天地位焉,万物育焉",震响文明先声。汾河东边的陶寺遗址保存着四五千年以前先民活动的遗存,有房屋、墓葬、水井等,大量制造精良的陶质礼器显示出我国礼乐文明的早期形象。从环境的角度考察,值得注意的是当时的水井,发现的水井深十六米,从层位上比较,当时的井底比今天水井的水面还要高六到十米,说明当时的地下水是多么丰沛。如今,地面水、地下水同时缺乏,"老区"的环境问题很严峻。

近些年有消息传来,在陶寺遗址发现了古城墙的遗存,这是考古学家们期望已久的事。陶寺遗址有大片房屋,有奢华的墓葬,有精良的礼器,这都说明当年生活于此地的社会群体已达到相当高的发展水平。从社会学理论方面讲,这样的社会群体必然具备比较明显的阶层分化,因此在他们的居住地不可能不修筑一些特殊的建筑,如粗略的宫室或城邑。我们去陶寺遗址参观时,古城址尚未被发现,但曾主持二十余年发掘工作的韩炜、李建民先生坚持认为:这里必有夯土建筑,请君拭目以待。我佩服他们的识见与判断,也为最终发现了城墙遗址而兴奋。陶寺城址的发现,使这块"文明老区"的历史地位更加坚不可移。城址与墓地并立,显示着

尧庙

陶寺遗址

死生与共的古老信念，也说明先民要永久驻据这一地理位置的坚定意志。这里前面是汾河，脚下有蓄养能力甚强的黄土，先民繁衍生息，得天独厚。陶寺城址的年代与地望都和尧、舜的传说相合，故其意义正不敢低估。

在心仪古人创业之伟大的同时，面对今天汾河两岸的环境，却不免心生对今天的忧患。由于汾河河床干涸，宽阔的河滩废弃无用，有些地段遂成为倾倒垃圾的场所。现在更流行以黄土烧砖，河床两侧建有密集的砖窑，另外还有焦厂，于是烟筒林立，开工时浓烟笼罩河谷，迷蒙一片。"老区"人对环境问题已然警觉。在汾河两岸有许多标语，如"封山育林""企业不消除污染，必然是污染消灭企业"。这些口号是响亮的，污染汾河环境的问题想必在治理之中。

对"文明老区"我们崇敬向往，"文明老区"是全民族的，今人的责任既要传承文明圣火，也要传承山河锦绣。炎黄子孙，不可懈怠。

翻越中条山

考古学家在山西垣曲县发现了商代城邑遗址，引发出商代历史地理上的一些重要问题。为了探索这些问题，我们从北京出发，取道临汾、侯马，直赴垣曲商城遗址。从侯马到垣曲的最后这一段路，要换乘汽车，而且要翻越中条山。中条山横亘于山西的西南端，北面是汾运（临汾、运城）盆地，南面是黄河谷地。我们从侯马到垣曲，正是跨越了这两个地区。

车在中条山间行驶，山路并不艰难，名称古老的横岭关是翻越大山的转折点，史称"中条山，其脊横岭"，但这里山势和缓，并没有铁壁雄关的样子。后来的大段路是沿着亳清河河谷宛转而进，也没有看见险段。身在中条山，按照历史地理工作者的习惯，我们不免要对这座有名的山脉做一番历史检讨。

在地理位置上，中条山正处在中国文明起源的黄金地段。中国古文明习称"华夏"，而"华"与"夏"都同中条山有关。"华"字得自华岳（即华山）。"夫中条之山者，盖华岳之体也"，这是东汉时一块石碑上的话，古人把中条山与华山看作一体，只是被黄河割开。在黄河与华山、中条山相交处（即潼关一带），可谓山河际会，"黄河抱潼关，委蛇汹涌，而太华、中条环拥其前，一览数万里，形势雄张"，古人在这里登高感慨："此可以言山川矣！"喜

翻越中条山

爱观大好河山的人不妨到潼关来看看山河大势。

华夏的"夏",得自"大夏"、夏朝。我们在考古学文化面貌上看到代表夏朝的"二里头文化"是地兼中条山的两面。另外,历史文献中称中条山以北有"夏墟",中条山南面偏东的一带是"有夏之居"。看来夏朝的地域,确实是跨越中条山南北的。今天我们地理学强调的一个思考主题是"人地关系",那么夏族与中条山的"人山关系"应当有一番独特的内容。已经有考古学家撰文,讨论中条山脉在资源上如何支持了夏族的兴旺。至少,我们知道中条山有丰富的铜矿,《水经注》中就记载有中条山间的"矿谷",中条山北侧又有巨大的盐池——解池,《山海经》谓之"盐贩之泽"。关于河流哺育古代文明的故事我们已经知道许多,而山脉如何对文明做出贡献,尚缺乏讨论。大山不语,责任在历史地理学家。

山间奇材,往往是山脉的重要价值所在。不过,从地理空间关系的角度说,山脉的意义则多在于阻隔或护卫。关于夏族与中条山的空间位置关系,我们又要思考另外一个问题。这个问题是由夏族发祥地的争论而引发。关于夏族的发祥地,目前有两说:晋南说与豫西说。前者以为夏族兴起于晋西南的汾运盆地,后扩展至豫西。后者则反过来认为夏族兴起于豫西黄河之侧,后来扩展到晋西南。无论哪一说属实,夏族在发展兴盛过程中曾翻越中条山是没有问题的。那么,夏文化翻越中条山,越过这道地理屏障,有什么意义?

从宏观人文地理格局上观察,我们感到,从中条山北面翻越到南面与从南面翻越到北面,意义是不一样的。中条山北面的汾运盆地是一个群山环绕比较封闭的地区,这里的人们可以过安定的日子，但若求大的发展，则必须冲破自然屏障，进入新的富有拓展前景的地理空间，向南翻越中条山，正可以实现这样的宏愿。向南跨过中条山，进入黄河谷地，进而东向伊洛，小国可以变为大国，弱国可以变为强国。春秋时期的晋国走的就是这一条强国之路。反之，从南面北越中条山，则往往是强者的侵入行为，就翻越者来说，其社会革新的意义不大。商朝势力曾北越中条山，这一扩张，有政治意义，但不算是了不起的社会巨变。

史书所记尧舜的传说多在中条山以北，这或许暗示着夏族渊源的所在。如果考虑夏族先稳定成长于中条山以北的汾运盆地，继而南越中条山进入豫西，国家强盛，直面东方列强。这或许是一个顺理成章的历史地理思路。

因为夏朝影响力的强大，其发祥地汾运盆地便成为法统观念上的崇高区域，在当时的"天下"也就具备了特别的政治意义。商人灭夏，定要翻越中条山占有汾运盆地，意义不仅是获得这块肥田沃土，还要在法统地理观念上最后征服夏人。考古发现证实，代表商代前期的"二里岗"文化已由郑州分布到了晋西南。垣曲商城的发现，是商势力向中条山以北扩张的又一个证据。垣曲商城位于今亳清河与黄河的交汇处，在交通上，由此溯亳清河而上，可以顺利地翻越中条山进入汾运盆地。我们来垣曲走的就是这条路，这是条易行之路。所以，从动态地理格局上观察，垣曲商城可能是当时一个翻越中条山的进退据点。

垣曲有座博物馆

二〇〇一年十一月，我们一行四人，到山西垣曲县去考察一座商代的古城遗址，到县城休息时，被指引到县自然博物馆去参观。在印象上，垣曲县并不是一个经济发达县，没想到还会有自然博物馆。在我国，即使是经济发达的县城，一般也不会建立自然博物馆，因此对于垣曲县的自然博物馆，未曾入门，心中先有了一个令人高兴的惊异。

自然博物馆的小楼并不豪华，门窗也有几分陈旧，因为楼前施工，博物馆暂停开放。不过，经简单交涉，博物馆的负责人老文高兴地打开门锁，领我们进去。馆内有几个展室，陈列有展柜、动物模型、地貌沙盘、相片、图画等。刚进屋时觉得有点儿冷清，大概是由于经费的原因，馆内维护也欠佳，但老文情绪饱满的讲解，不一会儿便调动起人们的情绪。我们津津有味地观看那些矿物样品和动植物标本，原来垣曲周围的山中有这么多种东西。博物馆就是有它的特别功能，你到大山里去跑，累死也看不到几样东西，但在博物馆里，你倒背着手，悠然漫步，便可以接二连三地欣赏一样一样的自然奇物。

游览自然博物馆，已是一件久违了的事情。我们如今常看的展览，不外是新潮商品或是科技发明，所到之处都有声光电化来推动声势，眼中的千姿百态，尽为人工炫耀，看此种展览时，我们心情躁动，物欲填胸，似乎也十分羡慕眼下的商品与科技大联合的时代。但是，走入垣曲这座朴素的自然标本陈列室，却是让你重新来凝视一回大自然。面对体藏亘古的矿岩、翼展宽阔的苍鹰等大自然的创造物，你的心情是恬静从容的，但你领略到的却是一种永恒的深刻，那是天演的神奇和沉默着的博大。而只有在这时，你才忽然意识到，其实人类自己也是属于自然的。

我们人类当然是属于自然的，垣曲自然博物馆里就有一项关于人类自然进化史的展示。一九九四年，中国科学院古脊椎动物与古人类研究所的科研人员，在垣曲县发现了世界上最早的具有高等灵长类动物特征的曙猿化石。曙猿是生活在距今约四千五百万年前的灵长类动物，它处于低等灵长类动物向类人猿进化的过渡阶段，兼具二者的部分特征，善攀缘，喜欢在树枝端部用四足行走，它们是长着皮毛和长尾巴的小动物，个头比老鼠略大，重约两百克。中美科学家曾在英国权威科学期刊《自然》杂志上发表论文，认为通过对垣曲县世纪曙猿的脚踝骨、下颌骨化石的研究，进一步证实了人类远祖起源的历史。贾兰坡教授评价说：曙猿的发现，其意义可与周口店北京猿人的发现相媲美，这是中国二十世纪古生物学上又一极为重要的发现。博物馆的壁上挂着一幅曙猿的复原像，相貌十分古怪。那么一个渺小丑陋的东西竟然是人类的太祖，我凝望着画像，力图从它（他）的目光中找到智慧与灵气。

除了曙猿以外，博物馆的另一个重点是关于历山的内容。历山在垣曲县的东北部，是国家级森林公园，也是目前华北地区唯一

历山

保护完好的原始森林,总面积四百五十平方公里,其中垣曲县境内有三百一十平方公里,其动植物资源堪称华北地区的"动植物基因库"。一九八五年,山西省政府设立"历山自然保护区"。一九九三年被确定为国家级"森林公园"。历山在古代是有名的,因为"舜耕于历山"。传说山的顶上有一个舜王坪,是一块不小的平台,平台上面有一道深沟,是"舜耕于历山"的圣迹。传说中还有舜在历山时作的诗歌《思亲操》,其句有:"陟彼历山兮进嵬,有鸟翔兮高飞,瞻彼鸠兮徘徊,河水洋洋兮青泠,深谷鸟鸣兮莺莺。"诗是否为舜所作,恐难证实,但"深谷鸟鸣兮莺莺"的景观应是不错的。

舜王坪

我们在馆里看了一阵后,忽然进来一位穿着整齐的小姐,她是特意被喊来的讲解员,这位年轻的讲解员同样是热情和精神饱满的。她领我们来到历山保护区的沙盘模型前面,便开始熟练地讲解。她讲得很仔细、很热情,从地理到历史到传说,流畅似水。只是,我们有些让她失望,因为开车的时间到了,我们必须马上离开。她不得不在一句话的中途停住,带几分遗憾却又十分理解地说:"我还没讲完呢……没关系,欢迎你们再来!"

这位讲解员给我们的印象很深。在基层,我们往往碰到这样的讲解员,如前年(一九九九)在临汾领我们参观姑射山的小刘,也是这样的人,她们的讲解是那么热情、那么滔滔不绝、那么有家乡自豪感,这在"上面"的博物馆里是不大见得到的。"下面"的博物馆视你为客人,拿出的是人的真情。

我们忘记了打听垣曲县这座不大的自然博物馆是在什么时间、

什么机缘下建立起来的,但有一个背景原因可以肯定:垣曲人是以历山和中条山为荣耀的。在日益倡导保护自然环境的今天,历山与中条山的自然生态价值定会与时俱进地受到珍重,相信垣曲县的自然博物馆也会更加受到人们的喜爱。

南风歌

风儿在大地上任意地吹着,本来没什么可说的,但风一旦与人事结合起来,就不一样了。山西西南部有一座赫赫有名的古老盐池——解池,在这里,风的用处很大,盐是靠风而生,而生盐多的风又主要是热乎乎的南风,于是"南风"在这里被人们歌颂,名字刻上石碑,神化后又修庙供香。

有些地形可以令风刮得更猛。古时盐池一带的人以为南部中条山间有"风洞"(或许是山口),仲夏时节风从"洞"出,"声隆隆然,俗称盐南风,盐花得此,一夕成盐"。"盐花"就是盐畦中隐现的结晶,南风使水分迅速蒸发,一个晚上,盐粒就可以捞出了。今天在盐池北岸还遗有古人修建的池神庙,庙中有主殿三座,西殿上悬挂匾额曰"风洞神祠"。池神庙向南一面有券门,上刻"迎熏风"三个字。

古时将南风称作"熏风"。传说在这一带活动的舜,弹着"五弦之琴",作过《南风歌》:"南风之熏兮,可以解吾民之愠兮;南风之时兮,可以阜吾民之财兮。"舜是圣人,托其大名的《南风歌》当然也就了不起。古代的文人赞美舜,跟着就赞美《南风歌》,有的说"舜弹五弦之琴,而歌《南风》之诗,以治天下"(《淮南子》)。有的说"南风是孝子之诗也。南风养万物而孝子歌之,言得父母

池神庙内"条山风洞神祠"匾

池神庙内"迎薰风"南券门

池神庙内的"南风功臣碑"

生长，如万物得南风也。舜有孝行，故以五弦之琴歌南风诗，以教理天下之孝也"（《史记·乐书》）。还有的说"昔者舜弹五弦之琴，造《南风》之诗……唯修此化，故其兴也勃焉，德如泉流，至于今，王公大人述而弗忘"（《孔子家语》）。

古代文人解说舜之《南风歌》，有"治天下"，有"孝行"，有"德如泉流"，不难发现，这都是儒家的大义。儒生们在实际生活中并非不爱财，但高谈阔论时，都耻于言"财"字，他们解说《南风歌》，不往"财"字上讲，而转到治天下、德、孝的大义上来，是可以理解的。《南风歌》本是很实在的诗，里面提到南风，也清清楚楚地提到"财"，而与风有关的财，只能是采盐。毕竟还有些思想实在的古人，指明了这一点。如明朝的张瀚在《松窗梦语》中说：解州有盐池，"池中所产为形盐，以其成形；又曰解盐，以地名也。不俟人工煎煮，唯夜遇西南风，即水面如冰涌，土人捞起池岸，盛以筐袋，驱驴骡载之，远供数省之用，实天地自然之利。大舜抚弦歌《南风》之时，'可以阜财'，正指此也"。

司马迁在《史记·货殖列传》中说，一个叫猗顿的人以"鹺（音古）盐"致富，鹺盐是古人对解池所产盐的专称。猗顿应是在这里靠南风"阜财"的一个实例。张瀚说解池的盐是"驱驴骡载之，远供数省之用"，这种情况或早已有之。《战国策》中有一个故事，说一匹骥（千里马），拉盐车而上太行山。"蹄申膝折"，"白汗交流"，负辕不能上。这时遇到伯乐，伯乐"下车攀而哭之"，解衣给骥盖上，"骥于是俯而喷，仰而鸣，声达于天，若出金石声者，何也？彼见伯乐之知己也"。故事本意是讲贤才埋没，但借用了骥服盐车的事例。从地域上看,这匹骥拉的盐,很可能是解池之盐。

虽然舜作《南风歌》是传说,但《南风歌》本身却是真实的,赖南风而得盐的事情也应是真实的经验。古人在解池制盐,最相信南风,其他暖风也还可以,但遇冷风就不行了。起强大冷风时,"盐花不浮,满畦如沸粥状,谓之粥发,味苦色恶,不堪食用,须刮弃畦外"。据说"粥发"的情况今天也可见到,也是不可用而弃之。其间的道理,有人以为在温度、风力的不同。

地上的盐池加天上的南风,产盐而为人所用,真可说是天、地、人三样东西的直接集凑。得盐之易,使人觉得是"天地自然之利",其实产盐、运盐、销盐,乃是一整套人文事业,各种意义都因人文的价值而产生,作诗也好,修庙也好,都是人文发挥。

采盐既然是人事,我们不妨再多一点人文关怀。观赏者在作"南风歌""盐池颂"的时候,盐工们可能正在盐池卤水内吃苦干活,这些"盐

明代线刻《河东盐池之图》碑局部

腿子"并不喜欢南边来的"熏风"。有人记下了盐工的苦状：到夏天"烈日熏熏，炙肌灼肤……中暑而暴卒者，比比皆是"。看来，人文世界是复杂的，把人文世界的事情简单为一首诗、一首歌是不行的。

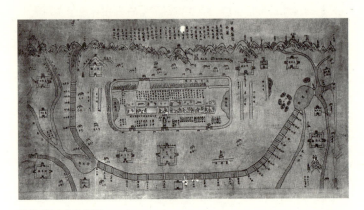

清代《河东盐池全图》

今日盐池

闯出山西

山西是我国的一个资源大省,煤铁资源很丰富,也是一个人文大省,历史文化渊源深厚,与尧舜禹的传说联系在一起,是中国的一个"文明老区",文物古迹众多,有昔日的光荣。研究历史地理的人,对于山西相当看重,许多年前谭其骧先生就谈过山西在国史上的地位。从历史上看,山西在全国,至少在黄河流域,多次占有突出的地位,政治经济文化都有辉煌期。

观察山西的历史地理特征及其历史时期的发达经验,我们可以看到这样一条突出的特征:对外联系加强了,山西地区就飞跃发展。山西省的范围,在自然地理上是很清楚的(这种按自然地理单元划分行政区域的办法在古代称"山川形便"),基本上是中国中部的一大块山地,其间有一系列山间盆地,从南到北分布。山西这一大块山地,有个天然的不便之处,就是交通阻塞,高山大河把山西包围起来,对外联系很不畅通。克服交通上的障碍是山西发展的关键,山西虽然资源丰富,但这些资源并不适合关起门来过日子,像煤、铁、盐等,对于一个自给自足的社会,并没有多么了不起的作用,只有把它们放到大范围的商品流通机制中,这些资源才能产生巨大价值。

历史上山西人靠外出经商致富,而不是靠在家种田出名,是有原因的。明清时期的晋商天下闻名，就是因为当时的山西人抓住了对外联系的商机。当时的发展机会首先是来自中国北方。说到与北方的联系，历史上的山西具有特别的优势。在地理区位上，山西直面北方民族（不包括东北的民族）活动的一个重心地区，即阴山河曲地区，历史上山西的兴衰利弊多与这一人文地理大形势有关。古代北方民族如戎狄、匈奴、鲜卑等对于山西的影响是十分强烈的，民族间的争战常常发生，山西地区文化成分的丰富性也是华北最突出的。南北朝时期，南下的鲜卑人曾在大同建立统治中心，当时叫平城，发展约百年，史家称为"平城时代"。这是山西历史上的一个辉煌期，考其缘由，显然与北方人文地理形势的整合方式有很大关系。

明代的大同镇是北方"九边"之一（明朝人不愿意称"长城"，多称"边墙"），驻有大批军队。明朝的边饷政策，为商人大规模地介入创造了良好机会。"召商输粮而与之盐"，就是让商人运送粮食到边镇来换取盐引（即商人运销官盐的凭照），于是大批商人来往于边镇与盐场之间，得利甚多，出现巨商大贾。晋商得天时地利，发展最猛，他们又抓住凭盐引到东部沿海盐场贩盐的机会，将活动范围扩展到淮扬，后来更是遍天下。那时的山西人，走口外、下淮阳，闯劲颇大。费孝通把当年的"闯口外"比作今天的"下海"。可以这么讲，晋商之所以成功，闯出山西是一条重要原因。而今天的外出打工人员，山东、河南、安徽的都很多，山西人却不多见，不知是什么原因。

从经验上与道理上都不难看出，与外面的联系加强了，山西就繁荣,封闭起来,经济上就没有什么生气。不过不得不承认,在对外联系上,现在山西人似乎面临行政区划与自然形势的双重限制,山西省界与自然的山川相重叠,这种两类界限整齐合一的状况在地图上一目了然。山西人要与外面联系协作,必须要同时翻越这两种不算小的界限。

克服自然山川的界限,靠修路造桥。克服行政管理的界限,则要做体制改革,在这个问题上,可以有各类政策调整,但从根本上解决,我们想到谭其骧先生当年提出的我国行政区划改革的设想。谭先生说:"行政区划是国家的一项大政,设置得是否科学,是否合理,对一个国家的政治、经济、文化、民族团结等都会产生重大影响。""我国现行的行政区划基本上还是沿用元明清时期的格局,难道能适合新中国成立四十年(现在已近六十年)来社会主义建设的需要吗?"当然,一级政区改革是涉及国家社会各

山西晋商故宅常家大院院门(重修)

方面的大政,不容轻率。不过,对问题的提出与研究,却可以先行。山西地区的一级行政区划历史上有不同的划法,其中的利弊得失应该认真研究。

总的看来,山西的封闭型地理边界框架是山西发展的一个重要障碍,从技术、工程、政策、精神上克服这个障碍,是山西发达的必由之路。一部描述晋商故事的电视剧主题歌唱道:"谁曾想一代晋商驰骋九州方圆,谁曾见玲珑小城气吞八方地面。"当年晋商驰骋八方、名满天下,今日仍有传颂。只要晋商的精神未倒,则山西发展指日可待。

山东地区与华夏文明

二〇〇二年九月份我到济南开全国环境考古学大会,遇到一些山东同行,谈到山东历史地理研究,大家都感慨:以山东这样一个有着丰富历史地理内容的重要地区,现有的研究是太不够了。

现在,文明起源是一个重要的学术话题,而山东在早期文明发展以及随后许多重要的文明奠基性成就方面,可以说是占了半壁江山。

山东的新石器时代是很有名的,"龙山文化"之得名正是在山东的章丘县龙山镇。目前,在山东发现的龙山时代土城,以省级之间来论,数量居全国第一。山东地区当时的环境条件与人文发展一定是相当地好。

山东的新石器考古文化中有一个刻画在陶器上的符号,由类似日、月、山的三样图形组合而成,考古学家们有各种推测。从地理学的角度考虑,如果它果然刻画的是日、月、山三样东西,这便是对自然环境中三样巨大要素的人为拼合。这种人为拼合反映了当时人们抽象加工的一种脑力,也就是文明程度。能把日、月、山三样环境上方的最重要东西挑出来,又放在一起,定是表达一个极为重大的信仰主题。是什么信仰,我们今人很难确定,但有一点是没有问题的,即这个信仰主题是基于对天地大环境的认知。

在环境的认识感知方面,山东地区的古人有两个独特的对象,一个是大海,一个是泰山。在古代中国(从夏、商、周到秦、汉这两千来年),山东地区的人们对于海洋的认识,主导着整个华夏文明的海洋观念,因为在华夏地域的各个部分,独有山东地区对大海最为贴近,又因其文化常常领先,所以那里产生的海洋知识流传最广。有学者说过,中国古代神话有两个系统,一个是西边的昆仑山系统,一个是东边的蓬莱系统。蓬莱系统神话中有海上仙岛、仙人,有很大的海洋文化成分,其根子主要在山东沿海。因为大海在眼前的存在,这里的思想者在考虑世界模式时,便把大海摆到重要位置,如邹衍的"大九州"说。

中国很早就有了五岳的观念,而在山东地区,"泰山之容,巍巍然高",位居五岳之尊。传说上古许多帝王都上泰山封禅,在《管

山东莒县出土的新石器时代刻有日、月、山符号的陶尊

子》列出的名单中有神农、炎帝、黄帝、颛顼、帝喾、尧、舜、禹、汤、周成王等,他们"皆受命然后得封禅"。从方位上看,泰山偏东,但何以获得如此独特的地位,这是一个既有趣又极为重要的历史文化地理、历史政治地理的问题。泰山形体高大,迎日出、播云雨,其自然地理属性当然是基本条件,但有那么多与古代帝王相关的传说,则说明其后还有一个深厚的人文背景。

古代的山东地区人文水平毫无疑问是相当高的。商周时期,那边有一股强大的"东夷"势力,可与华夏势力抗衡。后来因齐、鲁等封国的努力,山东文化逐渐与中原文化相交融,竟成文化大区,诞生不少文化名人、思想大家。在天下交兵、社会混乱的年月,山东地区却文风不倒,为天下称颂。例如,战国时代,天下并争,儒术既绌,"然齐鲁之间,学者独不废也"。秦汉之际,刘邦"诛项籍,举兵围鲁,鲁中诸儒尚讲诵习礼乐,弦歌之音不绝"。齐鲁一带,崇尚道德礼仪,汉武帝晚年还感慨道:"生子当置之齐鲁礼义之乡。"

如果从西部的关中地区到东方的齐鲁地区拉一条线,这条线可以说是中国古代的一个文明轴心,山东(齐、鲁)正担负着这个文明轴心的东段。在政治军事上,西方的秦国日渐强大,但在文化思想上,齐、鲁不让强秦。

有历史地理学者指出,当年东部的齐国也曾有统一中国的机会,而如果齐国统一了中国,则中国的社会生活制度会是另一个样子,因为齐国拥有自己独特的政治文化,与秦国的很不一样。中国古代文明本来存在多样性的机制,这与中国地理环境的辽阔与多样是相对应的。研究中国文明的形成,必须注意到其内涵的丰富,而这种丰富往往表现为地域间的差异。什么事情发生在什么地方，应能说得清楚，否则历史就是个概念化的东西。比如说思想文化上的"百家争鸣"，用这个词形容齐国可以，但形容西边的秦国就不行了，因为秦国的商鞅主张愚民政策，他说："民不贵学问则愚，愚则无外交，无外交则国安而不殆。"秦国后来灭了齐国，并把包括齐国在内的很多国的书都烧了。

寇准与巴东

湖北巴东旧县坪遗址的发掘，是三峡考古的重要项目，被列入二〇〇二年中国十大考古发现。本来静默无闻的山间远县，一下子翻起身来，进入文化主流话题，在互联网上被频繁"点击"。

据介绍，旧县坪遗址文化内含上自商周，下迄明清，相当丰富。而其中最重要的是六朝至宋代的县城建筑遗存。有保存较好的六朝时期城墙、城门、道路、房址；隋唐时期的县衙、仓库和石板路面；宋代的民居区和官府区以及寺庙建筑、街道、完善的供水排水系统。这些不同时期的遗址，叠压在一起，考古学家把它们层层分离，分代识别，很不容易。

在宋代县城中，官府居中，为北宋衙门所在，其核心建筑规模宏大、布局严谨，包括大型的门前台阶、门址、围墙、回廊、庭院、水池等附属建筑。官府之东为百姓居住区，西为文化设施和仓储区。街道与巷道的布局很有规律，其风格讲究平稳对称。考古学界认为，"作为唐宋时期的山区县城，保存如此完整，在三峡地区尚属首见，在全国也极为少见"。这是全国仅有的被全面揭示的宋代县城遗址。

在专业考古学家关注宋代县城的结构时，"社会上"（如果以互联网为代表）却在炒作"寇巴东"。"寇巴东"是指宋朝名相寇准，因为寇准初入仕途是做巴东县令，遂得了这个外号。现在考古发掘出来的北宋县衙,正是寇准坐过的大堂,所以寇准渐渐被"社会"提升为巴东旧县坪考古事件中的历史主角。

寇准是华州下邽(今陕西省渭南市)人,十九岁中进士,少年得志,曾任巴东县令三年。寇准在任期间,曾写下许多诗文,有名句"野水无人渡,孤舟尽日横"等,后汇入《巴东集》(即《寇忠愍公诗集》)。他还在县城内建了一座"秋风亭",常在亭中观景、饮酒、作诗。后来寇准当了宰相,参与澶渊之盟,所以成为历史名人(在杨家将的悲壮故事里更是个正面大忠臣)。一人成名,文物升天。寇准成了名,秋风亭也因此不朽。传说历代的巴东县令,多以为秋风亭是个有助仕途的吉祥之所,便也学寇准的样子到秋风亭饮酒赋诗,以求官运亨通。另外,秋风亭的名声也受过其他

秋风亭

大文人的推动，如苏辙就到过这里，在秋风亭旁低回，感叹寇准的人生。明代已将秋风亭（经过重建的秋风亭）列为"巴东八景"之一，即"古亭晓月"。

关于寇准与巴东的传说还有不少，作为这次考古大发现的连锁反应，被尽情宣扬出来。旧县坪遗址—巴东—寇准—秋风亭，等等，这种逐渐延长的知识链环并没有完结，这个链环已从古代的遗址连到了今人的情感。在网上看到一篇好文章，题目是"秋风亭"，作者不详，讲的正是巴东—寇准—秋风亭。文章最后说："秋风是种很容易成为历史的东西。不同的是，秋风穿过有的人的生命后，仍然很轻，而穿过有的人的生命后，却变得很重很重。"不用说，作者所赞赏的，是"很重很重"的那种。

厚重感，是今人面对历史时的心情。我们现在看巴东，它正浸在历史的怀抱里，也正处于一个文化再造的过程中。巴东是一个怎样的"地方"（place）？我们对它的确认，毫无疑问已经增加了一个新的指标。对一个"地方"的地理塑造，历史之手往往出人意料，具有强大的隐含力量。

能够感到历史的力量的人，是厚重的。考古学家以现代价值观激活了死去的废墟，释放出隐含的历史力量。而思维与情感善于与历史链接的人，更会在辽阔的历史空间里，捕捉永恒的价值，这是"当代"与"历史"的真正碰撞。《秋风亭》的作者深慕寇准的爱民精神，故借秋风写道："秋风亭的秋风，吹到莱公柏上，才有了一种历史的呓语。随时倾耳，风与那枝叶，如北宋时的朝野之声泛起，把个今人的心胸塞得满满的。"

巴东，只是一个三峡小县，而整个的三峡何尝不是浸在历史的怀抱里。众多的考古发现，打开了三峡地理的历史人文底蕴，我们的心胸恐怕已经塞不下那些丰厚的历史文化遗产了。虽然我们也在不大情愿地准备接受一个事实，即三峡许许多多的文物古迹——包括巴东旧县坪——都将被淹没在上升的水位之下（为抢救古迹，考古学家们也已经尽了力），但没有人认为三峡历史也会因此被抹掉。从地理角度看问题的人有一个信心，只要三峡这个地方在，什么都不怕。不是有俗话说"跑了和尚，跑不了庙"吗？"庙"就是三峡，谁也搬不走。

西南首善

李白的两句诗曾道出四川早期历史的特点："蚕丛及鱼凫（这是两位蜀先王的名字），开国何茫然。尔来四万八千岁，不与秦塞通人烟。"李白交代得很清楚，古代四川"不与秦塞通人烟"的原因，是"蜀道之难，难于上青天"。

在古代四川，巴、蜀是两个重要的古国，巴据说是周朝南土的封国，国君为姬姓（平民百姓则为"南蛮"）。蜀国则历史久远，在传说中，"蜀山氏"曾与黄帝族通婚姻，资格不算低。后来，蜀国在四川盆地持续发展，但由于地势悬隔，不但不能参加中原列国的竞争，连消息也少通，以致中原人对蜀史了解甚少。四川这一块大地方，长期湮没在历史迷雾之中。

我们看四川的盆地形势，很容易想到一种封闭发展的模式。四川盆地土地肥沃，内空间开阔，是一个又大又好的人类生息摇篮。盆地里的人们似乎可以不理会外界的事情而过自己的日子。那里的历史可以局限在盆地之中，无须与外面通人烟。这种封闭的观念有一定道理，但我们要注意到，四川的封闭，蜀道的艰难，都是相对东方中原人而言，在西方、西南方，四川的交通地理概念则是另一个样子。举两个历史地理的例子：

第一个例子是西汉时期，有两条信息促使汉武帝向西南开拓，

蜀道难
——江崖栈道

蜀道难
——绝壁栈道

一条是唐蒙出使南越,吃到一种"枸酱",一问,只有蜀地出产枸酱,所以料定有一条道路由蜀中通到番禺(广州);另外一条是,张骞使大夏(今阿富汗),见到蜀布、邛竹杖,一问,是从身毒(印度)转卖过来的,可见,有一条道路从蜀地通往身毒。这两条信息改变了四川是封闭死角的观念,汉武帝于是决定取道四川,"间出西夷西,指求身毒国",并征伐南粤。经若干年的开发经营,汉朝最后在西南设立了七个郡。参与过西南事务的司马迁总结这段历史时说:"西夷之端,见枸酱番禺,大夏杖邛竹,西夷后揗,剽分二方,卒为七郡。"

第二个例子是四川新石器时代的文化面貌显示,岷江上游新石器文化属于甘青地区氐羌民族系统的文化,礼州遗址与云南元谋大墩子文化相关。著名的三星堆遗址文化也表现出与甘青地区的深刻联系。

历史学家许倬云曾说:"蜀地发展的动能来源,似乎不是一开始即在丰裕富足的成都平原。成都平原,当是资源汇聚的集合处,蜀地文化资源与经济资源,来自四方,而又以盆地西方的南北通道为吸纳传输的动脉。中国西南的横断山系,山高水急,然而其间纵谷平行,是南北的通道。"成都平原西侧的纵向山谷,也就是费孝通先生所说的甘南、川西向南延伸的藏彝走廊。这条走廊上接青藏高原,下达云贵高原,连接了草原与西南山地。这一带文化面貌复杂,族群种类众多,文化碰撞多,物质交流的需求也多,"成都平原是诸种文化与经济资源辐辏之处,取精用宏,自有其开展发达的动力能源"。"蜀地则是西南地区扇形的扇纽所在,东可与中原不相干涉。未与中原相通以前，蜀国已俨然雄长西南。无论在文化与经济方面，蜀地应是西南之首善。"

是秦国首先对蜀地的经营，使这个西南首善之区，超越山水阻隔，全面融入秦塞中华。为适应蜀地的多民族特点，秦国在这里创立了建立民族管理特区的先例，这种特区当时称作"道"，主要分布在藏彝民族带的东侧，大多是遵循一条河流延伸，与县的级别相当，"县有蛮夷曰道"。有学者认为，它们之所以称"道"，"当是从实际的交通道路转化"。建立民族特区的办法，一直为后世遵照，在多处地区施行，是我们多民族国家的特色。

"西南首善"在中华世界的地理地位是十分重要的，当年秦国之所以有力量统一"天下"，得益于蜀地"天府之国"的经济支援。司马迁说："蜀既属秦，秦以益强，富厚，轻诸侯。"在后代的历史中，四川在全国地理战略上，或为上游，或为后方，均不可轻视。

无论是多元发展，还是一统建制，在这对双翼齐振的中华历史中，四川的贡献是巨大的。今天，在开发西部的战略中，四川无疑有着举足轻重的地位。西部的大发展，将导致新的地理格局的出现，西南四川明天会有怎样的人文地理景象，我们拭目以待。

玉石传奇

"玉,石之美。有五德:润泽以温,仁之方也;鰓理自外,可以知中,义之方也;其声舒扬,専以远闻,智之方也;不挠而折,勇之方也;锐廉而不忮,洁之方也。"(《说文》)这是距今一千八百多年前一位文人对玉的看法。按照这样的看法,玉简直是奇了。

玉在道德上的神奇性是中国古代文化赋予的。中国人老早就喜欢玉,这是个与西方人重黄金、宝石大为不同的传统。中国古人佩玉是出名的,"君子无故,玉不去身"(《礼记》)。孔子也与子贡讨论过玉的道德,称"昔者君子比德于玉焉"。

孔子说的"昔者",原来不知要早到什么程度,现在全国许多地方(从东北到澳门)都有新石器时代的精工美玉出土,最出名的地方有浙江良渚、东北辽河(红山文化)和安徽含山。大批新石器时代玉器的发现,证明五六千年以前人们的好玉之情便已经蓬勃起来了。近年来,学术界对上古"玉文化"的讨论很热烈,收藏家也开始搜集古玉,相应之下,制假古董者也开始仿造古玉。

制作假古玉是对中国"玉文化"的玷污,玉本应是高洁美好的,中国语文中有不少讽刺挖苦的词汇,加在玉身上的几乎没有。汉字分类中有一个"玉部",由"玉"衍生出来的多是含义雅致的字。作家经过斟酌,将人物的名字唤作"宝玉""黛玉",增加了人品的高洁美好,感动读者几百年。相对来说,古代中国人不推崇黄金,有时还说些黄金的坏话,如"纸醉金迷"。当然,今天的中国人喜欢黄金的很多,中国人的金店也是成色最足。不过,羡爱黄金者,多不是出于道德良心,免不掉有淫心物欲。

玉给人们带来的高洁美好联想,原因容易归结在玉石质地的温润,而忘了人的功劳。其实,"玉不琢,不成器",各种玉器是人类加工的结果,玉器在本质上不是自然而成的,是文化而成的。只有经历了人类的工艺及观念——文化的过程,原来一块斑驳璞石,才变得温润、高洁。关于这个变化,和氏璧的故事曾讲到血的代价。因为必经琢磨,玉于是又有磨炼、培养之义,"玉不琢,不成器;人不学,不知道""人之于文学也,犹玉之于琢磨也"。这是古代思想家们由玉之成,联想到人之成。

在春秋战国时期,关于玉的讲究、礼仪、议论都很多,历史文献上有许多记载。而新石器时代大批精良玉器的发现,使我们知道在那个没有文字流传下来的时代,玉文化也是灿烂的。玉器很少做生产、生活用具,主要充作装饰或表达意识形态的材料,在那些新石器时代的玉的雕琢造型中,是否有道德联想,还不好说,但凝聚有信仰、法统、灵物的概念,肯定是没有问题的。

"琮"是良渚文化中典型的、规范的玉器造型,其长短不一,但都是外方内圆,表面刻有很细致的纹饰。琮在当时一定有特定的意义,否则不会做得那么规范。今天的学者对琮的含义有不少推论,比较大胆的推论是:琮的方圆表达的是天地观念,即"天圆地方"。如果这个推论站得住,则琮是太伟大了。天圆地方,是古代地理观

浙江余杭出土的新石器时代玉琮

中最基本、最宏观的一个概念,古人用一大块玉石把它表达了出来。

另外一件相当重要的表达观念的新石器时代玉器,是安徽含山凌家滩出土的一块玉版,其中央刻有两个大小相套的圆圈,内圆里刻有方心八角图形,内外圆之间有八条直线将其分割为八等份,每一份各刻一箭头,在外圆与玉版四角之间也各刻有一个箭头。含山玉版毫无疑问表述的是几何平面的均衡分割,有四分、八分,这种平面分割很有可能也被用到对地理空间的方位分割上去。说明当时的人们很可能已经突破山川地貌的杂乱形状,而建立了抽象、系统、有序的方位观念。这是地理思想史上的重要进展。

我们原来以为,新石器时代属于原始社会,人们风寒饥馑,一定是全体忙于吃穿。现在知道,他们曾投入大量劳动制作毫无吃穿实用价值的玉器,由以追求丰富的精神生活。玉,以一块自然顽石,由人琢磨成器,赋予思想道德,被"人文"到崇高地位。

安徽含山出土的新石器时代玉版

玉版上的几何图形

所以，古玉传达给我们的，是古代人类不可低视的精神品质。

玉在今天的地位远远比不上黄金了，因为玉只象征道德情操，而黄金则象征汽车、洋房之属。我们今天凭温柔淡雅的古玉认识古人，而后世的人或许要凭黄澄澄的金子来认识今人了。

澳门　黑沙　白玉环

在我们日常的谈话中，澳门的历史往往是从十六世纪初葡萄牙人登岸开始，在此以前，澳门就没什么可说的。"现今港澳地区为亚洲最美丽地区之一，经济上龙腾虎跃，香港更跻身于亚洲四小龙享誉于世。然而，港澳地区古老文化的面貌，却一直鲜为世人关注。"这是香港中文大学考古学家邓聪先生讲的话。

的确，在澳门的殖民地"声名远播"，人们习惯于以"殖民地文化"一语对澳门的一切进行概括的年代，没有多少人有兴趣、有心情，去关注澳门"殖民地"以外的生活方式，或叩问被"殖民地"覆盖了许久的文化深壤。

现在澳门摆脱背负了百余年的殖民地身份，回归，意味着它那被禁锢的中国之魂重新腾飞，而其本来固有的在文化深壤中与母体的古老纽带，也将成为人们有趣有益的话题。邓聪先生所著《澳门黑沙》（一九九六）一书，便是以考古科学的方式向我们述说了四千至六千年前澳门一带先民生活的情景，及其与邻近地区不可分割的密切关系。

在澳门路环岛东面的海湾，海流带来不少黑色的"海绿石"，沙滩有黑色隐现，故称"黑沙湾"。黑沙湾呈半月形，滩面广阔，长达数里，可容万人海浴。就在这黑沙湾的沙堤之下，掩埋着一

澳门黑沙湾

澳门黑沙湾的玉器

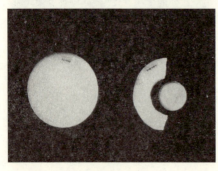

澳门黑沙湾的白玉环、玉孔芯

批新石器时代人类活动的遗迹、遗物。近年来，考古学家对黑沙遗址进行了科学发掘，发现了陶片、石器、玉环、玉孔芯和一处加工玉石的作坊遗址。这枚小小的白玉环和玉坊遗址使澳门黑沙湾变得更不寻常，美国哈佛大学的张光直教授评价它们是"研究华南史前玉器工艺技术的宝贵资料"。

从风格特征上看，澳门黑沙遗物属于"大湾文化"，而大湾文化是长江流域新石器文化向南发展后的地区变体，既有长江流域新石器文化的某些传统，又有自身的一些特点，主要分布在珠江口沿岸和岛屿上。其分布状况清楚反映出距今数千年前环珠江口一带人们水上来往的范围，"令人惊奇的是其规模足与现今珠江口一带水路交通范围媲美"（邓聪）。大湾文化的主人们必定已掌握了相当先进的水上交通技术，才能克服江海的阻隔，与四邻部落间展开密切的交流。

在海岸站稳脚跟，甚至踏入大海的波涛，是中国新石器时代文化在南方发展所面临的必然课题。学者们正在以港澳、珠江三角洲为考古重心，研究早期人类与海洋生态之相适应的历史，探索先民向海洋拓展的能力与过程。在滨海新石器文化中，可以看到明显的海洋文化的因素，如陶器图案里的海波纹饰、使用贝壳刻划的印纹等等，这些纹饰证明了先民们对大海波涛的质朴的内心感受和表现欲望。

澳门黑沙陶器

澳门黑沙陶器

再看先民在滨海对居住小环境的选择，学者们发现，"当时人类对居地的选择偏好海湾沙堤的内侧潟湖附近，遗址周围常有小溪流过，给人类提供淡水，有的遗址背后有小山环抱。这样，人类一方面可以避开风暴的侵袭，同时又宜于获取岸线附近、浅海及陆上不同类别的食物"（乔晓勤）。那么，在澳门黑沙湾设立制玉作坊有何便利之处呢？邓聪先生认为这是由于那里地近沙堤，易于采取坚硬的解玉砂（石英砂），以便剖解、研磨玉材。

我国幅员辽阔，地理环境多样。在远古文化中，就已然包含了丰富多样的人地关系。在黄土高原、在长城地带、在湖泽水乡，形成了一个个不同的远古文化生态区系。《淮南子·原道训》对南粤的形容是："九嶷之南，陆事寡而水事众，于是民人被发文身，以象鳞虫，短绠不绉，以便涉游，短袂攘卷，以便刺舟，因之也。"珠江三角洲沙堤内众多的新石器文化遗址告诉我们，这个南方水世界，也是一个人文早醒之区。

另外，玉文化在我国新石器时代发展得十分辉煌，在长城内外、黄河上下、大江南北，到处都有玲珑古玉的出土，展现着惊人的艺术成就与不可低估的思想内涵。澳门黑沙湾里远古白玉和制玉作坊的发现，说明那里并非是一块僻远的没有文化的沙滩，在中国远古文化地理谱系上，它理所当然地拥有一席之地。

天子之南库

明朝人周起元曾说：中国的南海通"五方之贾，熙熙水国，刳艅艎，分市东西路……而所贸金钱，岁无虑数十万，公私并赖，其殆天子之南库也"。意思是：南方海疆贸易繁忙，生财旺盛，简直就是皇帝取用钱财的南方大仓库。

海洋对于古代中国本不是陌生之区，不应一笔把它划在"黄色文明"之外。我们有那么长的海岸线，古人怎么可能只做兴叹，而不进行政治、经济的探索。《汉书》中，除了张骞通西域以外，还有汉使到达南亚的记载。只是因为当时的东南亚没有像匈奴那样的强敌，政治上不如北边重要，朝廷不必费心，史官们的记载自然不多。我们今天如果只知道依古代史官们的记载来恢复历史，那么不会恢复出多少南海的事情。

中国自古以来就是个大地域国家，社会面貌必然是多元的。中原常常是"逐鹿"的沙场，也是皇帝率领百官"面南"的基地，这里的人们满脑子都是封侯拜相的政治，如陈胜是个种地的，干活时还想着"苟富贵"的"鸿鹄之志"。在南方海疆生活的人们则没有多少政治野心，他们面对大海，想的做的是另一番事业，他们创造的是中国历史的另一个篇章：海洋开发。南方海疆闯荡海洋的勇士们，"视浮天巨浪如立高阜，视异域风景如履户外"，表现出另一种气概,却只因无政治上的轰轰烈烈,不能杀敌封侯,故从不被看作历史英雄。

如果把眼光从"大一统"的朝廷政治转到丰富多样的地域开发来看中国历史,我们就会发现海洋的重要影响。在南方沿海,古时已出现为海洋事业服务,依赖海洋事业而发展的区域。在十六世纪,从福建到广东的一些地方,"农贾杂半,走洋如适市,朝夕之皆海供,酬酢之皆夷产"。大海是这里的人民、社会不可或缺的经济地理因素,"海上安澜,以舟为田"。贸易活动是海洋事业的重要部分,明朝时,即使在海禁期间,仍然"有乘巨舰,贸易海外者"。南方海疆的人们多能讲两句海外语言,即便是"闾左儿"(穷孩子),也"惯译通"。这方方面面的民间活动,虽不入经书,无关科举,却是真实的区域性中国社会史。有的学者甚至认为,海洋事业的发展是中国南方产生"资本主义萌芽"的又一种动力。明朝以后,白银在中国社会大量出现,成为民间使用的寻常货币。据研究,许多白银正是通过海上贸易自南美洲辗转进入中国的。

在以中原为本位的中国历史中,可以没有南洋,但南洋诸国的历史中却常常要有中国,早期中国移民、华人村落、近代华侨商

中国古代航海图

打造海船部件

业等，都是那些国家历史的重要部分，这是中国与海洋关系的另一面证据。在当时华人的经商日志、舟师采访以及地方邸报中保留有不少关于东南亚国家早期历史的资料，弥足珍贵，例如十三世纪末中国人周达观写的《真腊风土记》就是恢复柬埔寨当时历史的重要文献。

明代中国航海技术之高早已举世公认，那些高超的航海技术不仅支撑了三宝太监郑和的七次特殊航行，也必然会支撑起中国在南洋的非官方的海上势力。南洋海域华人的存在，是不可忽视的社会特征。西方殖民者东来时，在南洋地区也曾遭受海上中国人的抗击。十六世纪中叶以后，中国商船几乎绝迹于马六甲海峡以西。中国商船在马六甲海峡以西的绝迹，以及后来华人海上势力的衰微，究其原因，显然不能以"中国文化自身的封闭保守性"一言蔽之，而要考虑西方殖民者的霸海行径。据明朝张燮《东西洋考》中记载：马六甲海峡"汉时已通中国"，"后佛郎机（葡萄牙人）破满剌加（马六甲），入据其国"，"佛郎机"行径狠恶，当地旁海人原先畏惧"龟龙（鳄鱼）"和"黑虎"，"今合佛郎机，足称三害云"。在马六甲，"佛郎机"对中国商船常常"迎击于海门，掠其货以归"，致使"数年以来，波路遂绝"。

中国人在南洋的历史说明，海洋开发史的问题是一个世界历史地理问题。殖民主义、资本主义在初期沿海洋进行地理扩张时，所到之处都是残酷的争夺，它借助武力推行自身的体制，排斥其他力量，从而改变了许多区域传统的社会结构、经济行为，最终也改变了全世界的政治地理和经济地理格局。

三

观天文，察地理

《易经·系辞上》说："仰以观于天文，俯以察于地理。"过去形容一个人知识渊博，就说他上晓天文，下知地理。天文、地理总是相提并论。

现在，天文、地理已很少相提并论。有学问的人可能知晓一些地理，但对于天文，敢于大谈一番的，恐怕没有多少人。这一方面是因为老的天文知识已然陈旧，说出来也不显得有学问，而新的天文知识又极为高深，不是外行可以插嘴的。另外，地面上的灯光，特别是城市中炫目的霓虹灯光，夺走了我们头顶的星光，群星（自然不是指歌星、影星）已离我们日常关注的事情、大家谈论的知识远去了。眼下在某些人群里流行所谓"算命"，"算命"者爱告知人家属于何种"星座"，说完星座便开始大谈人家的祸福，其实，这些"大师""小师"未必果真在天上找得出那些星座。

在没有声光电化的古代，情形则不同。夜幕一降，地上一片黑暗，只有群星灿烂在上，有亮有暗，有动有恒，时有流星，时有彗星，对任何一个好求知、肯思考的人，每夜仰视群星，无不大动思维，欲看个究竟，想个究竟。于是，借群星而发挥的学问很多很多。这里要说的是一件与地理有关的事："分野"，就是将天上的星座与地上的区域相对应——天文、地理一种特有的对接。

观天文,察地理

在我国古代人的眼中,国家幅员之辽阔,与天廓近似,所以当皇帝叫"坐天下",治理国家叫治理"天下"。用"天"来形容国土,是中国这个大地域国家的特点。然而"天"不是干净的一块,上面有日、月、五大行星(合称"三光")和其他成组成团的星群,其间的动静格局是古人最要知道的。古人又以为,天上的动静格局与地上的动静格局(包括山川郡县分布、社会兴衰、人事凶吉)必有关系,所以观天文的时候要察地理,察地理的时候要观天文,二者合为一件工作。我国在先秦时期,已经出现了成熟的分野思想,《周礼》记载,有一个叫"保章氏"的官,职责就是"以星土辨九州之地",在那个时候,所分封的地方"皆有分星"。在后来的《史记》《汉书》中,叙述地上的州县郡国分布时,也常向上指一指星座(像二十八宿),如《史记》说:角、亢、氐对应的是兖州,房、心对应的是豫州;《汉书》说:"秦地,于天官东井、舆鬼之分野也。"

这一门知识学问,古人将它归入天文一类,但它又确实包含着一种地理观念,一种对地上区域体系的理解方式。唐代的大天文学家一行和尚,研究的是天文,却提出一套地上山河大格局的思想,称作"天下山河两戒"说,其核心内容是:天下的山河分成南北两个大系,这两个山河大系又成为分割华夏民族与北方戎狄、南方蛮夷的两条地理界线。一行的这套地理归纳源于对星空格局的总结。他的天下地理格局思想,到明清时期还在被人们谈论,在我国古代地理学思想史上影响不小。以天星对地域,是我国古代天、地、人观念的重要组成部分,"分野"思想里面,当然有大量哲学或迷信的虚构,尤其是后来,天星与地域被赋予不少荒诞的关系。

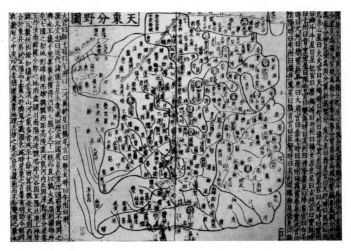

宋代的《天象分野图》

将旋转的星空对应地上的区域,必然存在许多问题。清朝一些讲求实际的学者对上古分野理论提出过尖锐的批评。

说到天文与地理的关系,有一点的确是大有实际意义的,即人类的地上方向观念的建立,离不开对天文的观察。人要认识地理,先要决定方向,没有"坚定正确"的方向,地理就是一笔乱账。而依靠地面上的东西,山也好、水也好,根本无法理出绝对性方向。只有明亮而又具有严格规律的天象,启发并给予了人类方向观念,太阳的升落是确定方向的头一个自然标志,然后还有北极星等。数典不能忘祖,地理学虽属"地学",但不能忘记当初"天文"对于创立地理基本概念的作用。有意思的是,今天的卫星定位系统,从某种意义上,可以说是远古先人以天星联系地位之理想的

观天文,察地理

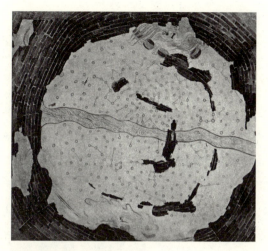

河南孟津北魏元乂墓的墓顶星象图

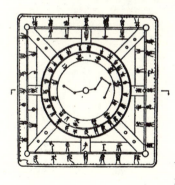
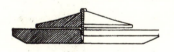

甘肃武威出土的西汉漆木式盘线绘图,天盘为圆形,地盘为方形

真正实现。我们遨游大地,涉足于万水千山之中,即使在荒原绝域,只要拿出卫星定位器"观天文,察地理",就能得到精确的位置所在。

中国古代的"神文地理"

这里要说的"神文地理"是指人类在敬神的时代所创造出来的一套地理观念,其本质是人文地理的一个部分,但表面上看却是区别于人类生活世界的另一个体系,即大地上的神位布局。

最早的神文地理应该在原始社会就被想象出来了。辽宁牛河梁的新石器文化祭祀遗址位于一座山顶,上面有"女神庙"等人工建筑。山顶,在上古时代,容易被看作是通天的地方,理由是很直观的,因为高,离天近。在山顶上祭祀,风光无限,也显得崇高。更重要的是空中有风云雷电,这些自然现象都是令原始人敬畏的,高山似乎是与这些自然威力对话、向它们表达崇敬的最佳场所,因此高山的通神作用被原始人看得很重很重。所谓"神

牛河梁"女神庙"遗址

文地理"的建构,从大范围来说,可能就是以高山为骨架的。

在《山海经》中我们可以看到高山通神的言论。比如:"西南四百里,曰昆仑之丘,是实惟帝之下都,神陆吾司之。""昆仑之虚,方八百里,高万仞。上有木禾,长五寻,大五围。而有九井,以玉为槛。面有九门,门有开明兽守之,百神之所在。"又是"帝之下都",又是"百神之所在",昆仑山在诸多通神高山中居首位,如果画一张通神高山的分布图(这就是一幅神文地理图),在昆仑山的地方应该标上一个最大的符号(如同我们今天标北京一样),因为它"帝之下都",是当时大地上最重要的神位。

章太炎曾发现,在孔子的一段话中提到上古时代有一类"神守国",由于在历史文献中只是寥寥数语,不为后人注意。这类神守国都是依靠对山川的祭祀而立"国",其首领主要是带领人们专心进行祭祀,不参加另外一类"守社稷"之国(即常说的诸侯国)那种争夺土地人民、打打杀杀的事情,于是不设兵卫,势力不大。因为山川都通神,守着山川就是守着神事,所以叫神守国。孔子说"山川之守足以纪纲天下",神守国自有一套纪纲。在《左传》中有一点点关于神守国残余的记载,如《左传·僖公二十一年》:"任、宿、须句、颛臾,风姓也,实司太皞与有济之祀,以服事诸夏。"像这样小国的日子,是"崇明祀,保小寡",仅此而已。另外,《左传·昭公元年》:"昔金天氏有裔子曰昧,为玄冥师,生允格、台骀。台骀能业其官,宣汾、洮,障大泽,以处太原。帝用嘉之,封诸汾川,沈、姒、蓐、黄,实守其祀。"台骀是汾神,而沈、姒、蓐、黄为"台骀之后","实守其祀"。就是守汾河之祀。后来,晋国要做主汾河的事情,所以将这四国灭掉。从"宣汾、洮,障大泽,以处太原"这件功劳来看,祀河与祀山的区别在于,前者强调禳灾,后者强调通天。想来在较早的时候,神守国的数量应是不少的,如果能画一张神守国的分布图,那么表示的都是通神、祭神的位置,所以也是一幅神文地理图。

在社会的世俗政治发达起来后,神守之国不复存在,但君王们并未放弃祭祀山川的事。早时祭祀山川的人也许要实实在在地亲临高山大川之侧,那些神守国的人甚至就驻守在山川附近不走。后来的政治国君事务繁忙,没有功夫跑路爬山,就在远处"望祭"一下,所谓"望于山川,遍于群神""九州名山大川、五岳四渎之属,皆一时望祭之"。除了望祭而外,君王们也修建了一批祠庙,专门供奉山川之神,都设在经过认真选择的地点。不用说,这一座座祠庙的分布,也是一套神文地理。

中古以后,道教、佛教兴盛,于是神文地理又有了一番大变化。以道教的影响为例,《云笈七签》记载了唐玄宗时道家司马承祯的一次上言,这位"先生"说:"今五岳之神祠,皆是山林之神,非正真之神也。五岳皆有洞府,各有上清真人降任其职,请别立斋祠。"唐玄宗听从了他的话,"因置真君祠,其形像制度,皆请先生推按道经创为之焉"。道家就这样对过去的山川神性做了一番改造,创造出一套新的神文地理。

道家的神文地理基本上是"开洞府于名山",在原来名山的老体系里面创出"洞府""福地"这些新名堂。道家说共有十大洞天、三十六小洞天、七十二福地。十大洞天者,处大地名山之

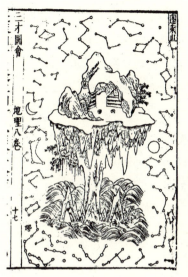

神话中的海上仙山——蓬莱山图

间,是"上天遣群仙统治之所"。三十六小洞天,在诸名山之中,"亦上仙所统治之处也"。七十二福地,在大地名山之间,"上帝命真人治之,其间多得道之所"。关于这一百多处有仙人、真人的地方,道家均能一一落实,都有确切地点可指,形成了一个实在的体系。

此外,道家的"洞天"还被说成与人间的城阙郡县相似。《云笈七签》中记载着一段奇"少年"与富绅张守珪的对话:

> 少年曰:"我阳平洞中仙人耳。因有小过,谪于人间,不久当去。"守珪曰:"洞府大小与人间城阙相类否?"答曰:

"二十四化各有一大洞,或方千里、五百、三百里。其中皆有日月飞精,谓之伏神之根,下照洞中,与世间无异。其中皆有仙王、仙官、仙卿辅相佐之,如世之职司。有得道之人及积功迁神反生之者,皆居其中,以为民庶。每年三元大节,诸天有上真下游洞天,以观其所理善恶。人世死生、兴废、水旱、风雨,预观于洞中焉。其龙神、祠庙、血食之司,皆为洞府所统也。二十四化之外,其青城、峨眉、益登、慈母、繁阳、嶓冢,亦各有洞天,不在十大洞天、三十六小洞天之数。洞之仙曹,如人间郡县聚落耳。不可一一详记之也。"

这个奇"少年"把"洞天"讲成一个神仙殿堂,有仙王、仙官、仙卿,对人世能够预观,这样的地方当然不是一般俗人活动的场所,不属于"人间"地理。

需要指出的是,道家所说的"洞天",与天上的"天宫"、地下的"阎罗殿"等神居场所有一个重要的不同,即"洞天"不是在天空上,也不是在地底下,而就在人类活动的地面上,与人间社会相错落,与人间地理的某些东西相叠合。本文所讲的"神文地理",要点正在于此。在天上和地下的东西,不属于地理的内容。道教是我国的本土宗教,对传统文化的许多方面都有深入影响。在地理上,道教将中国的山川大面积地神化了一番,"精象玄著,列宫阙于清景;幽质潜凝,开洞府于名山",使许多名山纳入道家范畴,使许多深山僻林都产生了"仙气"。这是一项对自然景观的文化创造，深深地影响了中国人对自然景观的感受方式。

历史上，中国大地上有相当多的神位设定，本文所举仅其少数，它们有一些以文化遗产的形式保留到今天，如诸佛山、道山等，但大多数已湮没在历史的演替之中。大地上曾经分布的各类神位，于今天的事务或许没有什么关系，但在对民族历史进行反省时，这一方面的地理经验是不应忘记的。

泥里金龙

在杭州西湖边的省博物馆里陈列着两块银简（刻有文字的银板）与一个黄铜做的小龙，这三件文物是二十世纪五十年代疏浚西湖时在湖底淤泥中发现的。银牌上刻有满幅铭文，阅读铭文可以知道，它们是五代时期"投龙"活动的遗物。投龙，用今天人文地理的话来说，反映了道教的环境观与环境行为。我们谈论古代的人地关系时，关于宗教中的流派，当然也需关注。

"投龙"是道教向名山名水行祈祷的一种形式，名山名水在道教思想中，是神仙"潜遁"的场所，这样的场所有许多，常说的有十大洞天、三十六小洞天和七十二福地。这些大小洞天、福地的分布，其实构成了一套道教"神"文地理的框架。葛洪《抱朴子》引《仙经》说："上士举形升虚，谓之天仙。中士游于名山，谓之地仙。"就是说有一批仙常居地上，道教信徒们都精通这些仙居的地理。所谓仙居的地理，有一个共同的特点，都是可以"藏形"的地方，如密林高山，深湖水底。高——高得看不见顶，深——深得看不见底。看不见处，才有神仙游。因为仙人为了与世间"行尸之人"划清界限，"遂益潜遁"（《抱朴子·论仙》）。将自然环境中的隐蔽景观解释为仙人洞府，是道教地理的重要特色。在道教的影响下，自然界的隐蔽景观中，产生了美妙的仙气。可以说在中国传统自然美学的发展上,道教是有巨大贡献的。

为了与隐蔽的仙人交流,道教信徒们遂发明了种种沟通之法,投龙即为其一。投龙时,需有一定的仪式,最终要将一份写给神仙的告文"投"入山水之中。顾名思义,"投龙"一定与龙有牵连。西湖发现的银简上都有"金龙驿传"一语,指明由"金龙"将文告传至"水府"。在发现银简的泥中,果然还获得一件铜制小龙,色彩似金,应当就是做驿传的那位"金龙"。想必当时行投龙仪式时,是将银简、小铜龙一并投入湖中的。虽然道士们虚拟了一个仙居世界,但与仙居世界的交流,一切都是一丝不苟的。

在西湖投龙简上署名的是吴越王钱镠,他是一个深慕道教的一方之主,自称"大道弟子"。投龙的目的是"仰告名山洞府(的神仙)",乞求护卫,以泰江南,包括军庶康宁,家眷平安。简中报恩求佑的话说完了,最后是"谨诣水府,金龙驿传"。西湖泥中发现的"金龙"体型很小,长不过十来厘米,而银简的尺寸却大得多,都是长三十多厘米,宽七八厘米。因为是虚拟的,重的是含义,虽然金龙小,银简大,"金龙驿传"照样可以完成。在浙江绍兴也发现过钱镠的投简,简文中有"今则特诣洞府名山,遍投龙简"之语,说明一次投龙可以分别在几个地方进行。估计吴越境内的各处洞天水府,都可能有过投龙活动,或许还有其他银简、金龙掩藏在某些湖底泥中。

有关投龙活动的历史材料、线索还有许多。如泰山老君堂有唐代东岳建醮投龙题名三十四段;嘉泰《会稽志》载唐玄宗时遣道士诣嵊县金庭观投龙;清代在太湖中发现玉简和银简各一枚。在陈

 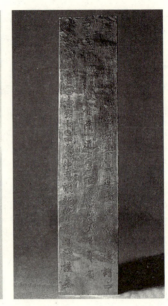

吴越王钱镠投龙银简铭文　　武则天投龙金简

垣编的《道家金石略》中更有不少投龙记文，如《金台观主马元贞投龙记》（在桐柏县淮渎庙），马元贞是武则天时的道士，曾奉敕往五岳四渎（四渎为江、河、淮、济）投龙做功德。唐代还有位玉真公主，多次奉旨于京兆府境内投龙。从这一段段材料我们可推想，当年道教盛行时，各地江山大约多举行投龙，并往往是奉皇帝之命。

道教建构了一套人居－仙居二元地理体系，仙居体系由自然界中的大量景观构成，并不遥远，与世俗人居体系相错落。在道教信仰者的地理体验中，自然是不可忽视的，原因就是它们是仙居之所。身在人居世界，心慕仙居世界，"投龙"就是满足道教信仰者与仙居世界的沟通。今日躺在泥里的"金龙",当初充当使者,被他们寄予厚望。

最后需要指出的是,道教给人一种尊重自然环境的印象,那是因为它首先将自然界神化了一番,然后才敬之礼之。对大自然没有"无缘无故的爱",道教之尊重自然,离不开它的宗教文化背景。如果脱离其宗教背景,把道教表彰为单纯的自然崇拜,则已离开了道教的宗旨。今有泥里金龙可以做证。

"墓大夫"的事业

《周礼》中列了三百七十六个官职,分别管天、管地、管人、管事。其中有一个官叫"墓大夫",职责是"掌凡邦墓之地域,为之图"。意思是管理"国人"的坟墓,墓地选在哪里,怎样按照宗亲关系排列掩埋,都由他图画。当时王侯的坟墓,地位比"国人"的等级高,由另一个叫"冢人"的官儿图画。丧葬在周代是礼仪大事,所以墓大夫们的事业是很重要的。

在河北省平山县的中山王墓出土有铜版"兆域图"。"兆域"指墓地,"兆域图"就是墓地平面图。从这幅"兆域图"看,中山王墓的规划果然十分整齐,说明"冢人"的工作的确是一丝不苟。除了"墓大夫""冢人"等专职官员外,一些社会名流也关心丧葬的事情,如孔子就是一个业余的"墓大夫",他对丧礼很在行。孔子的学生子夏回忆说,孔子研究过四种坟墓样式:有的四方高大,像一座高堂;有的狭长而高,像一座堤坝;有的四方而两边向上尖削,像大屋顶;还有的狭长而两旁向上尖削,形状像马鬣(鬣,动物颈上硬毛)。孔子最喜欢第四种。古人重视墓葬的最简单一个原因是,墓葬里躺着祖先,敬祖先就要敬坟墓。

据史书记载,秦穆公(比秦始皇早四百多年)死后葬于雍城"橐泉宫祈年馆下"(《汉书·楚元王传附刘向传》)。葬于"祈年馆下"

河北平山出土的战国时期中山国"兆域图"铜版

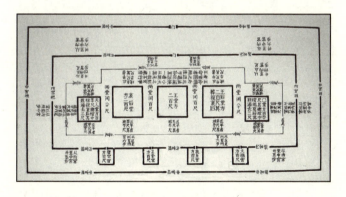

"兆域图"铜版铭文释文,文中称任意改动墓地界域者"死无赦"

是什么意思？这让人想起欧洲教堂，不少教堂门内大厅中央均有名人安眠墓地，上面有铜版，与大理石地面平，铜版上镌有铭文，读后令人肃然起敬。古代的帝王陵墓和名人墓地，谁都会说出一些，这几乎成了常识。当然陵墓的问题其实复杂得很，在历史学家、考古学家那里，研究古代陵墓是个大学问。历史学家杨宽先生写过一部《中国古代陵寝制度史研究》，他在序言中说："今天对于陵寝制度历史的研究，已成为探讨文化史、建筑史和艺术史的重要课题。"

古代的"邦墓""族墓地"表达的是亲情关系，对帝王、名人陵墓的关注也是寄予崇敬。但不知何时开始，有人编出专闹坟地的鬼怪故事，搅乱了"墓大夫"们的严肃事业。今天说起坟墓，好像还是很晦气的事情。不过，一看现实，不少坟墓之事毕竟都很荣耀。如秦始皇陵、武则天的乾陵、明十三陵等，名气颇大，均立于世界遗产或旅游胜地之林。关于这些荣耀，都有当年"墓大夫"们的功劳。

在某些社会文化里，即使是普通人的墓地也会是绿草如茵、石雕精美、环境幽静的地方，假日常有人来此消闲，布置野餐，欣赏碑刻，甚至情人约会。因为这里一点儿也不恐怖，所以人们可以在此纵情，甚至忘乎所以。为了防止游人忘乎所以，在一些有特别意义的墓地，管理者（今天的墓大夫）不得不出示警告，提醒人们要行为庄重。如在香港抗日烈士墓的入口处便有牌子写道："长眠于此者乃为自由而捐躯之各国烈士，游人请保持宁静以示尊重，并请勿嬉戏或生火。"

"墓大夫"的事业

时光流逝,岁月如梭。古代墓大夫们想不到他们的事业在千百年后的"现代化""后现代化"时代变了样子。我们今天为发展旅游事业,都很看好古代"墓大夫"留给我们的遗产。于是有"现代墓大夫"尽力开发这些旅游资源,将它们乔装打扮,成为难得的"文化景观",再搜集(或编造)一些有关故事,吸引中外嘉宾,卖票收费。有的地方原先坟墓已毁(或本没有坟墓),只有传说,但为了开发旅游事业,便制造一座像模像样的坟堆,依照传说宣传出去,同样吸引中外嘉宾,同样卖票收费。许多嘉宾不知底细,在新坟绿草之前摄影留念,成为日后珍藏的照片。新造坟墓所投入的资金很快可以收了回来,坟墓在"现代墓大夫"的运作中转变为摇钱树,或者说,"现代墓大夫"的事业已是一类产业了。

但不管怎样,抚今追昔,我们喜好旅游的人都感到,如果没有墓地陵寝,文明古国就缺了点儿什么,大地上也少了"一道亮丽的风景线"。

古代的"数字"地理

我们都知道,老北京城有五座皇家祭祀坛庙,坐落在东西南北中五个方位,它们是日坛、月坛、天坛、地坛、社稷坛。五坛的布列显示出京城的天子气。其实老北京还有五座百姓祭庙,也基本按东西南北中五个方位分布,它们是五座碧霞元君庙,外号叫"五顶"。五顶的事情与皇帝坐天下没什么关联,而与道教有涉,不过这里关心的只是:这些坛庙为何都凑出一个"五"来?

读史书,不难发现,古人谈地理总有一套一套的数字,如四海、五岳、九州等。用数字描述世界是古人认识世界的特点。古希腊的亚里士多德说:"宇宙的组织在其规定中,通常是数及其关系的和谐的体系。"我国古书《易经·说卦传》里也说"参天两地而倚数",意思是依数目来考察天地。研究思想史的学者指出,古代数学是从已知推未知的认识手段,数可以揭示事物的大小、长短、高下、方圆、直曲、有穷无穷。微观的东西可以丈量,而宏观的东西则只能推算,推算的结果必然是数。先秦时期的邹衍以"先验小物,推而大之"的方法推算世界结构,结论是世界由九个有"大瀛海"环绕的大州构成,中国位于其中一州,称作"赤县神州"。

禹是中国上古时代与地理渊源很深的一个大人物,而学者们

（如周瀚光）发现大禹又是个在远古与数学密切相关的人物，《山海经》《淮南子》《周髀算经注》都说了不少大禹与数学有关的事。大禹的传说多与测量有关，他开九州时就是"左准绳，右规矩"，一边量，一边开。记载大禹传说的《禹贡》一书，顺着禹的事迹一连气说出好几个带数目的地理：九州、四奥、九山、九川、九泽、四海。除了大禹，先秦的齐国是文化大国，也是数学大国，齐国人管子重数，有"地数"。出自齐人之手的《考工记》，也大用数目字，如规定王城的规模是"方九里"，国都的道路要九经九纬，等等。

熟悉中国古代地理观念的人都知道，四、五、九是最常用的地理数字，或者说古人的地理认识总围绕着四、五、九三个数字，如四方、四野、四封、四望、四裔、四垂；五方、五土、五服、五郊、五湖；九土、九州、九山、九川、九囿、九原、九域。这几个数字中，"四"较容易理解，因为根据天象，古人很容易得到四个方向的概念，按照四个方向的框架，便归类出许多"四分法"的地理事物。"五"是在"四"的基础上加一个"中"，形成东西南北中五个方位。在五个方位的基础上再加入东北、东南、西北、西南，便得到"九"的格局。"天地之至数，始于一，终于九焉"（《素问》），到九就到头了。九个方位的格局，后来有一个专名：九宫。

在四、五、九三个地理分法中，四分法的根据是自然征象，而五、九分法的基础是社会结构，因此属于古代文明的范畴。五、九分法的关键是"中央"概念的建立，"事在四方，要在中央"（《韩非子》），"中"的作用是将"四方""八面"统率起来，这显然是大地域集权政治的反映。将集权社会的结构扩展到"莫非王土"的"普

东南	南	西南
东	中	西
东北	北	西北

九宫图

天之下",便推出了五、九分的天下观念。五、九地理模式表面看起来是"分",但灵魂是"统"。统的概念用数字表达就是"一"。"一"是理想,《荀子》一书中共说了十一次"一天下"。五也好,九也好,都是形式,都逃不出那个整体的"一",在"一"的整体之内才允许有五或九的框架。五、九格局可以说是中国古代政治的"中地论",四方与中的关系是政治关系,"四方谓臣民,中央谓主君",在中国这个大地域帝国里,有了强有力的"中",则不担心处于江湖之远的臣民有二心。

在我国古代任何人造的空间体系里,几乎都有中的概念。将以"中"为统率的空间体系用五、九的数字模式表述,是古人使用数字的特点,"数,犹礼也"。古代的数字表述,可以表达规律,也可以表达思想、文化、习惯,"道生一,一生二,二生三,三生万物"(《老子》)就是我们很熟悉的一个经典例子。

人文地理大界线

天下的地理界线各色各样,有山川界线、军事界线、政治界线等。界线分割着地理区域,识别区域首先要识别界线。山川界线、军事界线、政治界线都很容易识别,山脉河流走向一眼就能看到,军事分界、政治分界本来就是人定的,不需要事后再去做"识别"。所以,仅仅"发现"这类地理界线,并不能算地理行业中的好汉。另有些地理界线不是单凭视觉可以识别,而需动用头脑,依照归纳的方法进行比较和分辨,察常人所未察,在混沌纷乱之处,发现隐藏的走线,这才是高手。从古代到近代,我们可以举出三个这样的例子,有三个不寻常之人,三次谈到中国的人文大界线,都是"向无字处读书",含有创意。

一是大史学家司马迁,他在《史记·货殖列传》中提出四大经济区:山西区,山东区,江南区和龙门—碣石以北地区。这四个区中,前三个区都是公认的讲法,所谓山西、山东都是以崤山为界。第四个区虽不是新发现,但以龙门、碣石两个"点"来表界,则是司马迁的考虑。"两点",我们自然而然会想到"一线",应该说司马迁的意思中也包含着这"一线"。这条线自山陕之间的龙门起,从西南向东北将今山西省斜切为两半,又越过太行山,继续向东北,至于渤海边的碣石,是当时的一条农牧分界线。历史地理学家史念海先生很赞赏司马迁提出的这条人文地理大界线,它是我们认识战国秦汉时期北方经济区划、民族分布的重要线索。

二是唐朝的科技和尚一行。他提出"天下山河两戒"的想法,"两戒"就是"两界"。一行的"两戒"思想内容丰富,包含着天文地理两方面的东西。其中的要点是,天下有南北两条界线,分割着华夏与戎狄、华夏与蛮夷。北面的一条,大致从积石山开始,向东到终南山北侧,然后再东,过黄河,顺着底柱山到太行山,再沿太行山北上,过常山西侧,最后接上长城,沿长城向东,直达辽东。

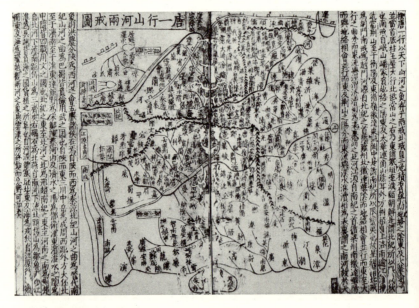

《唐一行山河两戒图》(宋本)

这是"北戒",作用是"限戎狄"。南面的一条,大致从岷山开始,向东到终南山南侧,过华山,然后折向东南,过桐柏山,逾江、汉,到衡山之南,再向东到福建中部。这条叫"南戒",作用是"限蛮夷"。

一行的"两戒"显然是人文地理界线,把所谓礼仪冠盖的华夏与茹毛饮血、火耕水耨的戎狄蛮越分开。一行的划分,有一定的历史事实根据,包含着古代很基本的政治、人文区域观念。但不能不指出,他的"华夷之辨"的传统观念很重,可以上纲为"大王朝中心论"。根据一行的思想,终南山一带为"地络",即地理大枢纽,北戒、南戒均会于此。还有,"南北山脉皆会于太华(华山)"。这些都大大地突出了当时京城长安所在的关中地区于天下的中枢地位。一行的地理大界线,在王朝时代显得大气磅礴,明末思想家方以智在《东西均》中说:"一行山河两戒,千余年尊奉之。"

三是近代地理学家胡焕庸先生。二十世纪三十年代,胡先生研究中国人口分布时发现,"今试自黑龙江之瑷珲,向西南作一直线,至云南之腾冲为止",将全国分作两部。西北半壁面积占十分之六七,但人口仅占百分之四。东南半壁面积仅占三四成,而人口占百分之九十六。"其多、寡之悬殊,有如此者。"对这条瑷珲—腾冲人口线,有人称作"胡焕庸线"。胡先生曾分析这条人口线形成的原因,并提出相应的人口政策,指出依照自然条件我国人口载量已然布满,唯东北北部嫩江流域一带之地为"国内唯一可供移民之区",可惜"暴日入侵","其地处于他人治下","白山黑水,不知何日方能重返故国,以供我华夏民族之移殖经营矣"。

自古以来,面对中国大地之上的纵横山水、复杂人文,一代代的人士都渴望理出它们的来龙去脉,并欲依照各自的价值观念,辨出天下的利弊格局,从而立家国、治天下。我们祖国幅员辽阔,域中隐含的各类人文地理界线,可能长度大、根基深。把握了这些界线,会更清醒地认识国土的人文面貌。当然,从某种意义上说,我们今日的发展,正是要逐步淡化、消除各种不宜存在的、不合理的人文界线。

中国古代王朝正统性的地理认同

姚大力先生在二〇〇二年六月二十二日的《中国学术》讲座上作《中国历史上的民族关系与国家认同》的演讲,听后受益匪浅。因自己从事历史地理学的研究,又感到有些地理方面的话还可以讲,可以为姚大力先生提供一些补充。

从地理方面,说得准确一点儿,从人文地理方面,我们可以看到一些重要的有关王朝正统性的认同问题。当然,这里所说的正统性,是指把中原大王朝为代表的经济—文化—社会看作主体,而将四周其他民族的经济—文化—社会看作从属的一种传统观念,"正统"是站在华夏中国立场上而言的。

从地理角度观察,我们看到,从先秦时期起,华夏地域的政治文化性建构就已经发展到相当成熟的地步,一统王朝还没有出现,但一统性的地域观却已然形成。没有一统的思想,就没有一统的行动,思想先行,是历史发展的一个特点,就像我们常说的,"没有革命的思想,就没有革命的行动"。所谓一统的地域观念,包括九州、五服、五岳等。这些东西渐渐与华夏文化中的"大义"相联系,成为很经典的地理观念,支撑着后来的王朝地域建设、王朝地理认同。

关于"九州",是我们很熟悉的"中国"的代名词,像"但悲不见九州同"等。九州的范围，九州的完整，是中国古代王朝在疆域上正统程度的一项标准。在九州之内建立的王朝，无论是谁，都可以获得几分正统性，在"正史"里面占正位。在九州之外建立的政权，都属于"四夷"范畴，在正史里面居旁位，或完全没有位置。古代一些有政治抱负的北方民族，想南下发展自己的政权，建立自己的王朝，为了获得正统性的承认，大都要解决进入"九州之内"的问题。如鲜卑政权北魏的孝文帝，要自代地南迁，其理由之一就是"今代在恒山之北,为九州之外,以是之故,迁于中原"（《魏书》卷十四）。在"九州之外"为什么不行？因为在九州之外只能算是"四夷"，而"夷人"不管做什么事，都低"华夏"一头，没有正统性。孝文帝是要"承累圣之洪基，属千载之昌运"，没有天下人对他的正统性的承认，怎么可以？要获得正统，须做不少事，而在地理上进入九州之内，是很重要的一条。不入九州，则属于"要荒"，就还是蛮夷，谈不上正统，谈不上"洪昌"。

除了"九州"，还有"五岳"这样一个重要的具有法统意义的地理概念，因为谈论的不如九州普遍，此处则要多说一些。五岳，一般说是东岳泰山、北岳恒山、西岳华山、南岳衡山、中岳嵩山，是先秦时期逐渐形成的地理观念，也是一件确切可指的地理事实，就是说它有观念与事实两层意义。关于五岳的事实，相对简单一些，大家都能讲出它们的名字，指出它们的地点（它们的地点也曾有变化）。而关于五岳的观念意义，今人有所淡忘，所以是我们这里关注的重点。

杜甫《春望》诗中说"国破山河在"，表达了对山河永恒性的

北岳恒山，凿有"德峰"二字

寄托，而这种可以补偿"国破"的山河感情，绝不是纯粹的自然山水之情，而是在自然山河中感受到了一种可以认同的人文国家品格。应该说，这种依托自然山川的人文国家品格，来自根基甚深的"名山大川"的礼法传统。"名山大川"在古代，绝不是游人多往而"俗成"的胜景，而是由王朝正式确认、有严格祭祀制度的特定的高山大河。这些山川以其显赫的景观形象、均衡的地理布局，逐渐成为王朝国家的疆域坐标、国土象征与地理框架。五岳就是其中最具有疆域象征性的名山，它是庄严的"地德"的神圣象征，曾有各类封号，它们大跨度的东、西、南、北、中的布局，在人们的观念中升华为华夏世界整体性的擎天巨柱。五岳的范围（姑称岳域）是九州、神州、华夏地域的又一表达，讲华夏地域安宁，可以说"五岳之安"(《晋书》卷五十九),讲华夏地域之乱,可以说"九州波骇,五岳尘飞"(《晋书》卷一百)。

古代追求王朝正统性的朝代,在地理上,无不认真对待"岳"的问题。而在考虑"岳"的问题时,都城与"岳"的关系最为重要,所谓"岳镇方位,当准皇都",就是说五岳的分布应当与都城有一个谐调关系,理想的情况是都城在中央,靠近中岳,其他东、西、南、北四岳各如其方。当然,这样的理想局面不是容易做到的,古代常有都城出了岳域的事,但我们看到,在"岳镇方位,当准皇都"这类观念的影响下,不少王朝都尽力向这个理想局面调整,他们或者是改变都城的位置,把原来在岳域外面的都城迁到里边来,或者是重新命名一些名山,给这些名山"岳"的地位,扩展"岳"的布列范围,使都城归于岳域之内。以下举几个例子。

据汉代的人说,周公曾经"权立吴岳为西岳",原因是"岐镐处(以华山为西岳的)五岳之外,周公为其于正不均,故东行于洛邑,合诸侯谋作天子之居,是西都无西岳,权立吴岳为西岳"(《尚书·康诰》郑注)。"吴岳"位于今陇县西南,在镐都的西方,把吴岳立为西岳,就等于把岳域向西扩展了一部分,镐都也就进了岳域。贾公彦说"国在雍州时无西岳,故权立吴岳为西岳,非常法"(《周礼·大宗伯》贾疏)。而合"常法"的五岳应"以东都为定",即以洛阳为中心,以华山为西岳。郑玄、贾公彦所说是否属实,无法遽断,但其中表达的观念则无误,这就是国都应位于五岳所标出的地理大框架的中央。

另一个都城与岳域的关系出问题的是秦朝。秦朝之前,五岳的分布偏于东方,"三代之居皆在河洛之间",故嵩山为中岳,其他四岳各如其方,没有问题。但到秦始皇定都咸阳之后,则"五岳、四渎皆并在东方"了。五岳并在咸阳东方的局面显然有碍于秦朝统治的"地德",即王朝地域正统性的完美,所以始皇令祠官重序天下名山大川。事见《史记·封禅书》。重序的天下名山,自崤以东,有五座:嵩山、恒山、泰山、会稽山、湘山;自华以西,有七座:华山、薄山、岳山、岐山、吴岳山、鸿冢山、渎山。这十二座名山的分布,东西均匀了许多,咸阳居于它们中间,秦朝的"地德"便没有问题了。当然,秦朝重序的天下名山,未能掩去自古以来五岳的高尚地位,这在汉代皇帝的巡狩封禅活动中看得很清楚。即使在秦朝,东巡狩、封泰山仍居首位,因为"中国"的传统地理方位框架已不是谁可以改变的了。

历史上进入中原的北方民族统治者,也十分重视都城与岳域的关系问题,地域正统性的问题对他们更加重要。前面提到的北魏孝文帝是该朝颇有历史地位的统治者,他对于北魏王朝获得华夏世界的正统性最为关心,他力排众议而迁都洛阳是十分有名的历史事件。在孝文帝所讲述的迁都理由中,有一条就是为使都城进入岳域。《魏书》卷十四中记载了当时在太极殿的一场有关迁都的辩论:

> 及高祖(孝文帝)欲迁都,临太极殿,引见留守之官大议。乃诏丕等,如有所怀,各陈其志。燕州刺史穆罴进曰:"移都事大,如臣愚见,谓为未可。"高祖曰:"卿便言不

可之理。"黑曰:"北有猃狁之寇,南有荆扬未宾,西有吐谷浑之阻,东有高句丽之难。四方未平,九区未定。以此推之,谓为不可。征伐之举,要须戎马,如其无马,事不可克。"高祖曰:"卿言无马,此理粗可。马常出北方,厩在此置,卿何虑无马?今代在恒山之北,为九州之外,以是之故,迁于中原。"黑曰:"臣闻黄帝都涿鹿。以此言之,古昔圣王不必悉居中原。"高祖曰:"黄帝以天下未定,居于涿鹿;既定之后,亦迁于河南。"

"代"是当时北魏都城所在的地区,因为在"恒山之北,为九州之外",于是成为迁都的缘故,这个缘故显然是指都城在岳域(也就是九州)之外的局面不合于地域的正统性。

建立金朝的女真人,都城在燕(今北京),因为位于岳域之外,也有人提议"今既都燕,当别议五岳名"(《金史》卷一百五)。这有些像秦始皇的办法,都城不动,而议定一套新的名山布局,把都城环绕起来。这个提议因有人反对而没有实行。

清朝遇到了与金朝类似的问题,其都城依然在北京,还是在岳域之外。但清朝却实行了一些岳及名山的调整措施,以合于"岳镇方位,当准皇都"的正统原则。其主要措施是,正式将"积二千余年"的北岳恒山(原在河北曲阳)改在山西浑源祭祀,向北移动了一段距离,使传统的岳域北扩。将北岳从曲阳改在浑源,在明朝就这样做了,但明朝没有正式颁布移祀的诏令,正式的法定移祀是在清朝。另外,清朝还"诏封长白山神秩祀如五岳""岁时望祭无阙"(《清史稿》卷八十三),把自己老家的长白山升为岳的地位,这就等于将岳域扩到了东北地区。

以上所举古代王朝所关注的都城与岳域的关系问题,表明五岳的分布是有地域象征性的,而且是正统地域的象征性。这种象征性在寻求王朝正统性的认同时,也是一项相当重要的指标。关于"认同"的概念,姚大力先生说得很好,"是指自我在情感上或者信念上与他人或其他对象连接为一体的心理过程。也可以说,认同就是一种归属感"。中国古代王朝正统性的认同,就包括一种地域的归属感,正统地域的归属,就要归属到九州之内、五岳之内。

因为有如此强的理念象征意义,五岳概念的形成,算是中国古代地理思想史的一件大事,而五岳本身也是古代文化地理与政治地理的重要内容。众所周知,运用礼仪制度与道德规范对政治进行有力的辅助和补充,是中国古代文明的一大特点。两周以至秦汉时期,是中国古代政治文化的形成期,在政治地理方面,完成了充分的封建制的实践,以及由封建制向郡县制的深刻转变,从而解决了对广阔国土进行一统性政治建设的艰巨的历史课题。五岳从概念到事实的确立,是这一政治—文化地理过程的重要侧面,它一方面以礼仪道德的形式支持着对辽阔国土的一统性建设,另一方面则展现了中国文化是如何向自然景观灌注浓厚的礼法政治含义,而使其成为独特的描述华夏文明的地理语言。

最后要说明一件事,在不少地方,五岳被讲成道教名山,在道教中也有《五岳真形图》一类的符图。五岳后来的确被道教利用,因为道家讲隐遁,到处占深山,对五岳当然不能放过。唐朝开元

《五岳真形图》

年间,有道士对唐玄宗这样讲:"今五岳神祠,皆是山林之神,非正真之神也。五岳皆有洞府,各有上清真人降任其职,山川风雨,阴阳气序,是所理焉。冠冕章服,佐从神仙,皆有名数。请别立斋祠之所。"于是唐玄宗从其言,"因敕五岳各置真君祠一所"(《旧唐书》卷一百九十二)。道家虽然给五岳加上"真君洞府"之类的内容,但在整个王朝时代,五岳的正统地域象征性并没有受到影响。关于这一点,有兴趣的人可到北京地坛一游,看看室内陈列的名山牌位,那样一本正经地对名山的尊崇,是很值得回味的前朝往事。

环境狂想曲

人类对于环境,永远抱有神秘、奇异的猜想。胆大之人在做猜想的时候,可以成狂想。以人类之渺小,面对自然之浩大,狂想可以驰骋无忌。在实证主义科学出现之前,人类对于万物根本属性的认识方式就是:只要大胆设想,不必小心求证。所以,在那样的时代里,人们对环境的认识,是智者的狂想与愚者的狂信。

日月星辰、山川大地、森林湖泊、飞禽走兽、花鸟鱼虫,对这些环境中周密布置的万物,任何一个老实巴交的人都早已知晓了,那么狂想者还有什么大话可说呢?

狂想者首先提出并解答的问题是:环境是怎么来的。我们听说在古希腊神话中,有位有着"两条软弱短腿"的"跛足神"格菲斯特(《伊利亚特》),用风箱、火炉、铁砧,在一面盾牌上锻造出一个"有土地,有天空,也有太阳",有河流、田野、草地、城市、畜群、葡萄园、舞场,并由"大洋河"所环绕的应有尽有的世界。希腊的环境狂想者借助神的力量,解释了环境世界的诞生。

在中国古代的"儒书"中,有共工"怒而触不周之山,使天柱折,地维绝。女娲销炼五色石以补苍天,断鳌足以立四极。天不足西北,故日月移焉,地不足东南,故百川注焉"。这段有名的故事说的虽不是最初的创世,却也解释了生存世界为何是这般模样。汉代的王

格菲斯特锻造的盾牌图案

充称这个故事是"久远之文",而且"世间是之",意思是,对这段老话,当时大家都点头称是。当然,也有人心存疑问,但"文雅之人,怪而无以非,若非而无以夺,又恐其实然,不敢正议"(王充《论衡·谈天篇》)。就是说,虽然有人怀疑,但不知如何去反驳,即使反驳了,自己却拿不出解释"日月向西走,江河向东走"的新道理,另外,保不准那些说法是对的呢,所以,还是把疑问藏在肚里吧。

　　狂想者提出并解答的另一个问题是:环境中常人不见的秩序。在尼罗河哺育的埃及,尼罗河是环境的中心,是水的来源。当看到有不见大河却富于雨水的地方,埃及人便以为上帝在那里把尼罗河挂在了天上。而中国有古人说,罗布泊(古时叫蒲昌海)之水向东,"潜行地下,南出于积石,为中国河"。一条河在天上,一条河在地底下,对环境秩序竟有如此任意的想象。更有广大者,我国古人邹衍有"大九州"之说。我们常说的代表中国的"九州"来自《禹贡》一书。而邹衍以为,"禹贡九州,方今天下九州也,在东南隅,名曰赤县神州。复更有八州,每一州者四海环之,名曰裨海。九州之外更有瀛海"。就是说,《禹贡》的九个州加在一起为一个单元,叫赤县神州,像这样的单元还有八个,加在一起便是九个大州,各为大海环绕。中国人住的赤县神州,位于东南方。邹衍的说法,"闻者惊骇,然亦不能实然否"。

环境之中,万物常有变化,如刮风下雨、山崩河溢。中国狂想的儒者以为,环境中的万物是看"人君"的脸色变动的,"人君以政动天,天动气以应之"。这一套"天人感应"的说法,我们在古书中见得多了。王充对这一套狂言很不以为然,他在《论衡·变动篇》一书中说,人生于天地环境之间,犹如虱子生在人的衣裳之内,虱子不能令衣裳气动,人君怎能号令刮风下雨。

由于环境概念是以人为本,全世界各地的人们几乎都在环境中猜想并安排了鬼怪,它们藏身于凡人肉眼看不到的最神秘、最不可知之处,专同活人作对。一些狂想的坏人,最愿意在鬼怪上做文章,想出各色各样的鬼怪、无穷无尽的故事。曾几何时,环境中充满了这些东西,其影响之大,我们至今仍心有余悸。

不过,我们也发现了一点,凡狂想者,都是在肉眼不能见的地方下手,反正谁也见不着,狂想者就气壮如牛:"我说是,你说非,拿出证据来!"当年王充所说的面对狂想所遇到的辩驳的麻烦,虽说过了一两千年,我们今天也还常常遇到。今天也常听一些耸人听闻的说法,如外星人做下了什么什么图案、某处有一个"中央土"等,说的都是古远不可验证之事,谁也拿它们没办法。

山中无老虎

常言道：山中无老虎，猴子称霸王。在我国，没有老虎的山到处都是，许多原来有老虎的山，现在也没了，都是猴子的子孙在称霸王。

老虎原是百万年前在中国这块地方起源的动物，后来虎迹扩展到西伯利亚与东南亚、南亚的不同环境中，演化成不同的虎种。所有的老虎都是形体健美，身披斑斓花纹，体型适中，性情威猛，故很得人类的敬畏。中国、印度都是多虎的国家，人们对于老虎的认知深久、品评众多，于是，老虎也就从自然史的范畴进入文化史的范畴，成为一种文化动物。以虎为素材的文化作品、人文联想，我们张口就可以举出。

老虎

山中无老虎

中国以有老虎而骄傲,中国人对老虎有多方面的了解、各种各样的形容。在古代,人们论及大事、大道理时,也常以老虎做比喻,如"云从龙,风从虎,圣人作而万物睹"(《易·上经》)。这是将龙与云、虎与风、圣人与万物,互借声势,以表示壮大,最后是要说"圣人"很了不起。在人们的感觉中,虎是威猛之兽,风是震动之气,同类相感,虎啸则谷生风。中国古人善于以物类人,以动物品性比喻人的精神,老虎也被作为一种德行的象征,《易经》云"虎视眈眈,其欲逐逐",解经的人说这是形容老虎威而不猛,不恶而严,是以虎塑造的强者之德。古人又说"大人虎变","君子豹变,小人革面"(《易·下经》)。"虎变",如其纹形彪炳,比喻宏伟的变革,"汤武革命"属于虎变。豹纹蔚缛,所以"豹变"也算"润色鸿业"。只有"小人"但能"变其颜面,容色顺上而已"。这里,老虎竟然与"小人"对照有差。当然,老虎有凶残的一面,但其彪炳的容色总令其正面的象征性更高一层,凸显在凶残性的上面,为人爱戴。

今天,环境巨变,老虎的自然生存条件受到破坏,老虎的文化生存条件也淡薄了许多。在国际大都市中生活的现代人大概已经把老虎忘记了。威猛的象征已不再是自然的老虎,而是人类的科技武器(航空母舰、原子弹),过去说"英雄虎胆",现在说"精神原子弹"。看一看现在的山林,都是些无虎的山林。无虎,则谷风不起——自然环境丧失了一股生气。中国曾为"龙虎"之国,但现在老虎所余无几,虽有环境与野生动物保护人士大声疾呼,但老虎生存的问题仍然严重。

山中无老虎,而许多老虎都被送进了药铺,虎药生意的难禁,是近代老虎减少的人为原因之一。据 WWF 网站的资料，亚洲虎药生意一直盛行到二十世纪九十年代。举例来说，一九九三年以前韩国的虎骨贸易是合法的，统计显示，一九七五年至一九九二年间，韩国共进口虎骨六吨（折合五百五十至一千只虎，一只虎可出十至十二公斤干骨），一九八八年至一九九二年间为其高峰，平均每年进口五百七十七公斤虎骨（合五十二至九十六只虎），十八年间的平均虎骨价格为一百二十七美元一公斤，一九八七年价格最高，为二百五十美元一公斤。这些虎骨的三分之二来自印度尼西亚，百分之十四来自中国。至二十世纪九十年代初，中国商人取代印度尼西亚商人成为向韩国出口虎骨的头号商贩。看来在贩虎取利这一招上，中国商人已经走在了世界的前列。

国际舆论界对于中医以虎骨入药的事十分恼火，所有的爱虎宣传材料（包括儿童教育读物）都谴责以虎入药、虎药走私的事。中国人敬虎有传统，而用虎骨做药也是传统，不过喝虎骨酒的时候，中国人并没有想到杀害老虎的罪过，而想的还是老虎的强悍，以为喝了虎骨药酒，不但驱走了寒气，自己的骨头也会如虎骨那般强硬，说不定还能增加几分腿脚的功夫。今天，老虎已经稀少，喝虎骨酒的习惯已不见容于世，识时务者为俊杰，喝虎骨药酒的习惯可以作罢了。

保护老虎是自然环境与人类文化的双重需要。在自然方面，老虎的存在是环境质量的标尺，虎居深山，山不深，林不密，虎不生。在文化方面，"生龙"固然不会出现，但"活虎"却不能消失，如果只有无虎的山林，进而出现无虎的中国，则中国人只能空谈虎威，

虎骨酒广告

空作虎画,这是一种文化损失。在山川景观的文化解读上,中国需要虎,韩愈说:"虎啸于谷之义可崇。"虎与山林声势相通,山林有虎则气壮,这是典型的中国式生态景观。所以保护老虎,不仅是保护中国的自然生物,也是保护中国的景观文化。中国山中不可无虎。我们想到苏轼祭奠欧阳修时的比喻,苏轼说:"譬如深山大泽,龙亡而虎逝,则变怪杂出,舞鳅鳝而号狐狸。"社会没有圣贤则小人杂出,而没有虎只有狐狸的群山,则只算是"小人"之山。

四

风从四方来

"仰面看青天,头巾落在麻坼(干裂如麻的土地)里",这是一句古代谚语,说的是旱季里,人们翘首望天风。他们望的是一种叫"舶䑸"的风(䑸音zhào,同"棹"),这种风主旱,它一刮,天就旱了。"舶䑸"这个名字大约是吴(今江、浙、闽)人起的,与航海有关,在东南沿海,刮"舶䑸风"的时候,海船就回来了。苏轼做过一首《舶䑸风》诗,说黄梅雨季过后,"万里初来舶䑸风……唤醒昏昏嗜睡翁"。

我们今天说风的名字。一般描述风只用风所来的方向,如东风、西北风,或表示风的强弱,如微风、暴风。除描述风的自然属性外,我们基本不用其他类型的称呼,因为给风再起其他名字,懂得了"科学"的我们都觉得意思不大了。不过,古人则认为给风起各类名字是意思很大的事。"八方风色以类从,北凉、西泰、凯南、谷自东,颓、飙、飘、庉、暴、昌、曀,——命义无相蒙。"(清查慎行《舶䑸风歌》)这些都是古代的风名,都包含着特殊的意义,但对我们来说,已经很陌生了。

刮风在我国是大事。我国华北东部和长江下游南部地区,受山脉地形的制约,地区性季风环流十分明显。风的时间、方向、强弱对于人们的生产生活有着凶吉祸福不同的影响。另外,从现象上看,风(以及雨)还是这样一类自然物:它来自天上,却能疾行人间,给人间带来祸福,有这种特性的自然物并不多见。史学家宋镇豪先生指出,上古社会人们信奉的气象诸神中,最受重视的大约是风神和雨神,对风神、雨神的崇拜,一直被保留在后世国家级的最高祀典中。

风的自然特性使风神崇拜带有明显的方位和地域性因素。对中原的黄帝族来说,风基本上是坏东西,黄帝大战南方蚩尤时,蚩尤"请风伯、雨师纵大风雨"(《山海经·大荒北经》),风伯、雨师是操纵风、雨的神,都站在蚩尤一边,不用说,对蚩尤来说,风是好东西。

在黄帝以后的历史中,大地域的国家出现,东土、西土、南土、北土、中土都归并为一个国家。于是,在精神领域,创造出许多与大地域相适应的观念,如"四海""九州"等,其中也有"四方风"。按照古书《尔雅·释天》的说法,四方风是:南方凯风、东方谷风、北方凉风、西方泰风。"四方风",以中原为中心视点的四方观念与风的自然特性巧妙结合一体,为古人的宇宙模式添加了一项内容。

古人认为,风与日月星辰一样,有庄严的神性,要诚心诚意地祭祀,商代甲骨文中就有祭祀"四方风"的刻辞。对商代的人来说,风是神,并不是我们今天理解的"自然"。如果我们非说商人祭祀风是"尊重自然界",商人会跟我们辩论,他们会说"我们不知道自然界是什么东西,我们只知道神,你说的日、月、风、雨,那都是神,我们只知道敬神、畏神"。如果我们再说"你敬神其实是假的,你在客观上敬的还是自然",商人会操起干戈,对我们动武。

商代甲骨文"四方风"刻辞拓本

敬风这只是个开始,后来我们祖先对于风的理解和想象是越来越丰富。看到风刮在草木上,草木一齐倾倒;风刮在人身上,衣带一齐飘扬。如此整齐划一,真是万众归一的样子。于是"风"又有了教化归一的含义,而且是"上之化下",威力无比。《盐铁论·非鞅》说:"诸侯敛衽,西面而向风。"这句话说的并不是诸侯们面向西方,迎着西风整理衣裳,而是指软弱的东方列国接受强秦的政教,而归于一统的意思。《战国策·秦一》所说"山东之国,从风而服",也是这个意思。

由于风的飞舞飘动、感人拂面等特点,我们可以看到"风"还被引入文化的范畴,喻示着种种文化行为。在中文里,带"风"字的文化词儿很多,什么"风格""风俗""作风""古风""风姿""风流"……不胜枚举。只是用这些词儿的时候,我们把天上刮风的事儿都忘了。

歌唱自然的时代

登山则情满于山,观海则意溢于海

——《文心雕龙》

一位研究中国文学史的外国学者感慨道:"自古以来,中国文学很少不谈到自然的,中国文人极少不歌唱自然的。纵观整个中国文学,我们可以发现,中国人认为只有在自然中,才有安居之地,只有在自然中,才存在真正的美。"中国人对自然之美的欣赏起源于南朝。南朝时期,是一个歌唱自然的时代,是审美性的自然观确立的时代。在都市物质文化热火朝天的今天,我们不妨回到南朝去做一次"历史游",放宽一点身心,缅怀一回祖先,体味一番那个初唱自然的时代的古歌。

随口说一句"自古以来"我们的祖先就歌咏自然之美,是很不准确的。《诗经》中有许多作品吟咏的与其说是"自然",毋宁说是"自然物"。《诗经》提到自然物不是为了吟咏自然,而是为了利用自然物进行所谓的"比兴"。诗中所描绘的多是自然物的形状、状态,而不是形状之美。如"昔我往矣,杨柳依依;今我来思,雨雪霏霏。行道迟迟,载渴载饥。我心伤悲,莫知我哀"(《小雅·采薇》)。

《楚辞》中的自然是幻想世界、神仙世界。虽然有一点客观的写景与借景生情,但不是主要的。到了辞藻华美的汉赋时期,赋中所描写的自然,范围也仅限于游猎场所、宫苑和都邑附近的山川,后代文学中所表现的山川池林的秀美、自然景物的千姿百态,在汉赋中是基本看不到的。所以,直到汉代,人对于自然美还没有什么特别明确的意识。

真正的山水田园审美诗作始于东晋。而先前正是玄风盛行的时代。西晋以来,玄学(即老子、庄子、佛家的抽象论说)昌盛,诗歌多玄言,称"玄言诗"。如"缅哉冥古,邈矣上皇。夷明太素,结纽灵纲"(《赠谢安》)。"上皇""太素"是什么,今天的读诗人不太能明白,所以这样的诗不会在后世广泛流布。到了东晋,有些"雅士"以为宦场充满"尘垢",因此到山水间"散怀",开头还是"以玄对山水",对出来的依然是玄情。如"太虚辽廓而无阂,运自然之妙有。释域中之常恋,畅超然之高情"。这首诗叫《游天台山赋》,有人认为作者孙绰并没有果真趋身到天台山去,而只是"遥为其赋",依托辽阔自然,解释俗恋,抒发一下超然高情。这里的"高情"还是玄情,并不是山水审美。

"庄老告退,而山水方滋"(《文心雕龙》),扭转东晋"庄老"玄言诗风,创山水田园诗派的关键人物是陶渊明与谢灵运。陶渊明开田园派,"久在樊笼里,复得返自然""少无适俗韵,性本爱丘山"。他的诗平实上口,我们都能背出几句。谢灵运开山水派,他是名门望族,但喜好山水,经常到山水间摸索,人们误以为是贼。谢灵运说自己:"山水,性之所适。"他不喜欢"华堂"的欢乐,而喜爱"枕岩漱流""敢率所乐,而以作赋"。于是,自然本身之

《渊明逸致图》　　　　　　　　　　谢灵运

美在他的笔下渐渐显露："春晚绿野秀，岩高白云屯"（《入彭蠡湖口》）"野旷沙岸净，天高秋月明"（《初去郡》）。"秀""净""明"是自然本身之美。

由借山水"比兴"、抒情，到径直咏山水本身之美，是文学史里面的一个重要变化。自此，开出中国文化的一大传统，即自然审美。从那以后，自然审美的情感总是填满中国文人的胸怀，而所流露出来的华章美赋，真是数不胜数。我们今天爱谈论"人与自然的关系"，在这一方面，祖先发明的山水审美也是一桩大事。西方近代自然观是物理的、生物的。现在流行世界的自然观是生态的，强调人的生存与健康。这些都不是审美的。只有中国的地理景观文化中，包含有"审美"这精彩的一章。

回想南朝那个时代，人们欣赏自然，"登山则情满于山，观海则意溢于海"，这是何等豪迈畅意！对比由大都市的声光电化搅得热火朝天的今日,有人已经淡忘了对自然的感受,而只顾到大都市去寻找现代"奇技淫巧"的雕琢之"美",做现代都市之蛙。我劝这样的朋友,即使没有时间出门,也要多读一些谢灵运、陶渊明以及其他古人的风景名篇,领略一下登山观海的畅意。

含咀山水之英华

古人面对青山绿水，瞻宏品细，生出大量的诗歌散文佳作。我们进小学念书，用不了几年，就会读到那些佳作。在日后的阅读中，更会接触大量脍炙人口的游览诗文。我们流连山水的性情因以油然而生，代代相传。

我国传统的地理文化中，包含着对自然景物的审美积累，这种积累的结果，一方面是大量颂扬景物的诗歌书画，另一方面则造就了山水林石的文化品格。古代地理知识的记录，也包括着山水审美知识，翻一翻各地志书罗列的内容，常有风景名胜一门。记录美景当然要用美文，山水审美也促进了文学辞章的繁盛。

南宋时成书的《舆地纪胜》和《方舆胜览》，都是地理志书，而书名上都突出了"胜"字。《方舆胜览》卷首吕午的序说，本书与"泛滥于著述而不能含咀其英华"的著作大不相同，"端坐窗几而欲周知天下"者，"操弄翰墨而欲得助江山"者，均可受益于本书。他的意思是，看地理书可以有两得，一是周知天下各地之事，二是借江山之秀丽支助自己的文采。《舆地纪胜》的作者王象之也说"收拾山川之精华以借助于笔端"，也强调了欣赏景观与文采的关系。《舆地纪胜》中设立了"诗"和"四六"（骈文）两门。《方舆胜览》也含有"题咏"和"四六"，前者辑录描写地方人情景物

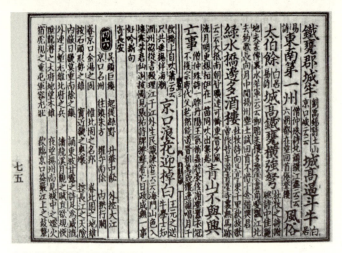

宋本《方舆胜览》中的诗句与四六

的前人诗句,"四六"则以骈文的形式对各地方的地理进行撮要。

《舆地纪胜》和《方舆胜览》的文人气很重。《方舆胜览》在行世后广泛流传了数十年,"学士大夫家有其书"。到了清代,程晋芳还说:"地理宜分识大识小,各自为书。""识大"是知天下形势郡国利弊,"识小"是"以资词人学士歌咏文字之用"。看来古人言地理,一直重景观感受以及对这种感受的文学表述。地理与文学的紧密结合,是我们传统文化的一个强项。它影响着传统地理知识的特点,也提升了中国人对山水的审美水平、特色。

中国人热爱青山绿水,热爱大自然,而稍通文辞,又必定要去写景。这种情感传统、文辞习性即使在"史无前例"的时代,也没有多少退减。在二十世纪六七十年代,表面上看,寄情山水被纳入阶级斗争的范畴,受到批判。那时的说法是:不干活,不生产,游青山玩绿水,是剥削阶级的行径。"革命者"只应欣赏烟筒林立的工厂和点缀着旗帜的农田。在"阶级斗争"的高潮时,"全国山河一片红",城市的街巷被刷成"红海洋"。环境是革命的环境,人地关系是革命的人地关系,对自然山水,不该有"无缘无故的爱",树木被划了成分:松树是革命阶级,柳树是小资产阶级,还有公园关门、美人蕉受鞭笞,等等。

不过,山水旅游到底是人们压抑不住的欲望。"文化大革命"期间的"大串联",许多"革命师生"并不是去"煽风点火",而是以此为名,行游山玩水之实,那实在是一场旅游大高潮。在名义上,大家很会巧妙设计,去庐山、北戴河、橘子洲,理直气壮,因为毛主席去过。去苏杭、桂林,也有办法,因为去嘉兴、遵义要"路过"那里。在文化产品贫乏的年月,旅游、观赏自然风景是我们最自主的、最自在的精神享受。游过风景,"革命师生"们又会填词作诗,交换欣赏,自有一番乐趣。

随着改革开放,改变了在旅游方面不提倡、不鼓励、不宣传的政策。旅游文化、旅游地理、旅游产业成了热门话题。中国旅游业,一九七八年居世界第四十一位,到一九九七年,已前进到第八位。终于,中国人又可以名正言顺地走向青山绿水,以祖先留给我们的优雅的心态去面对自然。孟浩然诗曰:"人事有代谢,往来成古今。江山留胜迹,我辈复登临。"

今日,登临中国江山的不但有"我辈",还有各大洲的外来客人。但是,说一句狭隘的真心话:中国山水的"英华"恐怕只有中国人才能欣赏。因为,与中国山水相对应的还有中国的风景文学,中国山水的这块美学"勋章",有山水自身的一半,也有文学表述的一半。如果不会吟"飞流直下三千尺,疑是银河落九天",只会说"它从山的高处流下来",那庐山瀑布还有什么意思?

大块文章

现在说"大块文章",是形容作家或学者写出的鸿篇巨制,而"大块文章"本来是指地理。李白《春夜宴诸从弟桃李园序》:"况阳春召我以烟景,大块假我以文章。"这恐怕是"大块文章"最具代表性的说法。"大块"即大地。"文章"指错综的色彩花纹,"大块文章",当然就是大地上的斑斓景观。

中国古代文人把大地称为"大块"是一个传统,早可见于《庄子·内篇·齐物论》:"夫大块噫气,其名为风。"清末学者俞樾解释《庄子》的这段话时说:"樾谨按大块者地也,……盖即中庸所谓一撮土之多者,积而至于广大,则成地矣。故以地为大块也。"《庄子·内篇·大宗师》又说:"夫大块载我以形,劳我以生,佚我以老,息我以死。"在这里"大块"还是指大地。

庄子言"大块"的事常常被后人提及,算是庄子的一个特别之处。如《晋书·嵇含传》所记皇帝的女婿王弘远造了"华池丰屋",喜欢延请"贤彦"聚会,他在屋中画了"庄生垂纶之象",并作一篇祭文说:"迈矣庄周,天纵特放。大块授其生,自然资其量。"看来"大块"成了庄子的一个代表性词汇。

后来,人们似乎把大地称作"大块"视为一种文雅,在诗文中用得尤其多。如"焕大块之流形,混万尽于一科""与大块而荣枯，随中和而放荡"。李白《日出行》："吾将囊括大块，浩然与溟涬同科。"苏东坡诗词中用"大块"的地方不少，如《和陶王抚军座送客再送张中》："相从大块中，几合几分违。"《李宪仲哀词》："有生寓大块。"

古人认为大地由"块"累积而成，所以有形。《列子》记有一段对话，一个人担心地说："奈地坏何（地坏了怎么办）？"另一个明白人说："地积块耳，充塞四虚，亡处亡块。若躇步跐蹈，终日在地上行止，奈何忧其坏？"《颜氏家训》也讲："天为积气，地为积块。"大地是积起来的块，这种"块"感，很有"物理"味道。朱熹说太行山是"千里一块石"，这样地将绵延山脉小而形之，需要很大的心胸。古人还爱用"风不鸣条，雨不破块"，来形容风调雨顺。

中国古代意识形态中有一个特点，任何伟大之物都是道德楷模。"大块"也是一样。《列子》曰："唯黄帝与容成子居空峒之上，……块然见之，若嵩山之阿。""块然"，是一种风貌，博大不语，巍然自在。《荀子》说"块然独坐而天下从之如一体"，这就是"大形"，大形就是道德之形。后来人们在形容有道德的人静坐无为时，常说"块然独坐"。佛教传入中国后，佛家也接过"块"的说法，为自己的主张做比喻。《五灯会元》中记载，僧问："如何是佛？"师曰："土块。"曰："如何是法？"师曰："地动也。"

我很佩服古人的想象力之高，用语言的能力又极强，对一件司空见惯的东西，能深深体验出它的形状特征，并转而联想到高大的人文楷模。我总觉得，道德联想是古代人地关系中最高层面的东西。

到中古以后，景观审美风气大盛，"大块文章"一词正是其体现。法国汉学家戴密微曾说："唯汉土之人最知山水。"的确，将山川大地的景观看作"文章"，是中国地理文化的一大传统。在"大块文章"的喻念里，推动"文章"的是自然生气，而不是人间权威，自然之美被抬到顶峰。

因为对"大块"上的景观产生了审美体验，文人的辞章便受到大地景观的极大鼓舞，这就是李白说的"大块假我以文章"。中国古代文人表达大地景观美的诗文，是中国文学史中的重要组成部分，这一部分文学与特定的大地景观紧密关联，以致二者缺一不可。杜甫的"无边落木萧萧下，不尽长江滚滚来"离不开三峡景观，而欣赏三峡景观也离不开那些诗句，越热爱那些诗句，就越热爱三峡景观。

过去，常常区分两类文人：儒生通大道，文吏晓簿书。"文章"要有文采，要通"大道"，所以"文吏"是写不出文章的，而只能撰八股公文。大地景观，出神入化，只有如李、杜那样具有"囊括大块"的胸襟，才会尽赏"大块文章"。

地可以怨否

美国学者姜斐德（Alfreda Murck）研究中国艺术史，最近看到她的一篇文章，题目是《画可以怨否？——"潇湘八景"与北宋谪迁诗画》。潇湘，是古代文人衍生出来的地名，一般指湖南永州地区。在人们的心目中，那里有一派烟霭迷蒙的山水，散发着哀伤怨情。姜斐德指出，潇湘的怨情主要来自古代一批谪迁文人诗作的渲染。历史上在潇湘地区撰写诗文的作者，多为谪迁之臣，如屈原、贾谊、杜甫、柳宗元等。"潇湘八景"是一组山水画，作者宋迪到过潇湘，被贬官后与一班谪迁人物退居洛阳。姜斐德认为，宋迪在贬官之后满腹忧伤，读杜甫诗句，触发而作"潇湘八景"。宋迪的"潇湘八景"为：《平沙落雁》《远浦帆归》《山市晴岚》《江天暮雪》《洞庭秋月》《潇湘夜雨》《烟寺晚钟》《渔村落照》。不难看出，"这些画题强调暗沉的天色与时间的结束"，宋迪在以画抒情，"画可以怨"。

含有怨情的"潇湘八景"，"好事者多传之"（沈括《梦溪笔谈》）。潇湘怨情，无论是诗也好，画也好，都离不开"潇湘"这块地方，所以，诗可以怨，画可以怨，其实地也可以怨。甚至，诗句忘了，画面忘了，而那块地方却依然"怨"在心头。向"地理"灌注情感，反过来再以"地理"表达和记忆情感，是我们文化的一个传统特色。古代文人灌注过愁情的地方，除了潇湘，还可以想起巫峡、汨罗江、无定河,以及抽象一些的"边塞""天涯"和"一江春水"。这些携带情感的"地理",在今天,影响多少还在,可谓天长地久。

赋予特定的地方以特定的情感,是一个文化地理过程。"地理"一旦与特定的情感永久结合,它便成为一种情感符号。情感与自然景观、地理位置的相互转化,是我们古代人地关系的一个十分突出的特点。那些写遍名山大川的文人题刻,正是这种关系的直接记录。吴梅在《词学通论》中说:"咏物之作,最要在寄托。所谓寄托者,盖借物言志,以抒其忠爱绸缪之旨。"中国文人最善利用自然景观也就是假手大地来抒情,李白说"大块假我以文章","大块"即大地。

看到诗文情感与地理相结合的事情,使我们又联想到神话传说、历史故事、宗教思想、民间传说等思想文化与地理的种种结合,如涿鹿之野、咸阳古渡、马嵬坡、飞来峰、景阳冈等,这些多种多样的结合无疑增加了大地的文化含量。中国是大地域文明古国,神州的文化含量极为丰厚,它们如同煤炭、森林、水源一样,也是珍贵的地理财富。现在新发展起来的旅游地理学,正是发掘利用这类财富的一门学科。旅游是依赖地理移动才能完成的文化行为、感情行为。旅游一定要去异地,而异地的景观情调一定要新奇动人,异地的文化底蕴一定要厚重深沉,方能满足人们的身心。

提到旅游,我们又知道,具有主动精神的旅游者不喜欢像羊群一样跟着导游走,他们愿意自己去发现、感受。的确,看人们旅游的方式和对象,可以知道他们的修养和志趣。据说在收藏界,人分为三等:集邮票的是"中学生",集古玩的是"大学生",藏古书的是"研究生"。对旅游者来说,志趣高者不在观览美景,而在巡游古迹。凭吊怀古,又以哀怨为境界最高,游新漆的庙宇,看乍刻的石阙,其美学分量均不及吊汨罗江水、听潇湘夜雨、寻赤壁折戟。古人有"行万里,读杜诗"的传统,今人有作"文化苦旅"的精神。中国式的旅游常伴有强烈的历史感,和由此产生的穿越古今的悠远心境,这即是我们的文化,也是我们面对祖国大地时无法挥去的情怀。

明代地理学家王士性,宦辙遍天下,在潇湘,他有感于娥皇女英的古老故事,写下"九嶷日落瑶华远,哭断潇湘不见君"的哀怨诗句。今天,一位在东方古老文明中壮游的旅行者兼散文家,访问美洲之后,对于美洲北部无人的高山森林,曾有这样的令人深省的感慨:

> 为什么这里没有如同哈萨克天山那样的传说、风俗、道德和美好的文化呢?
> 我至今喜欢那片自然,只是我明白我不能向它寻找我的人生答案。
>
> ——张承志

家乡情怀

人们由于各种原因背井离乡时,心中便会升起一股家乡情怀,只要有机会,人们就会"举头望明月,低头思故乡"。我们中国人的家乡情怀,是可歌可泣的。

家乡情怀是一种地理情怀。我们从家乡走向世界,用时间地理学(属行为地理学的一支,英文写作 time geography)的术语说,她是我们人生路径(lifeline)的出发点,属于我们人生的地理,也是个人社会网络地理中的一个重要支点。从文化地理的角度说,家乡是我们的文化摇篮,对那里的饮食歌风,我们要偏爱一辈子。天下的地方千千万,家乡叫什么、在哪里、自然风景怎样、人文景观如何?无须看书,我们都能从容而谈,且至死不忘。可以说,我们脑袋里最牢固的地理知识是家乡的。

家乡的环境是每个人最早认知的地理。开始,如果家乡是农村,可能只是些小桥流水人家,意义平常。但走南闯北,知世态炎凉之后,家乡则日渐成为我们心头那个人文地理世界的永恒坐标点,一块"热土",其山水生情,其鸡犬人意。讲人文地理,不讲家乡不行。人文地理的内容,不能仅仅是矿山、工厂、道路、市场之类依理性和功能组合而成的冷冰冰的地面结构。我们常说"大地深情",在由"人文"构成的地理世界里,要给情感一席之地。家乡,

家乡情怀

丰子恺画《回乡》

是大地之上与每一位个人相对应的情感载体。

"月是故乡明",家乡的风光总是亲切的,但还不止这些,我们从家乡还获得重要的人生意义和行为依据。有位历史学家说,有三首歌曲改变过人类历史。最早的是两千多年以前,刘邦手下人围在项羽军队四面所唱的楚歌;再一个是法国革命时高唱的《马赛曲》;然后是中国抗战初期响彻关内的《松花江上》。这三首歌,两首歌都与家乡情怀有关,都是中国的。人在异地,家乡的概念既会使人油然而生思乡之哀情,瓦解斗志,但在另一种情况下,因家乡有难,却又能激发人们保卫家园的斗志,去筑成新的长城。

除家乡外,我们在一生之中可能另有一处地方,因为曾在那里长期磨炼奋斗,因而苦乐动人。为形容这样一类地方,我们会说"某某地方是我的第二故乡"。在这里,"故乡"是最好的表达我们对那处地方感情的词汇。从文化地理学角度思考，对一个地方故乡感的酝酿，其实就是一个地理过程，即一个特殊地点的形成过程。这同工业地理中一处工业基地的形成一样，只不过工业基地是大家的，而故乡只是个人的。根据现代人文地理学的看法，个人的地理同样大有意义，同样值得研究。现代人本主义地理学（humanistic geography）强调的就是个人的地理。

个人与家乡之间，不总是动情的，也有无情的。我们也还记得这样一句话："一年土，二年洋，三年不认爹和娘，四年不愿回家乡，"这说的是当年进城忘本的大学生。但它多少反映了"现代化"的一个问题。社会步入现代化，青年人涌入都市，涌入市场，这是人生地理中的潮流动向。对很多青年人来说，只有离开家乡，才能实现人生理想。在这些青年人心中的地理图上，市场比家乡更具吸引力，似乎现代人生充满着对家乡的背叛。

家乡不只是在人们的心头失落，家乡的老景观也在丧失，"少小离家老大回"，已找不到昔日的情调，眼前尽是由水泥、塑料、不锈钢拼合起来的建筑，这些建筑形式正在一步步、一片片地"统一天下"。照此下去，大地上的文化景观将是重复、单调、乏味的。眼下，后现代人文地理学家们在呼吁保卫"家乡"的价值，爱护家乡的文化景观，只要这些景观还在，就会山水有情，游子梦牵。在"现代化"竞争中心肠似铁、身心疲惫的人们，会从家乡情怀中回归人性，体味温馨。

地远车疾

自北京南下广州,乘新提速的快速列车。可仅在太行山东麓一段,就要跑七八个小时,之后在郑州北面过黄河,过了黄河也只是全程的三分之一。不跑路不知祖国之大。

车轮滚滚,窗外是太行山东麓的近山平原。想起太行山东麓这一线,曾是一条古代的南北大道,南接郑魏,北通赵燕,沿途多有名胜古迹。传说,古人正是在这条道路上首先使用了木轮牛车,那是商人的祖先王亥,为到"风萧萧兮"的易水一带做买卖,驾起了牛车。三千年前牛车之伟大,不亚于今天的快速火车,因为人们终于用起了轮子。轮子这种东西,能循环不已地滚动,既可以载重,又可以前进,此项神奇之物的发明,使人类卸下重负,得以轻轻松松地跟着车,或坐着车,往来于百千里之内。"中国"之大,没有轮子怎么可以?

然而轮子需要平坦的路面,于是,平坦的人工道路又应需而生,到周代,已经是道路"如砥",其直"如矢",意思是道路像磨刀石般平坦,像射出的箭一样笔直。这样的形容,可以说是到了头,如今的高速公路也不过如此。两千多年以前,秦帝国建立,疆土之内出现了第一套全国性的道路网络,翻山越野,皇帝乘着轮车,巡狩四方。

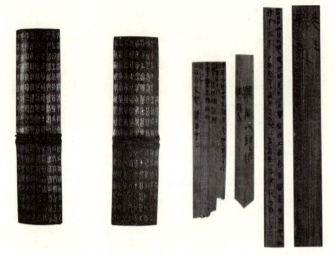

安徽寿县出土战国铜铸"鄂君启节",为楚国舟车通行凭证,错金铭文写明"舟行水程","车行陆程"等

里耶秦简,中有"以邮行洞庭"字样

对于一个疆域辽阔的国家,有了路还不够,还要不断提高速度,才能缓解辽阔带来的困难,我们今天火车不断提速,也是为了这个。

"一骑红尘妃子笑,无人知是荔枝来",这是杜牧的两句诗,说的是唐朝官府用接力快马为杨贵妃送鲜荔枝的事。荔枝这种水果,一日色变,两日香变,三四日色香味俱变,必须高速运送。我们古代,有高速路,也有高速递送队。高速路在秦代称"驰道",后代似乎不再有专门的名字。高速递送队,是官府的驿传人马(私人办驿递的也有)。为杨贵妃快运鲜荔枝的,就是驿传的人马。想象他们运送荔枝之时,必定如递送火急军事情报一般,常人恐怕不知他们背负的是荔枝。台湾作家李敖在《传令——全国大跑马》一文中说:"不错,没有人知道快马运来的是荔枝,但是没有人不知道人和马的血汗与心酸。那时候的邮差,真的太苦了!"

然而话说回来,能把荔枝由南方运到长安,依旧保鲜,也是件不简单的事,多亏了当时的驿传系统。当然用驿传送荔枝,行属腐化,驿传正经该接送的事项是政府文书、疾行官员、藩属贡使以及职官遗体回乡等。"全国大跑马"是李敖先生对古代驿传的比喻,驿传是我国古代在辽阔国土内行之有效的递送系统,三十里设一驿,每到一驿换一回马,接力驰骋,一般情况下一日十驿,传三百里。皇帝一旦在京城下了令,须由各路驿马迅速传布四方,于是出现"全国大跑马"的场面。

中国很早就是一个幅员辽阔的国家,地盘大物产丰富,政治上也十分威风。但大有大的问题,皇帝尽管有万里江山,但若

嘉峪关魏晋时《驿传图》画像砖拓本

是弄不好，顾了这头顾不了那头，就会出"天高皇帝远"的问题。关键是交通。千百年来，朝廷上下想到了除飞翔以外的所有手段，关于路，下的功夫已然到了头，关于车马，也将它们用到了极限。"全国大跑马"的办法一直沿用到铁路出现的时候。

现在已经是全国跑火车了，近些年又有了高速公路。高速公路不准马车走，看来马车已然功成身退，该退出历史舞台了。"大马路"的名称渐渐被"公路""国道""高速路"等名称取代，只有火车、汽车的发动机依旧用多少"马力"来形容，算是对马的一份纪念。

火车过黄河之后，天色已暗，窗外原野上的灯火时密时疏，车轮的节奏则始终均匀。不久，就是河南驻马店。"驻马店"，前朝留下的地名，今天的快速列车则不必驻留，一掠而过。马的时代被历史甩在了后面，而"马"的文化，我们仍旧保留着，如表示迅速到达时，我们常说"马上就到"。此次到广东办事，朋友们送我，明知我坐的是快速列车，可说的还是"马到成功"。

驿站乘马铜牌

穷家富路

"穷家富路",这是一句熟话,说的是旅人上路出远门时身上要多带些钱,不像平日在家门左近,遇到急事,回来拿钱不迟。钱这种东西,越是上路,越是重要,越要备足,凡是经常出门的人,都明白这个小道理。而钱这种东西,追到它的老根儿,也正是因为"上路"交易而产生的。一说到"上路",地理话题也就来了。

原始社会已经有交易,是以物易物。后来要交易的物品越来越多,要交易的地方越来越远,拖拉着东西往来,累赘得很,便有人想出以一种小巧的东西做凭证,带去小巧之物,换回大堆之物,这样的交易,至少省掉一半力气。作这种用场的小巧之物后来归为一种固定不变的东西,这种东西就是货币。看来,没有地理上的"大"字,没有山高路远,恐怕货币是发明不出来的。

现在所知,我国最早发明出来的货币是商代的"贝",就是出产在海滨的一种圆滚滚的小巧贝壳,对于一辈子待在内陆的商朝人士,这种远方的圆形小贝算是十分稀罕,所以用作货币,当时的商王称它为"好货""货宝","货"就是货币。那个时候,"钱"这个称呼还没有使用,说"钱",没有人知道;说"贝",人人爱。在中文里,许多与钱财有关的字都带一个"贝",缘故就在这里。

后来不知何时,又有一种叫"钱"的挖土农具,受到格外重视,有人用青铜做成这种农具的小模型(像小铲子一样),充当货币,于是货币就有了"钱"这个流传万世的美名(或恶名)。考古学家们发现了不少战国时期的铲形币,常有装在大陶罐里埋于地下的,千年过来,锈结在一起,重重的一坨。

铜钱多了,不论是穿成吊,还是装成盒,总会是重重的一坨,对上路经商的人来说,到底还是麻烦。可以说,如何方便地带钱上路,是货币使用史中最重要的问题之一。因为货币老放在家里数来数去,没有什么大意思,用钱之道在于上路流通。在我国古代,"泉,钱别名"。清人徐灏说:"泉,借为货泉之名,取其流布也。"钱的本性就是"流布",越广越好,越远越好。唐朝社会上一时缺钱流通,于是唐宪宗下诏:禁止积钱,富家积钱过五千贯者,处死刑。

商人要把生意做大,就要有大量铜钱甚至铁钱(古代也有铁

古代铜币

新莽刀币

铸的钱）"上路"，如何料理这些向各方流布的大宗铜铁钱坨，必然要费不少脑筋。想象他们的样子，一定有一个个的钱箱子、钱坛子压在车上，夜里住店还要把钱坛子搬进卧室，小心看管。一路沉重，一路操心，自不在话下。"倘若钱能插翅，岂非幸事！"他们一定有过这样的梦想。

在唐代，梦想成真，有人发明了"飞钱"法，顾名思义，它有令钱"飞"越空间的本领。"飞"越空间是用钱之法的重大革命。唐代的"飞钱"法，就是商人向政府或私人机构买一种券，于是轻装上路，到地方后，凭券在一特定地点取钱，然后购物。宋代又发明了"交子"，其制作方法是"同用一色纸印造，印文用屋木人物，铺户押字，各自隐秘题号，朱墨间错，以为私记"。据说"交子"是世界上最早的纸币。到了元代，朝廷发行"交钞""宝钞"，到处流通。从唐代的"飞钱"到元代的"宝钞"，目的都是为上路的商人提供方便，解决"富路"而轻装的难题。

元代纸币

时光飞逝,转眼就是千百年。现代的商人,以全球为院庭,以亿万为小算,气魄之大,古人无与伦比。不过,现代商人气魄虽大,肢体却弱于古人,手已无缚鸡之力,漫说是铜铁钱砣,即使纸币,依然嫌重,于是就发明了信用卡。一卡在手,"刷"遍世界。由于信用卡与网络的使用,钱已经"数字化"了,即不再需要什么铜丝铁丝纸质材料来做"有形"之钱,而只是一道道"无形"数字。工资直接发到银行,你会收到一份数目字,然后以信用卡购物,付出的还是一个数字,就这样"数字"一番,不必动用"真钱",面包就有了。这恐怕是取消货币而"白拿"的理想时代到来之前,最简便的"获取所需"的办法了。

五

中国近代地理学的"身世"

二十世纪末的九九之年，怅然回首，便又想了一回中国近代地理之学的"身世"，只觉其为国家民族呼号之声犹在，而先辈学者的心路历程，更令人难以忘怀。

外来地理学

地理是一门古老的知识体系，因为成熟得早，古代便有了系统的地理之学。古代地理学的支点是古人对于世界的认知和希望。在中国几千年的历史中，围绕"天朝"的建立，曾形成一套博大的"天朝"地理思想体系，旨在树立以郡县制度为代表的王朝国体，颂扬充满帝王之气的万里江山。在王朝的社会生活中，文人雅士有满腹宣泄不尽的山水画意，闾里内外还有一套套确认"风水宝地"的神秘功夫。王朝时代的地理之学是我国传统文化的组成部分，但那样的地理知识气氛，我们今天已很难体会，因为当王朝解体，西方近现代地理学理论进入中国大地以后，上述内容被一笔勾销了。

十八世纪末，近代地理学诞生，它推翻了古人对于世界的种种"荒谬"结论，开始对世界重新解释。近代地理学诞生于西方，近代的地理解释权因此也在西方。西方人用自己的地理理论不但解说自己的土地与国家，也解说全世界。我们的祖先谈论自己的土地，谈了两三千年，但在近现代地理学家看来，都没有谈到"点儿上"，关于中国的地理，需要由他们的理论重新论定。本着过问全世界、解说全世界舍我其谁的精神，许多西方学者也来到中国，他们称到中国的考察是"探险"。有一位西方近代地理大师叫李希霍芬（一八三三——一九〇五），德国人，曾在中国探险，他的成名之作就是《中国》。一九三〇年商务印书馆《万有文库》中有一本《中国经济地理》，谈到中国耕地的情况时，也是引证美国农业部"培格尔君"的"精密之研究"。在二十世纪三十年代的中国，能看到的最好的中文地理通论著作是美国人葛德石（Cressey）的《中国的地理基础》中译本，它"被视为一册珍贵的参考用书"。当时，只身开拓中国地理学史研究的王庸先生曾说："吾国学术，每有外人越俎代谋而胜于国人之所为者，地学亦其一例也。"

弱国地理学

在外国人用自己的目光审视中国的时候，中国人也在"开眼看世界"，林则徐是国人中开眼看世界的先锋，曾组织人手翻译英人慕瑞（Murray）的《世界地理大全》。不过，在中国人开眼的时候，世界已不是一个富饶、多样、温和的世界，而是个正以资本主义体制在地理上四处强行蔓延为主旋律的世界，这一旋律随着现代地理学理论的输入，亦开始在中国震响。另外，中国人开眼看世界，不仅看到了令人吃惊的事实，也学得了一种眼光，换了一个西方近代地理思维的头脑,用这一头眼,他们又回过头来审视自己的"神州",发现神州已然不成样子。

早在十六世纪,意大利人利玛窦的一张《山海舆地全图》便在空间上解除了中央之国"四方之极"的地位。大地是圆球,中国偏居一隅,《尚书·禹贡》所描述的"五服"——天下以京城为中心向四方每五百里文明降一级——的理想结构,成为画饼。到十九世纪后半叶,一连串的败仗和不平等条约,终于把中国定位为一个世界弱国。正是在痛感国家贫弱的心态下,中国知识分子开始接受西方近代地理学理论。面对贫弱的中国,近代地理学家的头一个任务自然是说明国家贫弱的原委,这其实成了一门"弱国地理学"。

中国是一个弱国。外国地理学家说,从中国的地理条件看,"中国不可能利用本国资源发展为一个伟大的工业社会"(葛德石)。中国地理学家说,"吾国之地诚大,然可用之地实不大,吾国之物产虽博,然为供给过剩人口之消用,则殊感不敷"(胡焕庸);"中国为交通落伍之国,铁道落伍,轮船落伍,汽车落伍,飞机落伍,电信落伍"(张其昀);"中国气候之弱点以及旱灾、水灾及其他灾害……具有极伟大之摧毁势力,且有引起贫穷之永久性的可能"。中国历史学家听了也感慨:"地理环境在人类社会的发展上所发生的影响,不言而知,是如何的巨大。"(顾颉刚)

社会达尔文主义宣称"优胜劣汰""适者生存",对弱国的国民来说,社会达尔文主义的原则是残忍和令人沮丧的。与社会达尔文主义携手来到中国的"地理环境决定论",则告知人们造成中

利玛窦

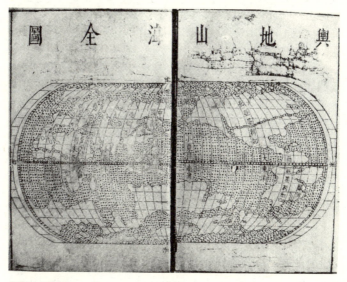

《舆地山海全图》

国贫弱的环境原因。结果，既然决定中国贫弱的地理环境乃是自然天成，那么中国人就必须接受这一"自然规律"，只能在自然条件得天独厚的西方列强面前"没脾气"。在特定的时代背景、政治背景下，西方近代地理学的功能是如此地出乎中国爱国知识分子之预料。

在十九、二十世纪之交的中国，京城的影响已然微弱，广州、上海、武汉等口岸城市的影响重于京师。丧失了京城至尊地位的天下格局，已不成其王朝地理秩序。旧有的地理之学已无济于事，地理学的使命不再是建立"天朝"和治国平天下，而是要根据融入世界资本主义体系的便利程度对中国进行重新衡量，要考察各地矿产多少，良港哪里最佳。理论的内在属性必然指向论证资本主义在中国登陆的口岸地点，以及由这些地点向内地延伸的路径。一八九七年德国占据胶州湾，就是依据李希霍芬《中国》一书中《山东与其门户胶州湾》一节，这便是近代地理学的理论与资本主义向全球扩展的事实之间许多人（包括一部分地理学家本人）意识不到的暗中关系。

救国地理学

在新的地理学面前，中国人既感到知识上的自卑，也感到国土上的自卑。有骨气的地理学家要争回知识学问上的自信，也要争回国土上的自强，外国人说中国没有什么，我们就要找到什么，若干年前我们欢呼"把贫油的帽子扔进了太平洋"的胜利，内里

《京师大学堂中国地理、经济学讲义》封面

起作用的正是这种积压了半个多世纪的心理情结。为了解决知识上的自卑，不甘心承认中国人对自己的土地茫然无知，丁文江发现了徐霞客。徐霞客十七世纪所写的游记，"倒像是一位二十世纪的野外勘测家所写的考察记录"（李约瑟），他关于喀斯特地貌的研究在时间上领先所有的洋人，中国地理学者在徐霞客身上找回了不少自信。

一九〇三年张之洞等拟京师大学堂《大学堂章程》，一连串开列了十余门地理科目，包括地理总论、地理学研究法、中国今地理、外国今地理、政治地理、界务地理、商业地理、交涉地理、历史地理、地文学等。地理已成为救国救民的紧急之学。一九二一年，竺可桢发表《吾国地理家之责任》一文，呼吁地理学家要以"调查全国之地形、气候、人种及动植物、矿产为己任"，以振兴中华。当年学界内外曾广泛使用"人生地理"一词，这一名称本身便诉说着它的解困使命。

由于地理学在救国救民上的重要意义，我们的近代地理学先驱们一开始便想到普及亦为一桩事业。研究与普及并重是近代地理学（或曰地理学近代化）的重要特点，在各科专家中，大学者参与普及写作，以地理学家为最多，地理成为一门与百姓切近的学问。先辈们坚信，"欲救吾国先救吾民"，视兴科学与办教育同为使命，故刻不容缓地编纂中小学课本，寄下一代予厚望。中文里"教科书"一词据说就是地理学家张相文发明的。先辈们办教育太热切了，以至到了二十世纪三十年代，"中国地理之研究，今犹在筚路蓝缕之际，故国内出版界，除中小学地理课本外，关于中国地理之专著，尚不可多得"（王庸）。

科学地理学

自十九世纪末到二十世纪的二十年代，"这三十年来，有一个名词在国内几乎坐到了无上尊严的地位；无论懂与不懂的人，无论守旧和维新的人，都不敢公然对它表示轻视或戏侮的态度。那个名词就是'科学'"（胡适）。一切学术都要受到科学的洗礼，"都一一立在科学的舞台上，手携手地向前走着"（吴稚晖）。中国第一批近代地理学家们所要大声呼号的，就是要变旧地理之学为一门科学。二十世纪二十年代，竺可桢在东南大学主讲"地学通论"，他引用德人李岱尔对旧地理学烦琐记述的批评："若专举事实，曰某国有若干省，曰某省有若干县，陈列各国人口之多寡，疆域之大小，而对全世界人类之进化，以及气候、地形对于人类之影响，一切置之度外，则地理学直一种琐碎庞杂之表记耳，安能称之科学哉。"

当年大家都认为，要科学的地理学，就要研究自然界，研究自然规律以及自然影响人类的规律。探险是走向大自然的最崇高形式，达尔文、洪堡都曾绝域探险，涉足无人自然，因此推动了科学的建立。地理学家极应富于探险精神，外国一代代探险家，如斯文赫定之辈，都是中国地理学家的楷模。以探险家为楷模，这是丁文江推举徐霞客的又一层原因。当时，骑毛驴，穿长衫进行野外实习的学生都受到具有"科学"精神的新派教师的严厉斥责。在中国学术走向"科学"的初年，地理学是个主角，因为科学要研究自然，而国人当时理解的自然首先是直观的"自然环境"，包括生物、地貌、地质、气候。至于物理、化学诸科，因对象隐蔽在直观背后，所以没有立刻大红于中国。

自然环境影响（甚至决定）人生的规律何在，是"人生地理学"的主要"科学"命题。在这一学术范式中，地理环境决定论在各种不同的程度上左右着人文地理学的研究，以至于后来有人将人文地理学完全等同于环境决定论，而予以根本否定，这是人文地理学的一场冤案。人文地理学本可以研究"人生"的文化根源、社会根源和历史根源，而不仅仅是自然环境一个根源，即使是研究自然环境与人生两厢的关系，其间还有文化为中介，不应忘记。

失落了文化的地理学

当年对于国土在经济形势上的否定,我们至今不大怨恨,而直言经济上的否定背后未曾直言的文化上的漠视,则动摇了我们对家园自信的最后基石。西方近代地理学思想理论是挟裹着西方的价值观念、规律意识(在西方社会总结出来的)、社会发展取向、全球体系定位(以欧洲为中心)一同形成,又一同来到中国。中国的自然、中国的经济实业完全可以纳入西方近代地理学的话语体系,但中国的文化则为难以对话的异类。

另外,激进的中国人看到自己的经济这般落后,看了西方的经济那般强盛,又听了西方人的道理,便怪罪祖先无用,没有走好中国历史的道路。更激进的人士便责骂中国文化无用,说"国学大盛,政治无不腐败,因为孔孟老墨便是春秋战国乱世的产物,非再把他丢在茅厕里三十年"(吴稚晖)。既然祖宗文化是如此的糟糕,地面上的祖宗文化——传统文化景观——还有什么丝毫价值。文化地理问题在地理学家的案头根本排不上号,一九三四年,王庸先生整理出版的《中国地学论文索引》中,文化、宗教、风俗、语言四项加在一起只占百分之一点三。在二十世纪二三十年代,美国地理学家索尔(C.Sauer)提出研究文化景观这一崭新课题,尖锐批判地理环境决定论,强调自然环境只是条件,文化才是支配人类活动和创立人文景观的核心力量,从而开创了称霸北美数十年的伯克利学派。但此时(以及后来)大学西方的中国地理学界,对于不言"人生"(经济)只谈文化的索尔，却无甚兴趣。

文化地理研究是对国土进行文化认识、文化承认、文化保护的必由之路。失落了文化关怀的地理学，便失落了对国土文化属性的捍卫能力，整个二十世纪，人们目睹了一次次对祖国大地文化属性的蔑视、否定、破坏、铲除（这种铲除今天在不少地方仍在继续）。中国的土地成为表达落后、愚昧、停滞、无出路的代名词："土"。失落了文化的地理学，甚至导致革命导师在承认中国历史伟大、人民伟大的同时，却视大地为"一张白纸"。

文化否定的结果必然是对人性的否定，大地文化属性的丧失在前，中国人文精神的摧残在后。许多学者接受了近代地理学理论，便开始了对祖国方方面面的痛苦的自我否定。在近代科学中，物理化学之类是无国家性的，但地理却是一门国家性、民族性甚强的学问。我们都亲身感到，地理与爱国、救国直接相关，故政治性强；地理事关长期生活的热土，故文化性强，这是地理学无法摆脱的两个特点。

各种地理学的流派无论有怎样的"来头"，都要做一件根本大事：给国土发展方向一个定位。定位，不光是经济，还有政治的定位、文化的定位。我们需要富国富民的地理学（今天许多有志之士在为此努力），也需要能够捍卫祖国文化的地理学，以推动有血有肉，有东方精气神的中国大地的发展，因为假冒伪劣的欧美景园实在不是我们温馨的理想家园。

行年二十,步行三千

"万里长征,辞却了五朝宫阙,暂驻足衡山湘水,又成离别",这是西南联合大学校歌《满江红》的前两句。所谓"暂驻足衡山湘水,又成离别"是指一九三八年迫于形势,刚从北平迁至南方的临时大学,又要从原计划落脚的长沙再远徙昆明。

从长沙到昆明,路途约三千五百里,有三百来名师生基本上是跋山涉水徒步而行,"行年二十,步行三千",就是当时同学们的口号。在这个长途跋涉的队伍中有教授闻一多、袁复礼、李继侗、曾昭抡,学生任继愈、王玉哲、唐敖庆、王乃樑等。这次大迁徙,被称为中国教育史上的一次创举。

造就这一创举的队伍称作"湘黔滇旅行团",从湘到滇,师生们见识了西南自然山川的险峻神秀,也领略了西南人文的异俗风情。许多学生写有日记,记下所见所感,其中土木系学生杨式德(后为清华大学建筑系教授)的日记最为详细,从起始至终达,一日不少,竟成珍贵史料。"〔一九三八年〕二月十九日,……午后五时集会于圣经学校大草坪,张治中主席的代表陶履谦先生训话,告诉我们到乡间的重要,及为何应吃苦耐劳。"(杨式德日记)这就是出发前的情景。

由湖南入滇,需经沅江,北方同学少见清澈河水,好动者于

湘黔滇旅行日记 一九三八

二月十九日，晚八时登船。天阴。船停在中山西路的西端。

午後五時集合於鳳儀學校大草坪，派遣中主席的代表陶履謙先生訓話，告訴我們到前方去的重要，及怎樣吃苦耐勞。团旅教职员等二百五十人，教职员十人。团长黄师岳师长。

晚宿船上，僅有數隻木船，所以擁擠的不堪。

二十日天晴，我和一中入城吃早饭。

午後一時渡河至北岸洲，洲西的水比平時小了一點，白色的浅滩像一条长蛇子。我和一中卧在沙滩上，静，滩中已经生出了青草的嫩芽，疏密不一，名新名绿，远望则三色相间的美丽极色。西面是一带山脉，岳麓山是导高峰，并无静听风吹岸泥细，我们静听水浪冲击沙滩的声音，测见了冀你夫轮上几声鸣音，使格外显得清脆了。此处湘江好像在远的地方断了似的，但在更远的地方可以看见不少的船帆高悬在地面上，背景是淡蓝色的山。

周、余、許跟喬老表李班先生也在淺灘上坐着，同吃一樣的，同是用兩隻眼看，但在同老的眼裡，这些景象怕都别有诗吧！

晚七時開航，一地未停。船增到十一隻，两隻汽船,其徐皆民船，用毛绳连成两组，很快的走向洞庭湖去。

二十一日. 天氣 晴朗. 好像北方的天氣一樣. 淡藍色的天空一翼重

杨式德日记手迹

是跳进河内,"游了二百米的自由式"。乐思者则颇生疑惑:"我不知道水为什么这样绿,因为我自江中淘了一碗,看见是非常清洁的。"(杨式德日记)湘黔滇旅行团是一支高素质的长途"旅行团",里面乃是一群知识多样、怀着拳拳科学好奇之心的青年,虽然他们的目标是昆明,"可是我们兴趣的指针并不是正向昆明的,在公路两旁,深深地隐藏着而期待我们的两条腿去开发的,才是我们的希望"(钱能欣《西南三千五百里》)。

古代秀才出门,善作诗,开发的是自己的胸臆。而这批现代学生开发的则是道路两侧"深深地隐藏着"的事物。他们开发出来的有语言学、民俗学、生物学、地质学等多方面内容,成果是学术论文与专著。杨式德是学工科的,他的开发计划是:了解西南人如何用水、公路大站的设备如何。他在黄果树瀑布面前,有很冷静的描述,最终感到"利用这个瀑布发电,有两种困难:一、水量太小,发生的马力恐不太大;二、水量不定,随季节而变化。还有一点是沟底的面积太小,设电厂也有困难"。我们可以理解,杨式德并非不知审美,只是科学与民生原是当年工程学生最为关心的事情。

文科学生关心的是社会生活与民间文化,学心理学的刘兆吉在闻一多的鼓励下,不顾旅程艰辛,向民间孜孜采诗两千余首,集有《西南采风录》一书,由闻一多作序。诗歌反映民情,那里男人要的是"快刀不磨生黄锈,胸膛不挺背腰驼";女人想的是"斯文滔滔讨人厌,庄稼粗汉爱死人,郎是庄稼老粗汉,不是白脸假斯文""吃菜要吃白菜头,跟哥要跟大贼头"。因为有"老粗汉""大贼头",刘兆吉怀疑是不是太野蛮了。闻一多在序中说:"你说这是原始,是野蛮。对了,如今我们需要的正是它。我们文明得太久了,如今人家逼得我们没有路走,我们该拿出人性中最后神圣的一张牌来,让我们那在人性的幽暗角落里蛰伏了数千年的兽性跳出来反噬他一口。"那些"庄稼老粗汉"保证了我们不是"天阉","还好,还好,四千年的文化,没有把我们都变成'白脸斯文人'!"。在抗战期间,我们的民族的确需要能发出"最后的吼声"的"老粗汉"。

当年在西南山间行进的学生们都穿着军装,已经不是"斯文人"的模样,这是时代打上的特征。艰苦的旅程使同学们经受了磨砺,在湘西他们还曾与土匪擦肩而过。据说土匪的首领原是黄埔军校的学生,差几天毕业时,不知何故被开除,一怒之下投身绿林,做了山大王。旅行团团长"说我们已经给土匪的头目写过信了,他们是讲面子的,然而仍然有危险"(杨式德日记)。湘西曾以闹匪出名,现在去张家界旅游,导游还会指给你当年土匪盘踞的深谷。看来旅行团于天险、于人险都有所经历。

西行一场,眼界大开。古人强调年轻人要有所作为,需读万卷书,行万里路。旅行团的同学读了书,又行了路,在经历一番地理过程的同时,也经历了一番心理历程。经过与自己的体力和意志的对话、与湘黔滇大山的对话、与湘西土匪的对话、与西南风俗民情的对话,人到了昆明,已然换了一套心胸。而西南山川,由于这支队伍的横越,也被添加了一道人文重笔。

时代遗情

一个时代过去了,它的地理模样保存在旧时的地理图上。新时代的我们,偶尔翻一翻旧时的地图,如同抚摸过去的岁月。

近日在北京潘家园购得一本残旧的《世界新形势一览图》,屠思聪著,附有表解说明,由世界舆地学社印行,时间是一九三〇年。一九三〇年有怎样的时代气氛?我们在图面上看到,台湾的颜色与大陆不同,它还被日本人占据着;越南与柬埔寨同为一色,中文名称是"安南",外文名称是"French(图上误作 Frfnch)Indo-china";欧洲的国名有"捷克斯拉夫"和"巨哥斯拉夫",等等。当时世界的"新形势",在今日看来,已陈旧得不得了。

我们又读到图集的文字说明。关于世界人种,作者写道"吾人观于各种族之兴衰,可以知优胜劣败之公例矣"。这显然是当时社会达尔文主义的影响。关于美国,"标榜门罗主义,未尝与列强角逐于国际之场;虽富甲世界,为各国所羡称,而军备实力犹为列强所藐视。欧洲战起……毅然决然加入战争,出兵二百万赴西欧战场,卒以压倒暴德……而武力之强盛,亦由此表白于世,为列国所震慑矣",这是美国在二十世纪崛起称霸的写照。关于日本,"本远东小国,地狭民贫,为谈世界大势者所不屑道",但近来,"陆军精强,海军雄武,内凌亚东,外瞰大洋,……唯凭恃武力,不守公理，为世人所侧目"，日本威胁已迫在眼前。那么"中华民国"的境地呢："清季以还，一战而赔款巨万，再战而失地千里，国势寖衰，……降至欧战以后，列强之目光，更咸注于远东，……而东邻眈眈逐逐，更以我国为俎上肉。……固能全国一心，力自振作，杜外人侵略之机会，谋国家富强之术，以我国所处地位之优越，挽回危局，反弱为强，岂难事哉？唯在我国民好自为之耳！"这就是一九三〇年的情势，这就是当年图作者的心情。可惜，当年的中国未能阻止日本的野心。在七年之后，这本地图集跟随着国家的命运，进入了抗战年代。

从写在图集页面上的大量钢笔注记可以看出，这本《世界新形势一览图》的拥有者，是一个认真学习世界地理的人。而更可珍贵的是，这位心系天下的读者，在图集的页间贴附了许多抗战期间的剪报，有地图也有短文。从这些剪报中，我们一下子触到了当年中国人的血液脉搏。例如，在《日本》这幅地图上，贴着一张剪报地图，为《太平洋盟机空袭威力图》，表示的是美国 B29 轰炸机的有效轰炸半径。另有一小文《琉球群岛一瞥》，指出美军登陆琉球，"将进一步破坏日本的海上补给线"。毫无疑问，当年中国人在看日本地图时，最要看的是如何打垮日本的形势。还有一页剪报，题为"正在败坏着的日本军队"，说"在一九四一年以后的现役兵中，有着过去在日本军队中见不到的跛子、近视眼、独眼、花柳病者"，他们"质量之所以如此下降，不用说是由于兵力之不足"。这条消息是令中国人高兴的。

这位中国人不但关心自己的命运，也注视着欧洲战场上"暴德"

的景况。在图集的《苏维埃联邦》一图旁,附着一张报纸上剪下的《苏德战场两线形势图》,上面还以红蓝铅笔勾画了战争形势与进军路线。关于欧洲,增贴了一张表现大西洋战争形势的剪报地图,标着"德封锁水域""美海军经常巡逻区"等军事内容。在大战期间,军事内容是报上地理知识栏目的基本内容。在一九四三年六月二十六日一份报纸上的《地理知识》专栏里,登有《塞浦路斯岛》一文,指出"塞浦路斯岛在近东的战略地位上说,是棋盘上动静咸宜的一个棋子","塞浦路斯岛没有优良的军港,因为沿海岸尽是砂地",但由于它在近东的战略地位,成为"盟军在东地中海的空军据点",可以"封锁轴心国军队在东地中海一带的活动"。

由于粘贴了这些剪报,这本《世界新形势一览图》充满了战争气氛。不过,在一页剪报的背面,有一则消息的残段,其气氛与战争迥异,可又是中国抗战时期的重要历史内容:"开演了,张狗娃表演得活灵活现,……都引起了观众的赞赏和哄笑。我们看见毛主席的脸上也充满了亲切的笑容。"

合上地图集,心中依然弥漫着五十多年前的战争风云,而最令人感怀的是那位不知姓名,多半已然逝去了的地图集主人对时局和祖国命运的关切之情。

毛泽东的革命地理

在广州农民运动讲习所,毛泽东教的课程是地理。据说在长沙时,毛泽东也教过地理。他所教的地理课是什么内容,今天已经无法知道。参考当时社会上通行的地理课本,可以推知其内容是比较简单的,如京师大学堂(北大前身)的《地理讲义》,内容也仅仅是对地势和海岸的大略描述。

不过,地理学这门学问,除了知识性这一面外,还有眼光头脑的一面,就是常说的思想方法。懂地理的人,有一种"地理头脑",看问题有地形、地利、空间的一套思维框架,谈出来的东西都能落在实处,可以在地面上查证。我们不能说毛泽东思想里面有多少"地理知识",但在他的"将马克思主义与中国革命实践相结合"的理论体系中,看得出,他是深知中国的土地之广大、江山之多阻、南北之差别、农村都市之两样。他比不懂中国实际情景的"书呆子们",更知道中国的革命该怎么闹。在被反复提炼过的"毛泽东思想"里面,依然可以察觉到些许地理方面的"光芒"。

在毛泽东亲自领导的革命运动中,地理分析发挥了作用,它是革命战略制定的基本依据之一。在《中国革命战争的战略问题》中他写道:"战争情况的不同,决定着不同的战争指导规律,有时间、地域和性质的差别。……从地域的条件看,各个国家各个民

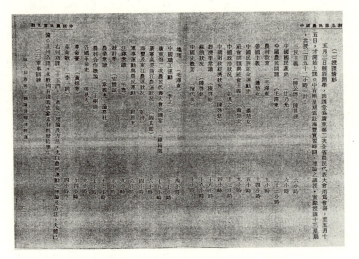

广东农民运动讲习所授课表

族特别是大国家大民族均有其特点,因而战争规律也各有其特点,同样不能呆板地移用。""经验多的军人",会"摸熟了一切和战争有关的其他的条件如政治经济地理气候等"。"地域""大国"和"地理"这些词,对毛泽东来说,并不是随口说出来的。

在他著名的建立革命根据地的思想中,地理分析是起到关键作用的。首先,他强调中国在地理上是一个大国。他说:"中国是一个大国——'东方不亮西方亮,黑了南方有北方',不愁没有回旋的余地。""如果我们是一个小国,游击战争只是在正规军的战役作战上起些近距离的直接的配合作用,那就当然只有战术问题,没有什么战略问题。"(《抗日游击战争的战略问题》)因为中国是一个大国,充满回旋余地,所以"红色政权"能够在某一类地理地带中存在。

那么,红色政权选择在哪里?不是大城市,而是农村。在中国,"近代式的若干工商业都市和停滞着的广大农村同时存在"。"我们的政权是分散而又孤立的山地或僻地的政权,没有任何的外间援助。……革命根据地只有乡村和小城市。其区域开始是非常之小,后来也并不很大。"完全可以这样说,毛泽东领导的土地革命,不仅是阶级选择——贫苦的农民,也有地理选择——反动力量薄弱的"边区"。毛泽东很清楚,"三座大山"各有自己的区域:帝国主义在沿海,封建主义在乡村,官僚资本主义在城市。城市是帝国主义与官僚资本主义的勾结之所,革命最为不易。只有农村,可以"星火燎原"。

在《抗日游击战争的战略问题》中,毛泽东对抗日根据地做了细致的地理分类,"抗日游击战争的根据地大体不外三种:山地、平地和河湖港汊地"。对敌我形势,也进行了地理分析:敌人"除东三省等地外,实际只能占领大城市、大道和某些平地,依重要性说是一等的,依面积和人口来说可能只是敌占区中之小半,而普遍地发展的游击区,反居其大半"。毛泽东的眼光,比其他人要"入地三分",使他对形势的观察、战略的把握真实、准确。

毛泽东的地理是革命的。在对农村进行革命优势的分析时,他是正确的。但是,农村不总是具有优势的。在讲求继承性的经济和文化方面,农村是落后的。在这一点上,毛泽东出现了失误。他以为"敌人已将我们过去的文化中心变为文化落后区域,而我们则要将过去的文化落后区域变为文化中心。……总起来看,中国将是大块的乡村变为进步和光明的地区,而小块的敌占区,尤其是大城市,将暂时地变为落后和黑暗的地区"。这种藐视城市的革命思想,被一直保留到经济建设和发展文化的时代,遂产生了与革命良好愿望相左的作用。另外,对祖国大地"一张白纸"的描述,也容忍了大量传统文化景观的丧失。

兵家地理

兵家地理，一个势，一个诈，与其他地理大不一样。兵家地理是独立的一个体系。关于兵家地理，李零先生在《兵以诈立：我读〈孙子〉》（中华书局二〇〇六年版）中有不少深入浅出的讨论，是个很有意思的题目，建议人文地理爱好者关注一下兵家地理。

夏天在香港，张隆溪先生聊天时说，现在国外有作者提醒人们注意知识（knowledge）与信息（information）的区别。在兵家地理中，光是信息没有用，要理解"局"和"势"。但"势"乃借"形"而生，所以往往两者并称，为形势。但形与势又是两样东西，所以在讨论时，需要"形""势"分开讲。我们今天只合起来说"形势"，已然距古义很远。形势是《孙子》中的重要概念，其意义超出军事，而有普遍的哲学意义。

势，是兵法中很重要的概念。形可以看见，但势可能看不见，看不见却着实存在。李零借太史公"去势"来比喻势的意义，说："势，真是无所不在，法家术语，法、术、势的势，太史公去势的势，都是这种势。"去势不是去了一个东西，而是去了一股势头，势头没有，状态全变。造势也不是造一样东西，而是造设一个局面，一旦运作，势头就起来了。《孙子》比喻说在千仞高山上堆起圆石，向下一滚，势就来了。北京紫禁城的中轴线刻意布置，朝仪一旦举行，皇帝的势就显示出来。

兵家都重视地理，在地面战争时代，地理战局的布置是克敌制胜的一部分。不懂地理的所谓兵家是不能出门的，出了门也回不来。我国古代管理地图的部门叫"职方司"，放在兵部，足见军事与地理的密切关系。毛泽东懂军事，当然也懂地理。他在广州农民运动讲习所教的就是地理。关于抗日游击战争的根据地，他就是从地理讲起，说："抗日游击战争的根据地大体不外三种：山地、平地和河湖港汊地"。(《抗日游击战争的战略问题》)就宏观来说，毛泽东对于中国革命的进程也有一番地理考虑，比不讲地理次序的全国东南西北一齐暴动的方案要高明得多。正如《孙子》所说："有所有余，有所不足，形势是也。"地理学最反对的就是将世界看成是均质的（generic）空间，形势见于差异之中。红色政权的存在也只能是在"有余"与"不足"的地理差异中选择战略。毛泽东的"革命路线"中包括"革命地理"。他后来的"三个世界"理论也是革命地理，但范围要大得多。关于这个问题，最近武晓迪先生在《中国地缘政治的转型》(中国大百科全书出版社二〇〇六年版)一书中有详细讨论。

以"形势"论地理，是兵家地理的独特之处。现代地理学重交通、资源、生态，许多分支讲求量化，但量化在形势问题上毫无用处，形与势的转化更是无法以"科学"来解释。兵家地理是一个独立的体系。一般的地理学，以人为一方，地为一方，研究人地关系。而兵家地理，除了地外，人还要分生死两方。兵家地理是两方人利用地来互相夺命，讨论起来几乎没有定式。强可以胜弱，弱也可以胜强,形不是决定的,还要看势。

在兵家地理中的势,不是自然之势,而是人文之势。那边有千仞之山,但如果没有在下面布置战场,没有人到上面去积水、滚石(《孙子》说:"若决积水于千仞之山者,形也。""如转圆石于千仞之山者,势也。"),这座千仞高山也是毫无意义。中国高山千百座,只有修筑了长城或关塞的高山,才获得兵家地理的形势。其他高山有没有势,要到时候再说。修筑了长城的高山,在兵家形势上,具有永恒意义。这是修筑长城的目的所在。韩非《难势》篇说:"势必于自然,则无为言于势矣。吾所为言势者,言人之所设也。"势,是人文地理,不是自然地理。

今内蒙古阴山,曾经是匈奴与华夏政权的分界,第一个到阴山修筑长城的是战国时期的赵武灵王。但是赵武灵王修的长城只修在阴山的脚下,赵人不敢进山,未能利用阴山设形。阴山仍然属于匈奴,匈奴借助阴山的隐蔽"来出为寇",对南方造成巨大威胁。后来,秦将蒙恬败匈奴,而将长城修上山顶,于是长城跨山结局,阴山反为秦人军势。汉代,汉军不仅坚守阴山顶上的长城防线,在某些地段甚至将长城修到阴山北面的草原地带,而将山地尽行囊括。这样,汉代基本解除了阴山与匈奴的关系,匈奴失阴山后,"过之,未尝不哭也"。

"中国的军事文化,是墙文化。"众多的城市设防自不必说,我们来看长城。长城是设形造势的典范。去长城遗址旅游,我们看到高山之巅的城墙,常常问,有必要把长城修到那么高的地方吗?难道敌人会去攻那里吗?其实,长城不一定每个部分都是实战的。

《孙子》云:"若决积水于千仞之山者,形也。"把长城修到高山绝顶,有如千仞积水,产生居高临下的优势,不管实际上有没有兵卒在那里,它都以一个戒备森严的高高在上的军事要塞的形体向敌人示威。"黄帝作剑,以陈(阵)象之"(银雀山汉简《孙膑兵法》),长城是给高山挎了一把佩剑。

虽有佩剑,却"旦莫(暮)服之,未必用也"。长城只是形,没有人,它仍然是一道死墙。只有当长城上旌旗飘动,狼烟升起,后面有军队发动,这才是完整的军"势"。这就是孙膑《势备》所说的佩剑和弩的关系。弩,"发于肩应(膺)之间,杀人百步之外,不识其所道至"。前面有了长城,还要安排长城左右"不识其所道至"的奇兵,才算高明的长城统帅。死守,对于长城战事,不一定管用。

高山绝顶修筑长城,犹如高山佩剑,增强其"势"

赵国虽然修了长城,但仍需要李牧这样的名将,匈奴才"不敢窥边"。

在军事地理方面,《孙子》还讲了"六地",即六类军事地形,有通、挂、支、隘、险、远。李零解释说:"通"是通畅,往返俱便;"挂"是挂碍,易往难返,就是有去无回,不太通畅;"支"是彼我相持,进退两难,最不通畅;"隘"是出口狭窄,与广相反;"险"是高下悬殊,与易相反;"远"是遥远,与近相反。这"六地"中,"挂"与"支"是我们的"常识"中没有的。当然,把这六样地形放在一个体系中排列,更是我们想不到的。

我们注意到,"六地"中的五地,即通、挂、支、隘、险,都与山地有关。这让我们又想到山地的长城。长城的修筑是对地理形势的加工,造成局部地点的优势。长城把这五种山地军事地形逐个升级,增加了敌方的难度(对敌人来说是降级)。通变成挂,挂变成支,支变成隘,隘变成险。如原来的"通",就是那些对于敌人来说往返都容易的宽阔山谷,一旦修了长城,就降为挂了。《孙子》云:"挂形者,敌无备,出而胜之;敌若有备,出而不胜,难以返,不利。"比如说站在准备犯塞的匈奴人的立场来说,修了长城的山谷不正是这样吗?长城如果没有守军,匈奴攻而胜之,如果有了守军,多半攻而不胜,即使进来了,恐怕又"难以返",所以不利。

兵家地理中还有奇正的问题。正,只能自保,不能取胜。长城恰恰是正,所以关于长城,不能总是夸奖,也有麻烦的地方。长城是堂堂正正的守备阵形,可不能动,却是长城的最大麻烦。从这点来说,长城虽有强形,却为弱势。这给攻方提供了机会,弄不好,石墙变成纸壁。银雀山汉简:"无形而制形,奇也。"北方游牧民族或未读过中原兵法（也可能有人知道），但无形骑兵向来为其所长，所谓"蕃长于马"。明朝长城战事几次大败，都是败在蒙古骑兵的奇袭。如嘉靖二十九年（一五五〇），俺答率部顺潮河南下，攻逼古北口。他以数千骑兵正面佯攻古北口，却另遣一支奇兵绕道黄渝沟，毁墙而过，径直抄至古北口的里面，明军大惊，不战自溃。俺答遂杀至京郊，大肆焚掠。此乃"庚戌之变"。正是受了庚戌之变的惊吓，嘉靖加筑了北京城的外城墙，出现了外城区，就是今天的崇文、宣武这个部分。外城墙一加，把天坛包进城里。祭天之礼本一直属于"郊祀"，从此以后在城里面整了。

俺答声东击西绕道的办法其实并不新鲜，我们在游览长城时也会想到这个问题。长城这么长，能处处设兵吗？这里设了，敌人从那里来怎么办？我想，当时的明军统帅也是料得到的，或许也有"预案"，只是预案的执行不力。长城战线因为长，需要候望不怠，调动及时。"庚戌之变"的问题至少出在候望不力上。后来，福建总兵戚继光调至北方长城战线。戚继光以在长城上建筑大量空心敌楼的办法完善候望与调动体系，加强了长城防御的反应能力。不过，史家称，自"隆庆议和"后，蒙古骑兵基本没有大举南下，所以改进后的长城防线并未受到战争的检验。练了本事没用上，有些遗憾。但说不定，这里面也有空心敌楼为长城增加了威势，而产生了《孙子》最为称赞的"不战而屈人之兵"的奇效呢。

兵法讲布局，布局中有兵法。许多布局的"形"是静，但其中包含动的预设，是为高明。西周封建诸侯，是兵法，它不是自然发展，是人为布置，有互为声势的考虑。后来设立的郡县，更是兵法地理,其中有攻守之义。周振鹤先生是政区史专家,他指出,古代政区有两条划界原则,一个是山川形便,一个是犬牙交错。山川形便是按照自然山川走向划界,行政单元随着自然地理单元圈定,独立性强。犬牙交错是故意打破自然山川的格局,令政区单元跨越不同自然地理单元,相互咬合,形成牵制。政区界线的起源是依托山川走向,但其发展,日益偏重犬牙交错。

说起来,犬牙交错更符合兵法。早期的例子,常举秦朝在岭南的部署。为了奠定南方的稳定局面,秦朝使长沙郡的桂阳县斗入岭南,又使岭南象郡的镡城县越过岭北。如此设形,为北师运动准备了地理上的预设。后来汉朝军队正是利用这一形势,在很短时间内将南越国击败,把岭南地区纳入一统。

形、势的概念是一种思想方法,也是战略方法。尤其是势,不能不察,不能不论。我们研究古代地理时,多注意对具体的形的复原,而忽略了对势的阐发。将势的概念引入,考察形与势的关系,可以解读不少中国古代地理问题。比如,在治水时,鲧重的是形,禹重的是势;《禹贡》中"九州"是形,服贡是势;奠王朝名山时,五岳是形,巡狩是势;在景观文化(包括绘画和园林)中,山水是形,画中游是势。势,包含价值、意义,是深层的地理问题。有了势的分析,地理才不只是"知识",还是"力量"。

兵家地理中还有诈术。诈,是作用在人脑里,诈在概念上。直接诈在地上的,如埋地雷、挖陷阱,还是小意思。地,摆在那儿,敌我都看得清楚,想得也明白。兵家地理之诈,主要在人为制造假象,反常规而行之,该走的不走,不该走的才走。《孙子》云:"由不虞之道，攻其所不戒也。"

在小说《三国演义》中，曹操在华容道上了诸葛亮的当，这是我们熟悉的故事。虽然曹操当时也想到了"兵书有云：虚则实之，实则虚之"，但诸葛亮比他多想出一步，来了一个"虚则虚之，实则实之"，在华容道点了烟，也伏了兵，结果令口诵兵法的曹操中了计。示形是制造假象，做出一种伪装，让你料不到。引导敌人犯错误，最终是属于势的问题。

李零先生说："料到的就是正，料不到的就是奇。"传说的韩信"明修栈道，暗度陈仓"，其实就是"明出陇西，暗度陈仓"，这是用"奇"的杰出范例。辛德勇先生对这个"从汉中北攻关中，绝无仅有的一次成功战例"有细致分析。在自汉中北伐关中的用奇战术上，历史中的诸葛亮不如韩信。诸葛亮也攻陈仓道，但用的是堂堂之师、正正之旗，未能"忽悠"一下曹兵，结果因曹兵"有备而不能克"。《三国志》的作者陈寿评论诸葛亮说："治戎为长，奇谋为短，理民之干，优越将略。"原来，历史中的诸葛亮文才有所长，武略却有所短。

兵家地理，是兵法的重要组成部分，也是地理之学的重要组成部分。读一点兵家地理，使我们又多了一种认识"地"的眼光，而这种关于"地"的认识，又总离不开人的谋略，所以，兵家地理又是一门论人的学问。

中国地图上的长城

我们中国人看自己国家的地图,看到北方蜿蜒的长城"小像"已经是习以为常了。不过细想一下,长城既不是自然的地貌形态,也不是人类的聚落、交通线,在地图上画它,确实有点特别。

如手头的一本丁文江、翁文灏、曾世英早年编纂的《中国分省新图》(亚东图书馆一九三六年版的地图集),前面的一幅《政治区域图》上就画有长城,可我们知道长城不是政区标志;下一幅《地形总图》上也有长城,而长城不是地形;在随后的《交通总图》《重要矿产分布图》也都标示了长城。这种无论什么图上都标长城的做法,今天更是屡见不鲜。看来,长城已成为中国"底图"上的一样东西,无论是画人文政治地图,还是画环境资源地图,都要习惯地标上这样一个"基本"的东西。

中国人画长城的"习惯"是什么时候开始的?翻检一下古代的地图,我们发现宋代的一幅《华夷图》上已经有了长城。《华夷图》是刻在一块石版上(现藏西安碑林博物馆),石版的另一面还刻有一幅《禹迹图》,两幅图为同一年(一一三六)所刻,《禹迹图》先刻,在石版正面,《华夷图》晚刻三个月,在背面。奇怪的是,所刻的《华夷图》是倒刻,即头朝下的,研究者据此认为这块图石不是供人观览的图碑,而是供印刷用的图石。《禹迹图》与

宋代《华夷图》拓本

《华夷图》虽然大体上是同时刻上石版的，但面貌很不一样，河流、海岸的画法大为不同，可能有不同的来源。《禹迹图》上面没有长城，《华夷图》上则不但华北有长城，西部的居延也有长城（这是汉长城的一段），符号取城墙上的垛口状，一看就明白。这幅宋代《华夷图》是现在所见最早的标有长城的全国地图之一。有学者推测，《华夷图》很可能是根据唐代贾耽的《海内华夷图》绘制的，但贾耽的《海内华夷图》早已失传，上面有没有长城，已无法确知。

在今日尚存的其他宋代全国地图上，大多也画长城，如保存到今天的《历代地理指掌图》，是一部包含四十多幅地图的地图集，几乎张张地图画有长城。看来地图上画长城的做法至少在宋代就已经定型了。值得我们注意的是，宋代并不是一个修建长城或利用长城进行防御的朝代，但宋人的地图上却普遍出现长城，这说明什么？

长城是一个人类历史遗迹，它绵延甚远，跨越巨大空间，地理表现直观而强烈，绘制地图的人几乎无法回避它，这可能是地图上出现长城的基本原因。宋人词中说："三朝幸望人倾祷。寿与长城俱老。"（吴则礼《绛都春》）前朝留下有老长城，宋人时有感慨。但宋人词中又说："胡马长驱三犯阙，谁作长城坚壁。万国奔腾，两宫幽陷，此恨何时雪。"（黄中辅《念奴娇》）宋人面对老长城，又不仅仅是怀古，北方"胡马"（女真）威胁犹在，两宫（徽钦二宗）幽陷未安，宋人希望长城"活"起来，以限"胡马"而雪破国之恨。想象宋人在观看地图上的长城时，心情一定是不平静的。据说南宋宫廷选德殿御座后金漆大屏的背上也有一幅《华夷图》，这幅《华夷图》上如果也绘有长城，则其意义之大就更加可观了。

我们不知道契丹、女真人看到长城时的心情。传世的金朝《陕西五路之图》中有长城，后来元、明、清各朝的地图都有画长城，渐成一种不易的传统。长城的军事地理作用在中国历史中时兴时灭，有些王朝没有修筑也没有使用过长城，但有关长城的认知、议论，借助长城而抒发的北方边塞情感，如同长城的遗迹一样，从不消失。从这个意义上说，长城一直活在中国人的心头。

长城是中国北方地理的一个重要象征，在地图上画长城，中国人从不认为是多余。从地图的技术角度说，长城的走向比山脉清晰，比河流稳定，是难得的地理坐标。清康熙皇帝推进实测地图的编制，在中国地图发展史上具有划时代意义，而其首次实验性测量就是邀法国人白晋从京师北部的长城地带开始的。如今，将长城列入中国地图的"底图",其文化地理意义是最重要的。历史常常把各种人类的创造物,在它们的使用功能丧失之后,转入文化的范畴。在没有战争的和平时代,人们发现长城蜿蜒的身躯与起伏的山脉结合得如此完美,这样一个穷极视野尚不能尽收的独一无二文化景观,在地图上不表现是一个缺憾。长城现已成为世界性的文化遗产,美国人编制的中国地图,也要画上长城的"小像"。长城在地图上占据了永恒的地位,正说明长城在人们的心中占据了永恒的地位。

地图与人

稍有历史知识的人都知道,秦始皇险些死于荆轲的匕首之下。本该谨慎的秦始皇为何这一次任凭荆轲近身?只缘荆轲手里拿着一张地图;又刘邦大军兵破咸阳,武夫将士都去争抢秦宫的金银,独有政治家萧何埋头收集地图。这都说明,地图于统一天下、治理国家,至为重要。在中国古代,地图乃军国大事,归兵部的职方司管理。

十七世纪以后,比较精确的国家边界线从概念到事实,开始建立。专家们指出,边界性质的发展分为三个阶段:军事边界——协议边界——地图边界,地图上的边界线是边界的最后表现形式。十九世纪中叶,美国向加拿大要求以五十四度四十分纬线为界,当时波尔克总统的竞选口号就是"要么五十四度四十分,要么战斗"("Fifty-four forty or fight")。只有精确的边界线才能落实在地图上,而标有精确边界线的地图往往属国家重要档案。

当然,围绕地图发生的事情,并非总是政治,手执地图者也并非只有政治家。地图毕竟是人类文化的一项普通成果,是到处使用的一种知识载体。人类利用大脑高超的转换能力,将眼前所见的具体而又辽阔的景观、地形、山川、城郭,微缩为抽象的掌上画面,是一个重要发明。用现代地理学家的术语说,地图是对"所选择的空间信息的结构性再现"。所谓对"空间信息的结构性再现",话虽然显得高深,其实地图原本是极为质朴的事物。应该说,每一个生活着的人都要使用地图,而每一个有生活能力的人,都会画一画简单的地图。在街上问路,碰到耐心的人,他会用手指在一个方便的平面上,甚至干脆在空气里,给你比画出一幅路线图。地图专家们认为,这类比画的图示是人类最简单的地图,而在空气中比画的图示则是寿命最短的地图。

当然,也有寿命极长、历时达数千年的地图。人类之使用地图,肇始于没有纸张,更没有印刷术的时代,那时的地图可以画在地上、石壁上(这两类当然不能携带)以及皮子、木片、泥板、石板(这些还可以携带)等一切可以施展图画的东西上。在我国古代,有人为了表示地形的高下,还有用谷米堆成山丘形状的做法,

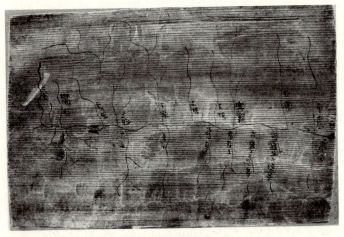

甘肃放马滩出土的木板地图,为目前所见中国最早的地图

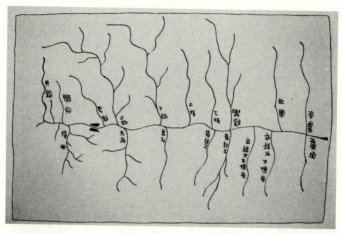

木板地图摹本

故有些关于地图的书籍称为"聚米图经"。可见，为了再现生活的环境大地，古人曾灵活机动地想了不少办法。

我们已然没有必要去设想没有地图的情景，因为它对于人类是太基本了。在今天看来，地图的基本价值其实还不是指路，而在于它是某一类知识的唯一讲述方式和储存方式。这一类必须由地图讲述的知识，是空间性知识，在这儿，空间不是宇宙空间的那个空间，而是指向东南西北、四面八方展开的地域空间、位置空间。我们平常使用的语言，表达能力固然很强，但它最适于的只是描述事情的前后关系，一旦要描述空间关系，困难就出现了。举个例子，介绍一套四居室（有厨房、有凉台又带卫生间）住宅的格局，光用语言讲述，"左边是什么，右边是什么，左边的前边是什么，前边的右边是什么……"，恐怕越讲越糊涂。此时，只要画一张平面草图，一切便轻松在目了。"能治一室，方可治天下"，描述居室是这样，描述城市、国家、世界也是这样，地图不可或缺。

在许多场合，世界就是那幅无言的地图，是我们很熟悉的一个形象。如果上面再画上一只鸽子，小学生以上的人都会明白，这是在赞美世界和平。这里，地图已然脱离了它本来的意义，而上升为另一种符号。在许多庄严神圣的正式图案中（如联合国徽记、香港回归倒计时牌等），都有地图的形象，直接、简单、明快地声明事情的性质。地图的形象在非庄严、非神圣的图案中，亦频频出现。今天的T恤上便常见地图，它们或许表达T恤主人的一桩心愿，画中国地图、画美国地图，各有情怀。看来，人利用地图的地方越来越多，它可以讲述历史，表达科学，也能表述情感。

"如何用地图扯谎"

有一本讨论地图的书,开篇便向读者讲了这样一个故事:小公主遇见了一位地理学家,地理学家让小公主介绍一下她的王国。小公主说:"我的王国不大,只有两座山、一条河,不过河边还有一朵小花……"说到花朵,小公主不禁兴奋起来,她准备仔细描述这朵小花。然而严肃的地理学家打断了她的话:"我们不记录花朵。""为什么?它是我们那里最美丽的东西啊!""花会枯萎,而山河是永恒的,我们只记录永恒的东西。"结果,在地理学家绘制的地图上,没有小公主心爱的花朵。在小公主看来,地图上的河边没有花朵,是地理学家扯了一个谎。

我在美国雪城大学地理系读书时,有一位老师叫蒙莫尼尔(Mark Monmonier),是地图方面的名家,他写过一本书,就叫《如何用地图扯谎》(*How to Lie with Maps*)。书中举了不少用地图扯谎的例子。一般人看地图,都当它是一件十足可以信赖的东西,不会像听一个"是非之人"讲悄悄话时那样,抱有相当的警惕性。可谁知,地图也是一个"是非之物",在它的

蒙莫尼尔所著
《如何用地图扯谎》封面

无声讲述中，竟有不少将事实歪曲了的谎话。

我们可以认定地图有两类扯谎罪：故意扯谎罪与过失扯谎罪。故意扯谎的地图有苏联一九六九年以前的一些官方地图，图中故意将某些铁路、海岸线、村庄、河流的位置乱画一番，以为惑敌之计。面对这样的地图，我们看到冷战时政治的诡诈。故意扯谎的地图还可以举清末大学者俞樾画的上海地图，以俞樾的智商，考订洋人在上海的租界范围当不成问题，但俞樾的上海地图只画明了一处处中华景观，图面全无外夷洋场的踪迹。看了俞樾的地图，我们感到俞樾的骨头是硬的。关于故意扯谎，我们还要说说当下各类房地产商设计的"某某家园"小区鸟瞰图，只见这些小区个个

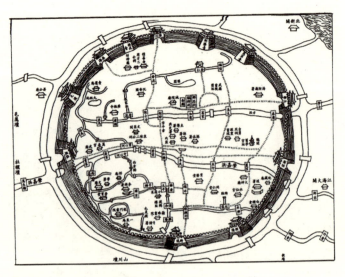

俞樾所编《上海县志》中的地图

都是现代桃源:绿色环抱、空气透明、周围没有杂物,楼下只有汽车(不见一辆自行车)。未来的业主们必须先在心中将小区环境一一还原:哪里有臭沟,哪里有铁路,哪里有堆场,然后再盘算价位。没有经验的业主,不会还原,就会上当。这样的图,因为太离谱,不敢叫它们地图。但不管怎样,看了这样的小区图,我们明白有些商人的心是滑的。

至于过失扯谎地图,可举著名的美国汽车协会(AAA)在一份全国汽车路线图上忘了画西雅图,按照这幅地图走,汽车永远到不了西雅图。所谓"过失",还有一种叫"文化过失",其"过失"是文化背景造成的,不是由于缺觉、酒后、心碎等原因。这样的文化过失地图就多了。利玛窦因为文化的"过失",把"中国"画在了世界的边上;反之,地中海世界的人会认为把中国画在地图中央也是一个过失。有些文化过失是耐人寻味的。咸丰年间,有洋人画了一幅上海地图,与当时中国《府志》中的上海地图比较,洋人地图中删掉了县衙门,占据中央地位的是"伦敦慈善会",城内的城隍庙、财神庙、广福寺等均不见,却标有一座座基督教堂。衙门与教会何者崇高,两张地图各有一套说法。哪张图上是真上海?两幅图如此不同,那么过失到底在哪一方?有些地图上的文化"过失"是可憎的,如英国殖民者的美洲地图,在住满印第安人的地方标注着"空白"。当人们凝视一张殖民者的美洲地图时,他们没有想到,这张地图给美洲印第安人带来怎样的悲惨后果。

现在,地图是个越来越文明的东西,一些地图集装帧得豪华

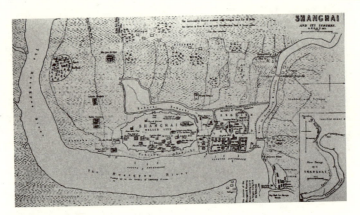

洋人画的上海地图

庄严至极,望之令人肃然起敬。翻开页面,精细的图线、清亮的色彩,又令人赞赏不已。只见城市、乡村、公路、桥梁、高山、河流、大海、岛屿布列眼底。刹那间,我们忘了眼前只是一叠纸张,仿佛这就是那个伟大、庄严、丰富的世界。"这就是世界"——这是地图扯出的最大一谎。

这是地图,这不是世界。世界只有一个,而地图却有千万种,哪一张地图也不是世界的完整代表。世界本是如此丰富,千头万绪,有谁能说"我的地图是最重要的"。我又想起了前面故事中的小公主,小公主不需要地理学家的扯谎地图,她会有一张自己的地图,那朵花正开在地图的中央。地理学家也许又去向一个男孩做调查,但男孩也不喜欢地理学家的扯谎地图,因为男孩认为,地图上必须要有一个鸟窝、两个泥巴碉堡,山丘后面,还要有他刚刚从中凯旋的"罗宾汉森林"。

梵蒂冈的地图画廊

梵蒂冈宫中有一个地图画廊（Gallery of Maps），在长一百二十米的豪华廊厅两侧的墙壁上，画有四十帧巨幅（3米×4米）地理画图，均色彩鲜艳，内容丰富。进入画廊，你可以如四百多年前的教皇格里高利十三世那样，欣赏图中的意大利半岛，并且浮想联翩。

这些地图是一五八〇年至一五八三年间，由丹迪（Egnazio Danti），一位有名的教徒兼数学家和宇宙学家，应教皇格里高利

地图画廊

十三世之请，为梵蒂冈宫廷设计，并在许多画工的协助下完成的。四十幅地图中，分别展现了意大利的三十六个区域。有位诗人赞美道："每个区域都坐落在它的星座之下，占有整个画面，上面有城市、城堡、村庄，团凑的街道房屋，有河流与溪水，陡峭的山谷、舒缓的丘陵、遮蔽的绿荫、裸露的海滩，蓝色的海水仿佛在涌动……"

走廊东侧的地图是表现亚得里亚海岸，如大多文艺复兴时期的地图那样，上北下南。但走廊西侧表现第勒尼安海岸的地图则是上南下北。评家说，这是为观者设计好的移动程序（projected movement）。以直观感觉，上代表前方，往北走，北面是上，往南走，南面是上。看来，观者应该沿自己的右侧前行，依次观赏地图。而如果你站在走廊的中间，则有如站在亚平宁半岛的中脊，大有主宰者的感受。

到墙壁上绘制地图，在当时的意大利并不鲜见。但梵蒂冈的这批壁画地图，别具意义。它诞生在文艺复兴晚期复杂的文化背景下，反映了多方面地图文化的融合，在地图发展史中，有许多话可以说。

关于欧洲文艺复兴时期的地图史，着笔最多的是古希腊罗马时代托勒密经纬制图体系的再发现与复兴。旧为新服务，是那个时代的特点。地图的绘制者几乎都是在努力将古代文本视觉化，这需要高明的数学计算能力和对古代文献的解读能力。人们对世界的模样产生了新的热情，托勒密的《地理指南》居然是人文主义学者、艺术家、商人共同喜欢的东西。大家试着用各种新鲜的方法对世界进行视觉化的描述和再现。

因为托勒密的影响，大地重又由经纬网格覆盖起来，善于计算的学者试着将球形与平面联系起来，地上的位置由天文观测确定，中世纪放弃了的数学方法重新被采用，抽象几何学成为表述世界模样的语言。文艺复兴的许多地图学家认为自己在进一步完善托勒密的体系。在整体大地观方面，托勒密成为一个不可动摇的权威。

不过，托勒密自己曾将地理学与地志学做过区分。他认为，地理学是关于整个世界的学问，侧重世界的"量"的尺度（quantitative values）；而地志学是关于局部地区的学问，侧重区域的"质"的细节（qualitative details）。地理学的图比较抽象，多使用线和点，海岸是线，城市是点。地志学的图则要用图像，表现地上的具体景物，山有山的轮廓，树有树的样子。

的确，世界是由两种思维再现的：哲学的与文学的。在古希腊传统中，哲学的世界可以在柏拉图那里找到。文学的世界可以在希罗多德那里找到。今天所说的地理学（与托勒密的狭义概念不同）是在这两类思维的分分合合中发展的。

作为再现世界手段的地图，在两类思维的背景下，也有两条时分时合的发展线路。有的地图只有点线，有的地图则表现实物景观。托勒密讲了地理学与地志学的差别，自己做地图时便选择了前者。他用他自己认为的"地理学"方法绘制地图，图上只有点和线，世界显现为抽象的点和线，点和线以数学为后盾，数学后面是关于宇宙的哲学理念。文艺复兴时期的学者们对托勒密的点线世界肃然起敬，虽然他们眼前的世界里布列着无数形态各异的山脉、河流、城市、农村。点线世界追求的是"量"的准确性。

托勒密的目的是用数学表示地球上各个地点的数学位置，而不在乎这个地点有什么东西，发生过什么事情。古代地图本没有标准空间（数学空间），只有相对空间，依赖地物的相对性，空间不能离开地物相对关系而存在，所以必须标出地物。托勒密的空间则不一样，它是数学的、标准的。托勒密的传统后来受到现代测绘学的支持，于是地图绘制全为测绘学所统治，点线成为地图的主体符号。我们今天关于地图质量的"眼光"都是由此确立的。

用我们被测绘学整顿过的现代"眼光"来看梵蒂冈的地图，不满与批评很容易就来了。梵蒂冈的这批地图，或称地图绘画，因为色彩鲜艳，又有丰富的图像内容，看上去又像画，又像地图，习惯于概念思维的人会说它们不是"真正"的地图。历史是顺着走的，我们是倒着看的。倒着看，我们的眼光里充满"回溯性"挑剔。

但是站在丹迪的时代立场，梵蒂冈的地图是蛮好的。地图编制的事实要比地图史家的概念复杂得多，学者喜欢用概念分割世界、分割历史、分割事物，而实际上世界事物是融合的。梵蒂冈的地图不是地图史家的分类样品，它们是混合着各种趣味的现实产品，是教会的价值观将各类信息整合起来。"万物生长靠太阳"，在梵蒂冈地图中，大地是自然万物的，但阳光是基督教的。

受了风气的影响，丹迪在图框上标注了经纬分度，他也要地图的准确性。但在尽可能准确地将点位与线路布置好了之后，丹迪开始附加其他丰富的内容，那些都是托勒密认为不必要的东西。在做编绘准备的时候，丹迪搜集了大量材料，甚至访问居民以核

丹迪

实当地的情况。现在,他要把所有视觉材料都运用到他的地图中去,并且追求三维效果。

丹迪的地图里有多种符号体系,不只是点线,还有形体符号,如小房子、小树、小山等。地图是视觉文本,要起码的视觉的直观性和尽可能的内容丰富性,总之,要方便视觉,也就是"好看"。教皇要的地图不只是有方位知识,还有其他知识,尤其是教区的分布与教会历史。地图被看作一种载体,就像大地本身是载体一样,要承载丰富的人文及"神文"的活动。

在地理架构下,以视觉手段描述教会史,这是梵蒂冈地图的独特之处。许多宗教故事是历史的,但在这里表现为地理的。地图中的意大利区域体系,既不是斯特拉波(公元前六十四至公元二十三年,十七册《地理》巨著的作者)和托勒密的分区,也不是任何政治的区划,而是一种教权主义的区域结构(一种带有理想色彩的构建)。地图标出了虽然不属于意大利国家但属于教会控制的城镇,强调教会的分邦(papal states),甚至标示了面向半岛南北异教地区的军事防卫壁垒。

走廊的天花板上绘有若干圣徒(saint),其出身与下面的地图区域相对应。由君士坦丁时代的故事开始,展开教会历史,直到十六世纪。这里的教会史是按照南北地理顺序叙述的,强调了故事与地点的关联性。当所有的区域都与教会的故事建立了联系,那么整个意大利,整个亚平宁半岛的地理意义,就十分明白了。

图中许多主题的选择,是回应新教徒们所质疑的问题,如罗马教廷的政治角色、早期基督教神圣建筑的基址、圣徒生活奇迹的历史真实性、遗迹崇拜等。这些写实的地理图画的真实感,反身成为一种有力的证据,证明教义的真实性。

地理学文本,尤其是地志学文本,具有很强的真实感、现实感。基督教重视地理,说明它与现实世界的密切关系。虽然终极真理永远在上帝那里,但基督教并没有放弃对现实世界的占领,这体现了基督教统治的彻底性与严酷性。它没有把现实世界留给世人(像其他一些宗教那样),却要证明现实世界是基督神圣历史的一部分。

所以,我们不但可以看到教会的地图,还可以读到《圣经地理》这样的书。由于宗教故事与真实历史混合,《圣经》中的一千多个地名都可以确指其地。如伯利恒,这个耶稣的诞生地"位于犹大

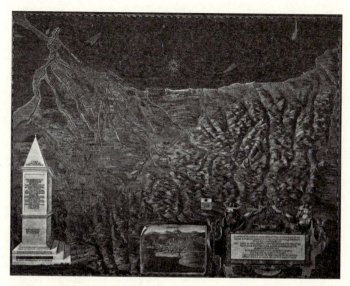

画廊中的一幅地图

山区，耶路撒冷西南约八公里处，坐落在连接耶路撒冷与希伯仑南北大道近旁，城东是牧场"。"约瑟带妻子玛利亚回到故乡伯利恒，在马棚中生下婴儿，起名耶稣。天使告诉在伯利恒野地看守羊群的牧羊人，救世主诞生了，卧于马槽。东方的博士到伯利恒朝拜圣婴，献上黄金、乳香、没药等礼物。"对比来看，佛教故事壁画虽然也很发达，但那些故事不需要现实的地理舞台。中国古代的现实世界是圣贤的舞台，这是王朝地理的精神实质，中国有"禹迹"，有《禹迹图》，有"孔子登临处"，等等。

地图上如果只有抽象的点和线，那么显示的世界没有任何人文意义。丹迪必须增加地志学的内容，才能显示基督教在世界上，或者世界在基督教中的存在。《奇异的地图》(*The Marvel of Maps*)一书的作者菲奥拉尼(F. Fiorani)评论说:梵蒂冈地图画廊中的地图,既有精细的地方叙述,也有托勒密式的经纬体系,对某些要素作有鸟瞰透视,在地图的边缘还画有城市或城堡的平面图。地图边框标出了经纬位置的度、分,表现了数学的精确性。所以,丹迪为教皇编绘的是一套无所不包(all-encompassing)的地图,里面不同的表述体系共存,互不抵牾、互相补充。

梵蒂冈的这四十幅地图虽然都画在墙上,但仍然可以看作意大利的第一部地图集,亚平宁半岛从未像这样被分区表现过。而就每一幅单独的地图来说,也是出色的,其开幅之大、地理信息之丰富、形态之逼真,都非常"好看"。后来地图史的发展,"科学"的地图越来越多,但"好看"的地图越来越少了。从这一点来说,梵蒂冈的这类地图,值得我们好好回味一番。

二〇〇六年十二月

六

"瓦子"与城市

曾几何时,城里是一个极为严肃的地方,君王在那儿"面南"端坐,周围的宗庙威严、祭师冷酷、杀殉无情,钟磬之声,足令人战栗匍匐。后来,社会开放,商人得了自由,游手好玩的人也得了自由,彼此相聚城郭,致使城市买卖玩闹气氛大增。住在城之一角的君王,也有禁不住诱惑,"微服"出来玩耍的。放眼看一看中国城市发展史,至少有三次从肃清到繁华的变革高潮,一次在春秋战国,一次在北宋,还有一次可算是眼下。当然,三者的性质迥异,从怎样的肃清变到怎样的繁华,各不相同,而且"变"出来的东西名称也不一样。

现在城里数目越来越多的昼夜玩闹场所,如"俱乐部""迪厅""夜总会""练歌房"等,用一句千年老话说,都叫"瓦子"。不用说,今天为了吸引摩登青年,哪位老板也不会用这个土名字,况且我们很多人也早已不听闻这个难听的古称了。

"瓦子"在宋代大兴,它的出现标志着一场城市生活、城市景观变革的完成。在宋代以前,城内街道上一律不准开设店铺,假设我们在唐长安城大街上溜达,看到的只是一道墙又一道墙,索然无味。晚上想看看夜景,也是"九衢(街)茫茫空有月",人影儿也没有。长安城尽管人口不少,但不准有街头买卖,更不准有夜间消费活动，想挣钱的商人真是气死了。

变化始于唐朝末年，到了北宋，既成事实，皇帝下诏，承认现状。于是，大街上店铺栉比，熙熙攘攘。大小商贩都有了好心情，人人大显身手。在大城市里（如开封），一类固定的聚会玩闹场所也在热闹地点出现，这种固定的玩闹场所就叫"瓦子"。

为什么叫"瓦子"？是因为当时没有一个现成的名称好用，不像我们今天，可以从已然玩闹起来的洋人那里"引进"一些名字来。古人没有名称参考，只好自己去想。他们发现这类玩闹之徒忽聚忽散，犹如砖瓦之属，便将其聚会玩闹的场所称作"瓦舍""瓦子"。南宋末年吴自牧在《梦粱录》中写道："瓦舍者，谓其来者瓦合，去时瓦解之义，易聚易散也。"

"瓦子"里玩闹的项目很多，都有杂货零卖及酒食之处，还有相扑、影戏、杂剧、傀儡、唱赚、踢弄、背商谜、学乡谈等表演，人们进去了，会有不少享乐，也要花费不少的银两。"瓦子"原在北宋盛行，汴京（今开封市）城内有五十多家。到了南宋，临安（今杭州市）城内外也有瓦舍二十四座，名字都叫××瓦，其中以众安桥的北瓦最大。

有一事很有意思，据古人的细心观察，在这些热闹的地方，连蚊子都没有。古人的解释是："蚊蚋恶油，而马行人物嘈杂，灯火照天，每至四更鼓罢，故永绝蚊蚋。"（《铁围山丛谈》）就是说，这些地方满地流油，人马乱叫，灯火晃眼，没有了蚊子喜好的生态环境，于是蚊子只好绝迹。

总的来说，"瓦子"的出现是好事。城市普通娱乐业的兴旺，标志着普通市民阶层的壮大与城市生活、城市经济的活跃。人住在城里不能死死板板的。不过,"瓦子"也有弊端,吴自牧说:"瓦子"为"士庶放荡不羁之所,亦为子弟流连破坏之门"。意思是不谙世事的"子弟"们,在"瓦子"里流连忘返,会破坏了自己的前程。

在"瓦子"里毁了自己的岂止是"子弟"们,就连佛门的"师姑"也有逐俗忘业的。宋代开封相国寺,规模宏大,"中庭两庑可容万人"。在经商大潮中,和尚们守不住佛祖,大开庙门,"凡商旅交易,皆萃其中"。原本佛门清净之地,此时可好,"大三门上"皆蹲着"飞禽猫犬之类",佛殿旁边有孟家道院的"王道人蜜煎",两廊之下还翩翩立着各寺的"师姑",前来兜售她们的"绣作",此外"戏剧女乐"也开了进来。如此热闹还像什么佛界,难怪有人惊呼:"东京相国寺,乃瓦市也!"

相国寺的事提醒我们,"瓦市"这类现象,对城市秩序的腐蚀力最大,无论你怎样规划,"瓦市"依旧到处蔓延,稍不留神,你的墙里墙外就成了"瓦市"。如果最终我们的名胜古迹、清净园林也都蜕变为"瓦市",那可就糟了。

城市的"商"态环境

今天,当你走入城市,便进入了一个"商"态环境,在这个环境里,令你每一分钟都要思考商品与价格的问题。环境,决定人的身心,造就人的意识。在一切都呐喊着商品与金钱的环境里,你的身心感受如何?

在城市景观中,压倒一切的是广告。高楼大厦高擎着广告,举首可见,占据着城市最佳的高位空间,蓝天、白云、飞鸟(已经极少了)远不如广告醒目动人。把视野降落到大街小巷,你更可以看到城里人如何难逃商业广告的围剿。无论男女老幼、孤寡病残,均有广告招摇以对。即使你以帽遮颜,低头行走,你还是会看到贴在地上、仰面朝天的广告。城市中的广告大小随意、无处不在:汽车车身、楼房四面、公交车站、电线杆子、老树周身、井盖表面,"上看下看左看右看","对面的女孩儿看过来",已经没有"小伙儿",只有广告。深夜,疲惫的人们终于休息了,但广告依然在夜空闪烁。日有所忧,夜有所梦,枕上熟睡的人们,恐怕也会因斑斓广告而惊梦。

现在城市中过量的商业广告,犹如洪水一般包围、逼近我们。走上街头,我们只觉得自己无地自容,无空间自容。大小嚣张的汽车已夺走了我们的通行道——汽车路越来越宽,人行便道越来越窄。铺天盖地的广告又压得我们抬不起头来。我们的都市环境，已经成为以金钱为使命的广告的天下。当然，商业景观中也有靓丽的人形，那是歌栖、影栖犹嫌不足，更欲商栖的明星陪伴着商品的巨照。艺术家，在城市"商"态环境中转变为名牌商品的附庸与高级推销员。

城市的各类建筑，也正迅速地商品化，或者在事实上，或者在我们的心理上。瞥一眼设计精美的大厦，我们的第一反应已不再是美学的，而是商机的，我们想象的是它们的造价或售价，我们赞叹的不再是才华横溢的设计师，而是财势横行的大老板。豪华建筑物向"受众"表达的是财气，而不是才气。

消费，已成为城市生活的时代术语。所谓"过日子"，不足以表达今日生活中"心跳"的实质。今日生活的每一个细节，正转变为充满价格计较的消费行为，即"商"态环境中"商务链"的一环。衣食住行不必多说，上厕所，在许多地方也是一次三毛或五毛钱的消费，所以也得"心跳"地计较一下：是否要去"消费"。在"商"态环境中养育的新一代,正成长为消费的高手、讨价的行家。君不见：不足三尺，游戏机房便成熟路；未挣分文，花钱之道却已先修。

我们少时上"自然"课，知道了在大自然中水分的循环。现在，我们必须补课，弄懂在大市场中钞票的循环。大自然中的果实种类万千，异彩纷呈。大市场中的"果实"只有一个：利润。"商"态环境培育的是极为单一的生物，或曰极为单一的灵魂。"天下熙熙，皆为利来；天下攘攘，皆为利往"，这是司马迁在两千多年前对商业大潮的感慨,道出的就是这种单一的灵魂,原来它是如此的古老。何时有"商"态环境,何时就有此样的灵魂游荡。

司马迁看到:"赵女郑姬,设形容,揳鸣琴,揄长袂,蹑利屣,目挑心招,出不远千里,不择老少者,奔富厚也。"我们今天不是也有为了奔"富厚",而"出不远千里,不择老少"而嫁的女子吗?司马迁看到,为求富厚,"吏士舞文弄法,刻章伪书,不避刀锯之诛者"。我们今天不是也有媚俗的文人、盗版的书商吗?司马迁以为:"富者,人之情性,所不学而俱欲者也。"他不懂得,这是"商"态环境使然。

谈到历史,我们浮想联翩。遥想当初,老祖宗在绿荫清流的"生"态环境中,站起身来,分出手脚,成为"人类",于是种谷物、做陶器、观星辰、想天地,创造出文明。作为"苗裔"的我们,如今徜徉在城市的"商"态环境里,观商品,想金钱,以后真不知会创造出什么样的名堂来。

虚拟世界

最近见到消息，台湾科技教育界开设一个"亚洲卓越城市"网站，由李远哲任"荣誉市长"。这座"城市"中，有市长、市民、市议会、建设局、科技局、警察局、新闻局、交通局、财政局等。此"亚洲卓越城市"网站的规则，犹如一整套城市市政活动，有参与选举、被选举、教育、被教育的权利与功能。只是，它们都是虚拟的。

其实，电脑专家们早已虚拟了古代世界、神话世界、恐怖世界、童话世界、江湖世界等。对于我们来说，世上又增添了"网络世界"这一维新天新地。在"网络地理"中，没有东南西北，却有一个没有形态的巨大空间。作为"网民"，可以在里面工作，更可以在里面寄生，其乐也陶陶。在网络世界里，有锦绣山河，有城市村庄，有洞穴密林，还有供享乐的音乐、电影、图片、笑话，以及有惊无险的冒险和不必担心后果不可收拾的谈情说爱。

网络虚拟世界的出现，形成了一个新的文化生态环境——具有全方位存活信息的电脑小屋，如广告口号所云"互联网上新生活"。曾有人对这一文化生态环境，即电脑小屋内的存活信息进行实验，结果虽没有产生什么巨大成果，但走访网络世界的人照样越来越多。网络生存环境的出现是值得关注和研究的。

时间分配说明生活的本质内容。现在,网络在降价,这意味着人们在网络世界所花费的时间在增加。某人一旦备好了性能够用的电脑并学会了入网操作,他的网络虚拟世界便豁然开启,他的生活就开始变化。在这个边界不可测的网络世界内,他可以取获大量真实世界的信息,而成为真实世界中的迅猛行动者。他也很可能成为网络世界中的新型流浪汉,或曰"网虫",过着廉价、轻率、混乱、无目的的网络寄生生活。"网虫"在虚拟世界中,忘记了作为"人"所立身的真实世界。虚拟与真实被颠倒了过来,对这种网络生活是应该警惕的。

网络虚拟世界本意是提供一个实验系统,使真实世界的人,依照真实世界的需要去大胆地进行实验,以精确的方法使真实世界的问题信息化、数据化,从而有利于传播、分析、操作,高效地得出认识真实世界与改造真实世界的有益结论。简言之,网络世界应当是我们的工作世界、工作环境。作为工作环境的网络世界,是又一类人造世界,是人类对真实世界的技术再现与形式创造。如虚拟的"亚洲卓越城市",可以实验城市社会的操作程序,并教育市民的城市生活意识。

不过,在市场这只隐蔽之手的操作下,网络世界正日甚一日地下滑为消费世界。对于许多网络的开发者与访问者,网络世界主要是一个寻欢作乐、消磨时间的无边游乐场。它夺走沉溺其间的人们,尤其是少年儿童的学习、工作、干实事的时间,以在虚假世界的成功幻觉,取代在现实世界的真实努力。电子游戏的高手不应忘记,在虚拟世界虽为金刚,但在真实世界仍为肉身。对网络生活的过度沉溺，不但损失了真实世界的时间与金钱，也如吸食鸦片一样，瓦解了自己的精神。据报道，多有大学生因上网过度而患精神病。对这样不健康的网络生活方式，应当杜绝。

由于网络世界的秩序尚十分混乱，其中充斥着大量随意炮制的信息垃圾，这是网络世界特有的垃圾。在网络世界中，许多信息是珍贵的，其价与其值相符。但也有些信息却是高价低值，甚至是虚假炒作。以低值信息卖钱的例子可举"名人信息"之类，用名人的日杂琐事去卖钱，是网络世界的常见商品。须知，名人并不等于英雄，一些名人的生活过程之精神含金量并不高，有的甚至相当低俗。

网络世界是"虚拟"的，因此具有试验性，但同时也造成过多的虚假思路，据说有人隐瞒性别同他人网上谈情，拿对方的真诚之心开恶劣玩笑。"虚拟"，总之不是尽美之事，而一旦为小人利用，可以危害他人乃至社会。虚拟思路，也可以外延到真实社会，有的地方为绿化环境，近处植树，远处刷绿漆，这样的虚拟绿化世界真是笑煞人也。

人居的都市

几十万年前,猴子在自然界中进化为会劳动的人(恩格斯说:劳动创造人)。今天,我们在现代都市中被"现代化"为贪婪的消费者。我们的消费本领在都市的时空中延伸:东市吃螃蟹,南市打保龄,北市泡桑拿,南市唱歌厅。吃可以吃到灯火阑珊,唱可以一唱天下白。今日都市之大,已放不下一张平静的木床。

"国际大都市"是现在城市分类中最好听的称呼。自古以来,"都"就比"城"高一头,此外还是"国际"的,此外还是"大"的。国际大都市的概念是什么?首先大概是满街外国人,然后是摩天大厦和极尽繁华的商业街,还有飞机和汽车在内外不停穿梭,渺小的我们走入其间,便消失在声光电化之中,忘却自我,尽情消费(如果钱够的话)。这种对现代都市发展目标的理解,正统治着不少人的头脑。

然而,在生财和挥霍之旁,我们怎能忘记一个更基本的原则:都市毕竟是人们生活的地方,归根结底它还是一个人居环境。我们的不少城市,宏观一看,是高楼大厦,微观一看,却是垃圾污水。这样的城市建设成就是虚假的、浮夸的。应当想到,成千上万的城市居民都是在"微观"中休养生息的生活者,而不是宏观的眺望欣赏者。

据北京电视台《社会调查》节目披露，北京朝阳区水碓子居民小区，过去曾是一个示范居民区，有鲜花绿地。现在，为了生财，绿地被许多简陋的做小买卖（如电脑游戏、饭馆）的房屋侵占。从这些简陋房屋中，一方面生出钱财，进入某些人的口袋，另一方面冒出污水，漫向周围的居民。终于，绿地被"改革"为污水坑。尽管市长已然批示"不要占绿地"，居民也多次呼喊"老百姓要的是绿地"，但问题并未彻底解决。

因为"要的是钱"，大商人小商人在城市这块地方，交结权贵，横行街巷，侵侮居民，城市内哪里没有他们的身影，商人俨然当代城市的主宰，有些官员也要对他们畏惧三分。城市中的居民——生活者，被商人理论家改名为"消费者"，新的口号是"为消费者服务"。须知，消费不是生活的全部，享受阳光、空气、宁静是一切生物的基本需求和天赋权利，与"消费"二字无关，将阳光、空气、宁静转换为商品是对人权的重大侵犯。我们的城市建设领导者的头脑，不应沿着商人的思路走，城市发展的正确口号应是"为生活者服务"。

在行将跨世纪的时候，我们不禁回想起一百年以前，也是世纪之交，英国人霍华德（E. Howard）提出的"田园城市"的设想。在工业大发展的时代，霍华德没有忘记乡村的阳光、空气、美景、艺术、音乐、诗歌，他的理想是城乡应互相吸引，共同结合，既有高效的城市生活，又兼有环境的清洁美丽。霍华德的想法体现了对城市中生活着的人的关怀。关于城市的理想，我们还想起古希腊柏拉图的"理想国"、古罗马维特鲁威的《建筑十书》以及文艺复兴时期建筑师们完美的城市图形。

或以为，一个一百年以前的欧洲人的想法，对我们今天的中国来说太不实际了。可是，因为我们是"中国人"，我们就该屈身低就，在污水垃圾的环绕中，不去发一发脾气？不去做一回"梦想"？当年的北京，是围绕一串湖泊绿水规划装点起来的，马可·波罗看了以后，叹为观止。那时的中国人，无不有身为天下第一的气概。

今天的北京，湖还在，但水中掺进了不少宴席剩下的酒肉肥油。在城市四周的河渠中还有工厂排出的黑色污水。北京市政府下令整顿河湖水质，是得人心的英明举措。不过，在做实事儿的同时，我们也不妨树立一下城市的理想，做一回有城市理想的人。在历史上，中国人虽曾执世界城市建设之牛耳，却不善于提出城市建设的人文理想，古代思想家们在充分论证仁义道德的时候，都缺乏对城市的关怀，这是我们文明古国城市理论的缺环。中国传统城市曾给予帝王以充分的地位，是帝居都邑；近代商业城市则给予商人以太多的地位，是商居城市。在帝都和商城中，并非没有绿地碧水鲜花，那是他们的"御花园"和"花园洋房"。今天的概念已经全然不同，我们要的是"大家"的城市，要的是大家共享的人居环境，其标志之一是：有质有量的公共绿地和宁静卫生的大众居住区。据说，现实的国际都市中，绿地的平均占有率为百分之六十，这难道不应是一个我们今天的城市理想吗？

都市大街

对小孩来说，大街是不能随便去的，街上人多车乱，碰着就伤。街上岔路多，走着走着就回不来了。还有，大街上可能有坏人，把小孩拐走卖了，也说不定。所以，家长向孩子们讲大街时，多将其渲染为一处充满危险的地方。然而随着年纪增大，在孩子眼里，大街日渐成为一处充满诱惑的地方，那里"没见过"的东西很多。对都市里的孩子来说，从家里长大，冲出家门走入世界的第一个"场所"，是大街。

热闹大街是城市的一个标志、一个本质、一个展示场。过去读经济史大家傅筑夫的论断，说中国古代的一些城市算不上真正的城市，"实际上都是有围墙的农村"。从经济关系、人口构成上说，中国古代城、乡不是二元对立，城市的经济基础还是农业。在这个意义上，城市与农村或许没有本质的区别。但从社会学的角度看，不用说别的，就是这人流熙攘的大街，便是农村世界没有的。当年齐国都城临淄街上，"车毂击，人肩摩，连衽成帷、举袂成幕，挥汗成雨"。这样的繁忙世面只有城里人见过，而因这样的"亲密"接触产生的人际社会关系，也只有城里才会出现。

大街是城内的通道，这是其基本功能。大街是盖房屋时"留"出来的，这是城内通道的建筑特点。在乡间路上可以看自然风景，而城里街上只能看人文热闹，这是城市街道的社会意义。大街上的人文热闹，从古至今，与时俱进，现在已经复杂得不得了，社会学者、经济学者、文化学者、人文地理学者均不再小看城市街道的问题，城市街道原来不是光为走路的，还是个人文展示场地。从最基本的形式来说，在路人的彼此之间，便有"示者"与"观者"的分别。走者无意，观者有心，只要善于观察，我们就能在街上获得各类启发，尤其是在周身穿用方面。纽约市有条第五大道，因常有高档时髦女郎走动，号称时装大道。

做学生时读《汉书》，知汉代长安城里有帝王车仪、大侠车队，但没有感觉。不久"文化大革命"爆发，城市扰动，北京街头常有"革命小将"的自行车队呼啸而过，不时又有首长车队，警车开道，威武而行。感觉开始来了。原来街上的车队也不是简单的车队，其中大有含义，代表着各种势头。以"阶级"划分的群众看了，其感受也定是因"阶级"而异的。今天街上早已没有"小将"，却多了阔佬的"大奔"与身份不清的婚姻车队，不管怎样，这些与钱财挂钩的车队，以贫富划分的群众看了，其感受也会因贫富而异。原来大街也是常常引发人文感受的。

有一种车队，在中国不多见，但在美国见过很多，这是殡葬车队。美国专有一种拉棺材的轿车，后面开门，可让棺材顺利推入。车的形状也有点像棺材，很容易辨认。由这种轿车率领的车队在路上不受红绿灯的限制，缓慢匀速行驶。其他车见了，甘心停让，知道这是一支伤心之旅。此刻的大街，弥漫着另一种人情。

《汉书·艺文志》上说，有一类"小说"，是"街谈巷语，道听途说者之所造也"。尽管它们只能算"小道",也"必有可观者焉"。今北京街上的出租车司机师傅,是名气很大的一个群体,出名的一个原因就是自成一个信息加工传播系统,从胡同到政治局的事情,你坐一回出租车,可以一路"道听途说"。对此,外地人的印象都极为深刻。

大街之上,人不相识,却有着特殊的人际关系。街上人不分上下级,只有男女长幼的自然之别。在这样一种特殊群体中,"到底谁怕谁",唯有公德伦理在指挥其行止。欲考察某社会,观其风尚,一定要上大街。几十年前的中国社会,曾路有礼让,道不拾遗。而如今的北京街头,车不让人,人不让车,车不让车,人不让人,一团混乱。"一上街就生气",时下不少人有这样的抱怨。让你生气的,除了混乱的交通秩序外,还有对话。街上人一般没有对话的需要,要对话都是万不得已,如问路、讨价、遇事讲理等。在街上最讲不清理,往往讲着讲着就骂上了。

我有一个朋友在研读"畜生社会学"(我不知道有没有这个学名,反正他这样叫),想在动物基因中找到人类某些行为的老根。他很有收获,说多数动物的凶猛其实都出于自卫。动物都有一个自己掌握的距离范围,这个距离可以称为"可反应"距离,就是说,"他者"在这个距离之外时,若起歹意,"此者"来得及反应。而"他者"一旦进入这个距离之内,一切就来不及了。面对接近可反应距离的对象,动物出于自卫,便要警觉而起,咆哮威慑。我的朋友说,在过密的大街上,人们脾气不好,可能与这个基因有关。

我对他的结论一笑而已。

都市大街

大街上的人际关系，马路上的行为举止，因地域而不同，因时代而变化。从外观看，脚步纷沓，车水马龙，终年都是如此。但细观内部，还有文化的纷呈。在美国大街上，生人之间问好是常见的事，乍到美国的中国人很觉亲热，其实却只是个形式。另外，美国有的州法律规定，在街上拿酒，必须有袋子，徒手拎酒瓶子，即使没有开盖，也要被关一天。这条法律为的是防止大街上生出醉鬼。但实际上，如果套上个袋子，开盖喝起来却没有人管，装袋子原来也是形式。

大街上有道德、有法律，即使有几分形式，也终是有社会学意义的。随着社会进化，城市发达，严肃的社会学家发现，一些"超级"现代化的城市街道，蕴含着更为深刻的社会含义。他们指出，在现代大都市中，形成了新一种二元对立景观，即豪华公司总部大厦与肮脏杂乱的大街的对立。有作者称："污秽的大街上拥挤的人群，人们讲着粗话，到处都是肮脏不堪的场所。大街是具有威胁力的混乱领域，而公司总部大厦是与之抗衡的堡垒。"当总部大厦里面的人来到大街时，他们总是躲在密封的空调轿车中，与大街上的人群"划清界线"。他们的车行驶在快车道，快车道是属于白领阶层的空间，大街上有了"快车道一族"。

国外有人拍摄了批判现代都市的影片。几十年前就有一部电影叫《柏林》，这个柏林是"以德国的大城市、电气化和社会高速发展中心的面貌出现的，它被刻画成一座'沥青城'，借以说明汽车和商场在这座城市中的统治地位"。一九九三年的评论说，这部影片"对城市生活节奏的加快和人的非个性化做了诠释"，刻画了

"成熟的商业社会的出现以及这个社会对混乱的崇拜","对速度的一味追求"。这个电影所表现的"沥青城""对混乱的崇拜""对速度的追求",都是表现在大街上的情景。

街上的情景有隐喻功能。影片以破碎变形的车、人画面(所谓蒙太奇手法)表现大街的混乱与速度,加强观众的大都市感受。常有人奇怪,怎么在上班时间大街上却有这么多人,这些人怎么不上班呢?这样问的人还没有意识到,流动性已成为现代都市生活与工作的规范,许多工作都是在流动中完成的。数百条大街上终日不断的沉重车流,承载着真正的现代都市生活。

承载现代都市生活的还有公共空间,而城市中最大的公共空间还是大街。大众流行文化是当代社会中最活跃、扩展速度最快的一种文化。文化学者指出,尽管许多学术都成为大众文化的资源,如历史学是编写古装电视剧的资源,考古学是规划旅游区的

北京王府井大街

资源，但大众文化的话语权（说话算数的权力）却不在历史学家、考古学家手里。不是有导演说吗，"气死历史学家"！作为公共空间的大街，是流行文化的广阔舞台，在大街上没有精英文化的地位，大街是花哨招牌、声光广告、明星写真的天下。

街上常闻时髦文化的先声，街上不断推出新新的"人类"，街上的节奏是车轮的节奏，街上的空间直延伸到你的心中。街上充满人文热闹，唯不见了大自然的声息。唐朝时，人在京师长安中作诗"九衢茫茫空有月"，今天，无论是在美国的都市还是在中国都市，圆与不圆的月亮都不见了。

时尚地理

地理知识是一个内涵丰富的范畴，其中可以有基本的生活知识，也可以有高玄的寰宇观念，可以是艺术的源泉，也可以是科学的资料。所以老百姓、艺术家、科学家都关注甚至热爱地理知识。

由于时代不同，人们对于地理知识的关注方式、解释方式会很不一样。中国古人的悠然自得、流连忘返，创造了中国传统山水文化。南山就是一座南山，陶渊明"悠然"而见就有了诗意。但鸦片战争一声炮响，结束了悠然自得，给我们送来了西方资本主义。达尔文、洪堡乘资本主义之势，考察全球，树立了科学自然观。洪堡从世界各地带回六万种植物标本，许多是欧洲人从未见过的种和属。在新的科学时代，艰苦攀登的科学探险家站到了前列，自然山水是科学规律的见证，科学名山、科学峡谷一个个出现在地球上。黄山不仅有"梦笔生花"，李四光又加上了"第四纪冰川擦痕"。依然是此山此水，在历史序列中，先后容纳过古人的孤独、道士的神秘、科学家的艰辛。

现在是二十一世纪，"二十一世纪"这个名字本身便诱发着求变求新的躁动。今天站在自然山水面前的，不只是科学家，更有怀抱现代情趣的时尚旅游大军，这个以千计、以万计的新式群体站在了前列，他们的素质正影响着自然山水的命运。

时尚地理

时尚地图包

地理知识从科学家手里,扩散到旅游大军、媒体受众这些新的时尚群体中,地理知识本身,也从科学转变为时尚。作为时尚的地理知识,具有广泛的大众性,其包容复杂,有艺术、有科学、有猎奇、有怀旧、有理性、有怪诞,总之一切激赏价值都可以在时尚中找到存在的位置。在这样一种时尚知识面前,各类专家受到前所未有的尊重,但真正的话语权却又不在他们手中。专家是元素知识的生产者,但不是时尚知识的直接转化者。

时尚地理知识不仅仅要有科学的准确性,还要新奇迷人,才可以登上时尚。在新奇迷人这一点上,作为引导力量,媒体胜于专家。媒体的展示方式,是推动时尚的威力手段,而展示手段正是真正的时尚话语,在这里,专家是无力的。今天的时尚地理话语已不是单纯的人文手段,如诗歌与绘画等,而是借用了现代高科技手段,如遥感数字技术、影视技术等,它凭借更新颖的真实感征服受众。一幅垂直拍摄的完整的青海湖彩色照片,令我们对这个古老湖泊感到异样的新奇。高科技手段提高了人类观察自然的宏观能力与微观能力,大自然从未像今天这样被美妙新奇地展现,在大众面前似乎出现了一个"新世界",千年古国对自己河山的现代"写真"也感到吃惊。新的展示甚至造成概念的突破和知识的质变,对自然大地的感性认知、传统理解,似乎又要重来。

时尚知识具有直接的广泛的社会价值,科学知识的时尚化标志着一种进步。当受众被引导到新的境界,就是一项文化成就。从科学到时尚,从一个方面说是对科普知识的时尚包装,但从另一个方面看,其间又有质的变化,地理科学知识加入前沿生活文化的行列,成为一个相当大的社会群体高质量生活所必备的一部分内容,对他们来说,地理知识成为时尚生活情调的资源。

不过,社会是复杂的,时尚文化也必然是复杂的。它的软性体制、价值多元、利益多元,给社会中的不同群体进行不同的诠释都提供着机会。尤其需要看到的是,与时尚旅游大军同步而来的还有商人,旅游商人的身影正积极活动在山水之间。还是那个"如此多娇"的江山,政治英雄曾经折腰,艺术家曾经折腰,科学家曾经折腰,现在商人也来折腰了。商业行为对于时尚知识的介入,可能干扰时尚知识中科学性的含金量。另外,不同媒体属性的差别被模糊淡化,影视作品、科普刊物、旅游杂志,在受众面前被混合为一,它们传达的知识的属性也被混合为一。其实,影视媒体与科学媒体所传达的知识(即使是时尚知识)的性质是本质不同的。有科普刊物登载文章,以科学性的立场,澄清电影《可可西里》对青藏高原的"险恶化"展示,是完全必要的。

由于时尚旅游的参与者是"广大群众",旅游商人追求的又是超额利润,自然山水所受的人文践踏程度是空前的。历史第一次强烈感到了对自然山水保护者的需要,于是出现了一个真正的新时代,一个对自然遗产负责的时代。这个时代真正的英雄,不是以"上帝"自居而行为放肆的时尚消费大众,也不是"老子有钱"而勾结权势的时尚商人,而是质朴忠诚的自然守护者。对于自然景观,只有消费意识(旅游的商业化,使我们不得不用"消费"这个很滑稽的词),无论达到怎样的物质档次,若没有保护意识,都是落后愚昧的。现在,哪里有风景,哪里就有争斗,辩论之声不绝于耳。为什么会这样?这是值得我们深思的。

地理知识的时尚发展表明了大众对于自然山川的现代热忱。"时尚"乃是时之所尚,如果时尚在对自然的欣赏之上,再加上关爱,则今日之时尚将造就一种永恒的成就。

宠物景观

现在我们的生活好了，有不少人喂起了阿猫、阿狗，与此同时，养植阿花、阿草的也不少。而最有气派的，要算是拥有"阿景"的势力。阿猫、阿狗、阿花、阿草有两个特点，一是供人戏弄欣赏，相貌已非天然。二是肢体娇弱，不能自立，离了人就活不成。这类东西我们称为"宠物"。如今在景观中，具有"宠物"属性者也越来越多。这些"景观宠物"当然也是第一供人欣赏，第二赖人而活。

宠物是人造的。要宠物的人，有两类，一类是善者，一类是强者。善者养的宠物多娇小，面对娇小，生发怜爱，于是人性得到发挥和满足。强者养的宠物多壮大，意在衬托刚强，以猛犬为宠物，门户生威。宠物一声吼（有的宠物真能吼），小人抖三抖。

不过，要说比强大、比势力，能将景观变作宠物的人势力最大。我们说的景观宠物，最早可以说是人造园林。有谁家修得起园林呢？都是有势力的人。过去有后花园的都是大户人家，而"后花园"又比不上"御花园"。

清代的圆明园，是最有名，也是最显出势力的景观宠物，乃皇家园林。园林里面尽管多取自然情调，但其人造本质谁都明白。中国传统的景观审美，取法自然，这是很好的传统，在自然中审

中式自然落水景观

西式喷泉

出美,这是健康的,是"可持续发展"的追求方向。

不过,圆明园中也已开出反自然的先风,这种反自然审美是洋人带来的。圆明园东北角有一片"西洋楼",其中有一个"大水法",这个戏水的法术主要是让水"上流"。本来中国人观水,观"山高水长",是观水的自然下落。中国园林中设计的瀑布、流泉都是向下流。而洋人却喜看水流向上喷,这种做法在古罗马时代就盛行了。中国人见洋人驱水逆其本性而上行,便称为"水法"。

"水法"曾是乾隆皇帝的宠物，旁边伴以妃子的笑声，而妃子何尝不是皇帝的宠物。宠物是人类的发明，在一个心理层面上，它满足人的娱乐愿望以及发扬爱心，而在另一个心理层面上，则满足人类的控制欲望。就皇帝来说，他的爱心有多大，我们不知道，但他的控制欲望有多大，到处都是见证。

　　在历史中，皇帝的一页翻过去了，但金钱这一页却翻过来了。权势在社会中换了模样，现在到处都是金钱的见证。景观变为金钱的宠物，旁边依然有小姐的笑声。

　　今天的宠物景观，多以财力为依托，钱这种力量，在本质上是反自然的。为它（或被它所逼）而干出的事情也多是反自然的。比如，人一顿吃两个热狗，一旦有奖金推动，可以吃几十个。佳人本来配少年，一旦有钱出面，佳人便改嫁老翁。景观宠物的反自然本质被它表面的"自然"成分所掩蔽，绿草是植物，还有树木花石，它们仿佛都是"自然"的。但绿草地，此处应该叫草坪，被齐头削平，整齐得吓人，纯净得也吓人，各类杂草（它们都是野的，都是"非我族类"）均不允许在这里自然生长。这样的草坪非常昂贵，保养也要高价，若没有人类每日宠爱，它会很快被生命力极强的"野草"取代。这样的草坪完全是人类的宠物，在真正的自然界中毫无生存能力。

　　时下，这样的草坪往往毗邻豪华的大厦，就像爱犬依偎大腹的主人。发达城市里到处装点着宠物景观，人们把它们一寸一寸统计起来，算作"绿地"面积。这种奇特的"绿地"概念渐渐主宰了现代人的头脑，于是在颐和园后山也有了舍弃原有生态，改换洋式"绿地"的计划（北京大学有教授联名反对这种做法）。

就像许多宠物小狗被可怜地缩了尺寸，许多宠物景观也都是"微缩"的。金字塔、埃菲尔铁塔，各色王宫，都变得乖小，供我们玩赏。民族景观，也可以不顾热带与高寒的差别，共处一园。面对这些反自然的宠物景观，人们究竟获得了什么样的满足？不管怎样，他们正被虚假的"真实感"所哄骗着。

将虚假的自然看作真实的自然，并以虚假的自然排斥真实的自然，如野草不得入内，这种观念若膨胀开来，会令我们的环境建设走入歧途。现代人，装备了金钱与技术，便要改变自然环境的本质。尽管尊重自然日益成为时尚口号，但时尚的人们自己首先不愿做自然人，他们要腰身刺花，肚脐戴环，头发红绿，男女变性。这样的"新新人类"，以后把自然环境交给他们来管，真让人担心。

休闲之美

在北京王府井大街西边不远,是近年建的开放式"皇城遗址公园"。公园以绿地为主,顺原来皇城东墙的走向,南北延伸得相当远,绿地中有蜿蜒小径,小径边有各样花草,每隔一段又设一处小景致,尺度宜人,身处其间没有任何压力。公园中游人很多,有男女,有老少,轻松漫步,都在享受休闲。

在忙碌紧张的现代生活节奏中,增长了一种与之对应的追求——休闲。人们上班穿累了紧绷绷的西装(现代工作服),下

明代皇城东安门遗址

班就赶快换上宽松的衣裳。忙完了必要的家务,剩下的就是休闲。休闲的方式可以很多,但最基本的一点是要寻一个休闲的"地方"、一个休闲的"空间"。东城王府井地区是京城的黄金地段,将如此大的一块地方辟为开放式休闲空间,其决策很有魄力,一定曾力排众议,谢绝掉大笔商业投资。都市休闲空间的开辟是一种人文关怀,并增加了城市空间的丰富性。北京东城区开放式皇城公园与王府井商业繁华区临近,在对照中更凸显出各自的价值,市声与宁静都是城市所需要的。

"穿筑非求丽,幽闲欲寄情。"(张九龄)休闲空间不应奢侈,休闲景观要平易近人。人们进入休闲空间,最适宜的心态是平常心,如果还有不平常的心潮涌动,则休不出闲来。高尔夫球场表面看起来十分悠闲优雅,但在中国多带有炫耀,是以功名实力、利禄钱财为依托的休闲形式。物质贵族们踏入高尔夫草坪,骄人之气充满胸臆,他们的心哪里会闲下来。

"杖藜巾褐称闲情",古人从朴实无华的角度描述"闲情"。过去,在北京城的胡同时代有过寻常百姓的休闲生活(老北京都长于休闲),胡同交叉口的空地就是休闲的地方,因场地不大,散不开步,多是坐着下棋、聊天、扇扇子。可惜,现在北京的胡同景观渐渐被"边缘化"了,胡同式的静态闲适也不再是京城生活的主流,北京城的东南西北中,到处都在轰轰烈烈地建设,急急忙忙地挣钱,有人说,北京之大,已放不下一张平静的棋盘了。

中国古诗里常有闲夜、闲宵、闲池、闲野、闲庭、闲居、闲卧之咏。这众多的"闲"都源于诗人的闲情。常言道"心远地自偏",也可以说"心恬地自闲"。我们的传统文化中包含着许多从"闲"的角度表达的美。这样的美不仅保存在诗句里,还保存在文化景观中。"草堂""断桥""山庄""平湖",这些名称都在提示着景观闲而美的主题,在这样的环境景观中,一旦迈开徜徉的步子,人的心情会格外闲适。休闲绝不是生命的休息,而是紧张身心的调整、生命元气的恢复。古人有身世浮沉、官场升迁,今人更有商战、股市、晋级、职称、高考、大赛、黑客。我们太需要休息放松一下,休闲,正是最富有美感的放松。

在休闲空间的美感不仅来自花草宜人、树木亲近,也来自四周的人文氛围。在休闲场所,我们可以领略温和的人伦之风。休

北京皇城根遗址公园

闲场所的人们愉快地相对,环境召唤出他们的平和心态,休闲者的脸上都带着真正的微笑(店家与顾客、职员与领导间的微笑不是真正的微笑,商人之间的微笑则更糟糕)。虽然是陌生人,但彼此提供情调,以最好的心态彼此相视,这里汇合着长幼之爱、男女之情、朋友之谊。在休闲空间里,除了青草、花卉而外,还弥漫着轻松温馨的人情。

  我们说文化环境可以影响人的心情,但我们也承认人的心情可以对文化环境作再创造,西方"新文化地理学"对此多有讨论。如果像古人一样闲情多发于内心,则我们所到之处都可能变作休闲空间,或至少可以在周围的环境中找到那一份可供休闲的内容,也就是景中取闲。一位寻找闲情的文人早年游北海公园,他不去留意九龙壁上的云龙翻腾,而以为"沿海能有那一带杂树蜿蜒的堤岸可以供你闲眺。去依在柳树的荫下,静看海中双桨徐起的划艇女郎和游廊上品茶的博士,趣味至少要较自己置身其中为甚"。这位文人虽然没有亲自去划船或品茶,但自认感受到的趣味更佳。在他的"闲眺""静看"中,女郎与博士都成了与世无争的闲景。不过,在这里我们要辨正的是,"闲"本身并非就是美,它必须与积极、热情的生活相伴,否则,在闲情中你会忽然觉得生活已经远去,此时的孤寂感觉绝不是休闲之美。

生活地理：地点、场所

人生充满了对地点（place）的选择、感受、记忆。谈人生，如果不提它们，我们的人生故事是不完整的。

地点与生活的关系是复杂的，人本主义地理学家因此撰写了厚厚的著作。而每一个生活者，又都有自己独特的人生地理（包括一套地点），它只属于你自己。地理学家鼓励我们讲述自己独特的生活地理经验。

地点记忆

这是最基本的地理经验。回想起来，一些地点、场所是我们生活记忆的支点。我的第一组地点记忆，是关于五岁以前的生活。最早在乡村，有河边（我把鸭子撵到河里，人生第一次胜利）、磨坊（奇怪为什么把毛驴眼睛蒙上）、鸡窝（掏出刚下的温热的鸡蛋）。然后是长影幼儿园的围墙，墙外的南瓜看到了，却拿不到，惦记了好几天。还有长影食堂的高台阶，大人拉着我向上攀登，越登饭味越香。

后来的地点记忆太多了，要分成若干大类才能说清。当然，也有综合性的留恋地，那往往是故乡、第二故乡，等等。故乡，离开了才珍惜。在社会上到处走,碰到故乡人,格外亲切。这种亲切感的缘故,是大家的地点记忆相同。如果能一齐说出故乡的某个小桥、某个小店,那就更近乎了。现在聊北京生活,能说出护国寺小吃店的,我都认作知己。美国华人地理学家段义孚写过一本有名的书,叫《恋地情结》(*Topophilia*: *A Study of Environmental Perception*, *Attitudes and Values*),是美国大学人文地理学专业的必读书。

许多令人留恋的地点是在生活中自然生成的,但也有些是通过学习模仿而留下痕迹。二十世纪五十年代,有一幅苏联油画,情景令大家羡慕:建筑工地脚手架上,一对青年男女,远望着初升的太阳。他们建设着大厦,也建设着自己的生活,他们眺望朝阳,就是眺望自己光明的人生远景。我们看画时,希望那对青年里就有自己。可惜我们没有机会接触到脚手架。

直到插队,我们住的村子东头有一架跕标,那是大地测绘的标志物,地表埋着一个水泥桩,写着测绘信息(经纬度等),其上竖立一个高高的铁架子,顶上也有标识,与下面的水泥桩对应。这架跕标对老乡来说,没什么,是城里人的玩意儿,与他们的生活毫无关系。但对于知青则不同,大家关注这件从农村世界外面来的先进文明物,探讨它的功能。一般会爬上去看看四周,眺望村子。而有些脑子快的知青就联想到了那幅苏联油画。某个夏日清晨,我出屋有事,像往常一样,抬头看一眼初升的太阳。忽然有一个画面呈现:在逆射的阳光里,村东头铁架子上两个身影朦胧晃动,朝阳的金黄色彩浸染着他们的周身。我一下意识到知青中传说多日的那两个爱情人物,我驻足欣赏,"这不就是苏联那幅油画吗"!这两个爱情人物后来果然有了正果,而且前程的确不凡。

这个铁架子,对我们三个人(两个爱情人物和我)来说,是个浪漫场所。是不是还有其他知青背地里爬过它,留下浪漫记忆,也未可知。但有一点可以肯定,铁架子之浪漫只属于知青,老乡们的浪漫故事绝不会发生在铁架子上,他们的浪漫场所大多是庄稼地,特别在秋天。我们在电影《红高粱》里见过那个场面。反之,浪漫知青从不去庄稼地,我们对庄稼地不熟悉、不认同。我们宁可认同铁架子,到底是城里人。

美国电影《西雅图夜未眠》,故事的高潮是两个爱情人物在纽约帝国大厦顶台的如约会面,这是超级现代人的认同,其地点比我们知青的铁架子要威风多了。

中国古代有个故事很有名,说一对爱情人物约会,地点在桥下。男的先到了,而就在这时,大水来了,男人为了守约,决意不离桥下,结果被淹死。这个故事不是讽刺死心眼,而是歌颂笃守约定、爱情坚贞。桥下,这个地点是故事的重心,代表的是不可动摇的信念。我到美国大学地理系念书,读到"the power of place",往往联想到这个故事。是啊,地点意义如此之强大,生命不足惜。一代代的故事听众,记住了这个地点,也记住了坚贞的品格。

大台阶

在我的地点记忆里，有大台阶的地方，令我难忘。

台阶是人的发明。最早可能是在土坡上修整出台阶，或用不规则天然石板铺成台阶，改善了上行下行的脚感，着地更稳、更得力。日常生活离不开台阶，但我关注的不是这类普通台阶，而是宽敞高大，像人民大会堂前面那种大台阶。天安门广场有三处大台阶，除了人民大会堂的，还有国家博物馆和人民英雄纪念碑的。过去，我到广场，喜欢大台阶的景观，喜欢到大台阶上站站，感受它的宽敞。它是人的力量的空间展现，是信心，也有集体人生大道的暗示。

这些大台阶依托并烘托伟大的时代建筑，但又与建筑物本身不同。台阶是通道，承载的是某种过程，如果建筑物象征某种意义，那么大台阶就代表走向这种意义的过程。所以，只要是来到大台阶上的人们，就属于同一支队伍，共享同一个目标。二十世纪五十年代，我在大台阶上体会到伟大与朝气，这三个大台阶，整合为一股力量：由英雄、历史、国家所整合而成的力量。

但现在，纪念碑的台阶被拦住了，不再让人们上去。国家博物馆的台阶还可以上，但人们对于历史的心情也像对当代的感受一样，是矛盾的。我们所归属的那个历史究竟是怎么一回事，它的真实性在哪里？走上台阶，我们会接近事实吗？原来庄严的历史现在变成了可怜的小媳妇，任由人们打扮和指责。那些厚重的文物，也不再承载文明，而转化为金钱的符号，变成可以拍卖的遗产。

大会堂前的台阶,是权力的仪式场所,越来越高高在上。它越是宽大,广场上的人们越是渺小。每年春天,有一个节日般的时刻,着装鲜丽的两会代表们在这里会聚,登上大台阶。在理论上,人民的愿望在这里与权力对接。那几天,大台阶是电视焦点,为全国瞩目。人们关注的是,代表们在这里每日进进出出,是他们改变了权力,还是权力改变了他们。大台阶上已经没有了个人感受,而只有万千国人的挂牵:希望或者失望。

我脑海中印象深刻的大台阶,也有非政治性的,如颐和园佛香阁下线条对称的折角长阶梯。到颐和园玩,我最喜欢在那个台阶上逐步升级,一步步将昆明湖尽收眼底,此时,你会觉得颐和园的景色格外壮美。这对折角长阶梯是颐和园游览要道,游人络绎不绝。学校组织春游,散走的同学们会在这里忽然相遇,另

佛香阁下的折角长阶梯

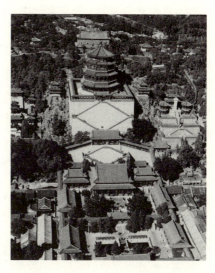

佛香阁线条对称的折角长阶梯

添一种欢乐。可现在,佛香阁被拦起来,上台阶要收钱,人影稀少了许多。我现在去颐和园,一般不爬佛香阁了,只是在下面眺望那对折角线,回想当年的欢乐。世道在变,过去的地点场所还在,但意义感受已经不同。

北京近几年出现的大台阶,多是在商业大厦的前面,最有名的要算东方广场的。东方广场落成时,在那里剪过彩。逛东方广场,当我们走上这个大台阶的时候,我们一齐变身为顾客(商人理论家叫我们"上帝"),面前的目标是豪华商品、消费快感。台阶之宽大炫耀着商厦的容量。

大台阶是朝向崇高的引导者,是"宏观叙事",与理想挂钩。走在商厦的大台阶上,我们胸中涌动的是强烈的消费欲望。这是第五个现代化:人生理想的现代化。人类不渴而饮,享受在前面,活命在后面,现代化正在沿着人的这一本性延伸。

香山是北京最美丽的山。过去爬香山,奋力登上香山主峰"鬼见愁",眺望"人间"北京城,是胜利、是鼓舞、是大自然审美。那时候,登山是自己登上去的。现在,有缆车把你稳稳地端上去,一切都是那么容易、迅捷。香山山麓上的阶梯已十分冷清。当然,现在也有些人,甚至是一些老者,仍然取道阶梯,不去享用缆车。他们要的是只有在阶梯上可以获得的东西,那不仅是身体的锻炼,还有精神的体验。

爬香山,更有一种人,他们不走阶梯,而选择山坡野路,钻丛林。他们要彻底感受自然,在自然中攀登,而不要在人文的规定中攀登。他们和我们一样到达山顶,但我们的路线是被设计、被规定的。如果把登山比作人生,大家的起点、终点都一样,区别只在过程。

公共空间里的孤独者

现在大都市里的爱情人物喜欢到酒吧、咖啡厅约会,虽说那都是"公共场所",但因为谁也不认识谁,其私密性照样得到保证,与农民到庄稼地没有区别。

自然界虽然大,虽然自由,却不叫公共空间。公共空间是社会的,是区别于私家空间、专业空间的。公共空间是个有意思的地方。

古人深山读《易》,现代人则要到都市里阅读社会时尚信息。

在都市公共空间里，可以找一个私人的位置，在这一刻，它是你观察世界的隐点（hidden point），你静坐旁观，可以考察丰富的人文。有许多作家表达过这种充实的感受。

有"楼上的冷眼"，但也可以是楼上的"热眼"，只要你热爱这个社会，热爱这个生活。我喜欢在热闹的公园里观察喜悦的游人，他们或者是一家人，或者是青春好友，或者是岁月老年，各有情调风度。你会感受到他们背后的故事，虽然你不知道任何情节。

西方人发明了 mall（大型综合购物中心），里面冬暖夏凉，钻进去可以逛一天。美国的 mall 比较宽松，常有长者结伴在里面步行健身。我看了很羡慕，等老了，我也来。

在西方公共空间里，还有一个地方令我羡慕：咖啡馆。现在中国也有了。咖啡馆不同于中国老式茶馆，茶馆很热闹，可以喊叫，北京的京剧剧场就是从茶馆演变出来的，可以想见里面敲锣打鼓的喧嚣。而咖啡馆里不许喊叫，更容不得锣鼓家伙，那里必须安静。安静的咖啡馆，为高尚的孤独者提供了场所。几年前去伯克利大学访问，在校园旁边的小街上，美国朋友指着一个小咖啡馆说："当年福柯就经常坐在那里。"

在安静的公共空间里，人们可以不去观察外部的世界，而是回观自己的内心世界。孤独者能够在咖啡馆与自己的心灵相遇、对话。家，柴米油盐酱醋茶，料理不完。而到了公共空间，躲开家常俗务，便进入超越境界。古代高士到山林思考宇宙原理，现代都市哲人在咖啡馆思考人文真谛。法国咖啡馆产生哲学、艺术，这是有名的。

咖啡馆不是常常在繁华的街道上吗？但咖啡饮者自有取静的

方式、取静的能力。"心远地自偏",凭的是主观的本事。内环境、心的环境,对于现代人来说越来越重要。

当然,咖啡馆的气氛也帮了很大的忙。陌生与疏远是一种隐蔽形式。咖啡馆里的人们是陌生的,心灵是疏远的。都市隐者,可以在那里获得安逸。疏远是一种自由,庄子提倡独立自由的"相忘于江湖",反对拉拉扯扯的"相濡以沫"。

公共空间提供陌生,越大越陌生。小社区都是熟人,没有隐逸、没有自由。在人群中消失,与在丛林中消失的效果一样。非洲的羚羊、角马,用大群体的形式保护自己,如果要单,则头一个被狮子吃掉。孤独者到公共空间去,是安全的。电影里,常将精神痛苦者安排到郊外,配以刮风下雨,显得十分孤单凄楚。我要是导演,会叫他换个地方,去公共空间,在那里照样可以渲染出孤独的苦楚。

人有身体,又有心灵,产生两类活动,于是形成两类人文地理,这两类地理可以合,也可以分。到公共空间,是求分。大家肉身都在咖啡屋里坐着,但心思则南北各异。此刻,你能说他们的人文地理一样吗?

十九世纪科学地理学诞生的时候,将观察者变成冷静的、中性的、理性的人,要以"客观"的态度,观察客观的世界。到了二十世纪末,段义孚等人说,这办不到。科学主义退潮,人本主义复兴,于是,被冷却的"地方"又还原了人文热度。段义孚写了《恋地情结》,又写了《恐惧景观》(*Landscape of Fear*),他提醒我们,每个人都是生活在充满爱憎的世界中。

历史的视窗

"窗，聪也。于内窥外，为聪明也。"

——刘熙《释名》

今天，我们有一个常说的词儿"旧貌换新颜"，是说落后的旧面貌被铲除了，代之而起的是先进的新容颜。新容颜正在祖国大地上到处出现，多得已经不新鲜了。许多家庭都住进了装修惊人的新房，在崭新的家居小环境里生活起居，身心都上了一层楼。不过，不少人在住稳了新房的时候，却开始想看看老房子、老胡同、老街景的照片。于是，有心人开始收集照片，不要新颜，只要旧貌。集成的旧貌照片可以出版，要看的人很多。到底，人们不愿意忘记过去。

严肃的历史学家说，老照片是历史的视窗。透过这些老照片，可以了解人、地区、国家的过去，从而真正地认识它们。二十世纪七十年代，美国出版了一本《1860—1910年老照片中的中国》，以应尼克松访华以后美国人要了解中国的愿望。这本书包括一百六十五张照片，是从马萨诸塞州米尔顿一家博物馆（The Museum of the American China Trade）所收藏的两千多幅老照片中精选出来的。一九九六年，在北京城市现代化建设的高潮中，专职负责规划北京新面貌的北京市城市规划设计研究院也特意出版了《北京旧城》一书,用大量旧照片展示了老北京的城市景观。找寻过去,照片可能是最好的途径,它可以提供比声音、文字更真实的感受。另外,对于许多争议不清的问题,老照片可以提供"铁证"。

当然,人们看老照片并不都是在顺心地怀旧,或为了全面认识一个地方去晓古以通今。也有人为缅怀过去的盛景,而端出老照片,思念一番、沉痛一阵,去圆明园游览的人恐怕都有这样的体验。另外,在我国历史上,也有一个值得一提的为怀念往事而借助旧日景观的例子,那就是《清明上河图》的流传。公元一一二七年,北宋被女真打垮,宋室放弃首都开封,逃到临安,是为南宋。南宋人周煇在《清波别志》中记道:"绍兴初,故老闲坐必谈京师风物。"现代史学家邓之诚在议论南宋事时也说:"靖康之难,中原人士播越两浙,无人不具故国故乡之思。"在这种情形下,能讲北宋旧事者"为人所重",而描述昔日开封盛景的《清明上河图》,也因此被复制以行,在市面上以一两金价发售。《清明上河图》细致写实、街景逼真,相当于当时的一张"老照片"。

老照片对地理学家来说,也是重要的资料,有许多事情可做。昔日景观(past landscape)是历史地理学家追求的目标,景观展现的可以是昔日的自然环境,也可以是由政治、经济、文化集结起来的人文面貌。延续性、阶段性、发展性是任何地理问题的本质内容,是地理认知的深层思考。老的地理景观照片则是延续发展的证据,不仅证明昨日,也证明今天。在所有的建设成就展览中,几乎都要陈列老照片,那不是凭空怀旧,而是令今天更坚实。演变是"硬道理",没有历史感的地理叙述,只有"地",没有"理"。

对于千千万万的"普通人",老的景观照片则更多的是"情"。触景生情,触及老照片也会生情,这是常事。照片上的昔日景观,令"过来人"回归青春。照片是老了,但照片中永驻着"自己"的青春世界。八十岁的"老北京",手执大栅栏的旧照片,可以说"此时我才二十岁"。"少小离家老大回"的人,许多家已然"回"不去了,物换星移,何处觅旧园,只有老照片!家乡的老照片犹如母亲的仪容,给你"骄儿"的享受。

如果走遍世界,你会发现北京有虎门销烟的浮雕,大昭寺有文成公主进藏的壁画,美国有签署《独立宣言》的油画。这些虽不是照片,却也是"老场面"的再现,这些"老场面"都在诉说各地永恒的道理,昭示着今天生活的方向。

回望自行车时代

——为一个老自行车文化影展而写

终于,自行车成了让人们回忆的东西,这很不容易、很有意义。

我是从自行车时代过来的人,看了这些记录当年骑车人百态的照片,好像见到一批老熟人,虽然不知道他们的名字,但当年就是和他们这样的人肩并肩地在马路上骑车的。这里面不少人的本事我也有,当年这都是"必需的"。

那个年代是自行车最正规化的时代,是人们使用自行车最充分的时代,因此也是自行车文化最繁荣的时代。那时,自行车与中国人的生活如此贴近,影展反映了这个特点。

因为也是"车",自行车就要有正规的车的待遇,有车的身份指标、牌照、车本;上马路,要按照红绿灯的指示行驶,不像今天,骑自行车完全不管交通灯。是车,也要有车灯,侯宝林的相声里说过。没有车灯,警察会管你,帮助维持秩序的志愿者(二十世纪六十年代叫"活雷锋")也可以管你。傍晚骑车出门,要想着带上灯,不然一路上不顺利,老被拦住。高级的自行车灯是摩电灯,其实就是个小发电机,靠与车轮摩擦旋转发电,点亮前头安装的车灯。最简单低廉的自行车灯就是侯宝林说的纸灯笼(其实很好看),骑车时,要用一只手提着,所以侯宝林一不小心袖子被点着了。

当年自行车的地位

在生活中,骑车从来不是为了速度竞赛(自行车比赛是最傻的用法),而是要带着它投入生活的千姿百态。因为自行车与生活的丰富性相结合,它便不只是交通工具,而更是文化工具。在它的身上,充满着人性、人的创造性、人的情感性。街头自行车的景观是丰富的,摄影家们并没有展现骑车的快捷,而是聚焦在用车的方式上,这就登上了社会的层面、文化的层面。

自行车的选择、使用、打理,因人而异。有人在自行车大梁上缠上彩带做装饰,车座坐垫的周边还有垂下的金色穗子。车像人一样,有绅士型的,漆色雅致、线条俊丽;有劳动者型的,称作"加重"车,为了干重活,需要两根大梁,前面有护叉,后面的货架子也多一根支撑杆,轮子的辐条也粗一些。什么样的人有什么样的车,车如其人。

自行车的动力是人,于是更具有人性。自行车没有失控的问题（骑马、开汽车都会失控），十分安全。自行车的发明，是人的大智慧，它优化人力，省掉不必要的能量花费，同一个人骑十里车比走十里路要省力得多。自行车让你坐着，省掉支撑站立的力气。曾有人设想过，最省力的骑自行车的姿势，应该是半躺半坐像仰在沙发上的样子，当然，这样的自行车一直没能发明出来。但不管怎样，自行车的发明，是人类永远不应该放弃的创新方向：它不需要别的动力，不借助其他能源，只是做人力的优化组合，达到极佳的效果。一般人可能走不了一百里，但骑一百里车多不会有问题。这个差异还小吗？

自行车是上路用的，自行车文化的所有表现都在街上，所以它也算是街上的文化景观，是公共空间中的文化景观。摄影家们捕捉到的，不仅仅是骑车的人，也是文化景观，于是问题变得复杂有趣。文化地理学提醒我们，景观可以阅读。我们从摄影家提供给我们的瞬间凝固的景观画面上，可以读出社会、人生、时代、生活、情怀、乐趣、烦恼……

今天的中国街头，景观已然改变。自行车已经被大大边缘化，代表时代主流的是汽车的长龙，或川流不息，或拥挤堵塞。在自行车时代我们看到的是人，现在的人都缩在密封的车壳里，满街机器的躯壳、满街机器的尾气。汽车的喧嚣、尾气的气味成为大街的主宰。现在的骑车人全然没有了当年在街上清风拂面、月色溶肩的惬意。乘车人缩在车里，离大自然又远了一层。有的汽车上面开了个小天窗，称为 sun-roof，或更好听点 moon-roof，但留给太阳和月亮的，也就那么一个小小空间。现代美女、帅哥纷纷钻进卧车，大批自行车的残骸被抛弃在城市的角落……

自行车曾经承载了一个时代，我们不会忘记，中国人不应该忘记。这个影展，就是在带领我们做有情地回首，提醒我们：不要只知无情地向前。

工业遗产

最近听到"工业遗产"这个名称,这个名称一下子与我记忆中的两件事情挂起钩来,于是我在"第一时间"(其实就是"马上")便接受了这个提法。

第一件事比较稀罕,常当笑话讲,那是我许多年前在美国大学上考古课,最后要搞发掘实习了,教授说:"我们实习的对象是发掘一座水电站的遗址。"作为从古老中国来的学生,我心里暗暗发笑,笑话美国人没有历史竟惨到这种地步。其实在这件事情上,我是与美国人有差异的,对他们来说,废弃水电站属于"过去",属于"历史",而我当时体会不到这一点。

第二件事很常见,但我有特别感受。这些年我在国内坐火车,过山谷、河川时,常见到远近有废弃的水泥桥墩,那里应该是旧日的铁道线路,不知什么时候由于改道而被废弃了。废弃的铁路桥墩徒然站立在那里,望着它们,我不由得感到了岁月的流逝,也不由得要猜想:当初是谁修建了它们?它们之上也曾有飞奔的火车来往吗?从形态和剥蚀程度上比较,有些桥墩多半是不久前废弃的,但也有些桥墩的颜色深暗,时间显然比较久远,透出历史气息。面对这样的桥墩遗址,无论它是否真的有那么久远,在感觉上,我看见的是一个已经逝去的时代。

说一个时代已经逝去了,是说那个时代的"使命"与"价值"都已经结束,今天的一切都在新的社会观与社会使命的框架下运行,即所谓的"事随时变"了。美国的废弃水电站,中国的废弃铁路桥墩(其中定有二十世纪初年的),还有像老商业建筑、老火车站、老厂房等,在今日科技时代的人看来,它们都是已经逝去的那个早期工业化时代的遗迹,其中具有特殊历史意义者,当然可以算作一类历史遗产。

我们中国的早期工业化时代,应从近代史算起。祖国的近代史,在被侵略悲情与闹革命豪情的时代风云之下,其实还有钢铁与浓烟烈火的形象,那是国人对早期工业化所赋予的质的想象。让我们读几句郭沫若的诗,体会一下那个时代的价值观。在二十世纪初年作的诗中,郭沫若热情地写道:"轮船要烧煤,/我的脑筋中/每天至少要三四立方尺的新思潮。"因为把煤比作启动力,所以郭沫若接着说"我要往图书馆里挖煤去哟"!日出是光明美丽的,郭沫若比喻为"哦哦,摩托车前的明灯"!海面上轮船冒着浓烟,郭沫若赞美道"一支支的烟筒都开着了朵黑色的牡丹呀!/哦哦,二十世纪的名花"!郭沫若的诗句字字真情,绝不是笑话,当时的人就是这样表述那个时代的理想与价值。煤、烟筒、聚光灯正是那些理想与价值的符号。

过去一些年,我们习惯于只从政治上认识近代历史,突出战争历程,突出农民革命。工业似乎不是中国文化的产物,它令人联想到列强的入侵。即使是国人自己的"洋务运动",也属于腐朽王朝的范畴,算不上"辉煌的一页"。我国早期的工业发展的复杂背景，使我们在歌颂民族近代奋斗历程的时候，对它总有几分回避，全无郭沫若当年的那股热忱。直到近年，因为改革发展带来了深刻的社会变化，在意识形态中，历史视野也逐渐放宽，于是早期工业创业的各方成就才逐渐受到重视并得到充分的正面评价。

关于中国早期的工业创业，有一张照片给我印象很深，据称是一八九四年七月三日张之洞站在山上眺望他所创办的汉阳铁厂的情景。这张照片的魅力，不仅在于历史名人的写真，而是身着清朝顶戴官服的他与新式厂房烟筒的合一。这是一幅被湮没了许久的历史景观，是具有典型意义的时代缩影。

在试图体会张之洞那一刻的心情的时候，我感到了对这一景观的认同，即对这个时代精神的认同。所谓认同，是指价值、意

一八九四年，张之洞视察汉阳铁厂

鲁尔区最大的煤矿井架,旁边还有巨大的洗煤车间等,它们已被列入联合国教科文组织认定的《世界文化遗产名录》,是欧洲最重要的工业文化纪念物之一

巨大的洗煤车间,现已成为博物馆

义的接受,并由此产生爱惜的责任与关注的热忱。

对历史遗产的确认,也是一种认同,是对它们的历史价值的认同。工业遗产的形成,是历史前移的结果,我国终于走完了初期工业化的历史阶段,许多初期工业化的设施结束了其功能性的服务,而转变为纪念性景观。这样的景观或设施就是遗产,遗产帮助我们记忆一个时代。如果把"我们"看作一个历史概念,那么那些遗产其实正是"我们"的一部分。

陌生的城市

现在我国的城市有两个特点，一个是盖楼多，另一个是搬家多。因为这两个特点，城市变得陌生了。大批旧房拆了，新楼盖起来，城市的景观大变。城市居民一个接一个离开旧居，搬入新房，他们的生活方式也要大变。今天的城市已经不是我们熟悉的样子了。

看电影《没事儿偷着乐》，看到最后，张大民一家从胡同的狭窄小房搬进单元楼房，虽然为他们一家高兴，但也在心中暗暗猜想，电影前面展现的那种滋味丰富的邻里生活还会延续吗？电影结束了，心里却留下一桩"悬案"。

常听社会学家说，城市环境会造就一种特别的"人类"，他们有四种特点：一、理智性强，用理智而非感情来对待事情；二、精于计算，对于利弊得失要考虑再三；三、厌倦享乐（不知怎么理解？）；四、人情淡漠，大多生活封闭，人与人冷淡疏远。过去我总认为这些情况不适合北京城，老北京的胡同生活不是这样冷淡疏远。但看到现在城市的变化，我渐渐感到社会学家说得有道理。电影里张大民一家最后是搬进单元楼房了，但我们不难推测，大民"贫嘴"的生活环境也就没了。原来的胡同院里，邻居之间常见常聊，好说的人可以施展，但在单元楼里面，大家都比较"独"，对话很少，在单元楼的环境中练不出一口贫嘴，也不需要一口贫嘴。

想象张大民在单元楼里一定憋死了。

电影里没有讲张大民是否还留恋他原来生活的那个胡同小院,根据我自己的经历推测,张大民一定会留恋一番的。我自己也有从陈旧故居搬进新式楼房的经历,最近,因故居院子要被彻底拆除,老邻居们故院重游,拍照留影,对曾经生活了几十年的地方尽情感怀了一回。所谓"老邻居",其实都是在这个院中长大的孩子,后来天各一方,从事各色职业,也有颇具知名度的明星。大家听说老院子要拆,都赶来要见它最后一面,回来的人数之多、之全,都超出事前的预料。一个"地方"的毁灭,竟有这么大的感动力!

美国一位有名的华人地理学家提出过一个人文地理术语,叫"恋地情结"(Topophilia),我想这个专门术语的提出很有必要,因为"恋地"的事是普遍存在的,每个人的内心都会有一些。以故地为题作诗、作歌的大有其人。"日出江花红胜火,春来江水绿如蓝,能不忆江南"(江南这个"地方"可能太宽泛了);"几回回梦里回延安,双手搂定宝塔山"(延安宝塔山这个"地方"一点儿也不宽泛),这些诗歌都道出"恋地情结",这些"恋地"诗歌,作者有情,闻者动容,一点儿也不比"恋人"的诗歌差。

不过,"恋地"是要有条件的。要"恋"的地方都是"特征性场所"(人文地理的另一术语),在这些特征性场所都有特定的景观,恋地与恋景观是并存的。如果把原来的景观拆个精光,换一个大样,恋地之情会变得空洞而无所依托,也就不会长久。我后来路过老院子那个地方,旧平房已被推倒,大树也被砍伐,面目全非,看上去俨然是个陌生的地方,想到日后会有新式高楼在这里耸立,那更是个与我无关的景观,对这个地方的"感觉"也就从我心中消退了。而这个"地方感觉"消退了,我们一起长大的孩子们要想再来大聚会,也就难了。

我们居住很久的城市就是这样一块一块地变得陌生起来,我们生活、交往的群体也在同步地改变。居然有学者说:"迷路的经历就成了我们对现代城市认知的基本特征。"在现代城市中的"迷路",从本质上说是因为城市生活的迅速改变,人们几乎产生了全方位的"陌生"感。我们在北京城里看到,不少老字号也搬了家,换了地方,还换了门面,"老"的感觉全然没有了。如果到处都没有了"老"的感觉,则产生了一种效果,即一个本地人站在了与外地人类似的地位,这对外地人来说却不是坏事。

在一个新的"陌生"的环境中,人们必然要重建自己的地方认同感,选择新的城市空间位置和新的景观特征,渐渐形成新的"恋地情结",这个过程是必然存在的。当然,由于城市的社会文化生态已经改变,人们在重新选择地方认同时可能与过去的观念完全两样。眼下,似乎没有人能够清高到完全不顾"经济形象"地去选择位置,在这种情形下形成的"恋地情结",都是要恋富贵之地。一些在过去听来是极为陌生的名字,现在正纷纷出现,如"富贵山庄""尊贵家园"之类。这类地方正在形成新的"特征性场所",为了追求这种"特征性场所",人们会超度消费。人们在超度消费的时候,房地产商们则在"偷着乐"。陌生,使许多人产生盲目,但为善于浑水摸鱼的商人带来大量商机。

城市纪念性小议

在中国传统城市中，很少见放射状的街道，但在西方，放射状的街道是许多大城市的特色。说街道，还只是说在面上，如果往要害处看，中国城市里少的是供大众瞻仰的华丽建筑或纪念物。西方的放射状街道，都是以那些纪念物或标志性建筑为焦点"放射"出来的，人们站在不同方向的大街上，远近都可以感到"焦点"的存在。这些大小不同的焦点，构成城市的空间层次。

在欧洲，所谓巴洛克建筑风潮盛行的时代，巴黎、罗马等城市多经历了一番"旧城改造"，而改造的重点都有"焦点"的凸显。意大利罗马改建是文艺复兴的重大事件，里面的波波罗广场，中心立方尖碑，道路放射而出。法国巴黎凡尔赛宫十分壮丽，乃是由放射道路轴心组成的建筑群，其设计特点对欧洲其他城市的规划有很大诱惑力。德国的卡尔斯鲁（Karlsruhe）城，建于十八世纪初，就是受凡尔赛宫规划的影响，竟从王宫放射出去三十二条街道，王宫的尖顶，三十二方均可遥望，令最高权力总在视觉之内。

一七九一年，美国朗方（L'Enfant，法国人）少校规划华盛顿，他一方面要执行费城树立的方格网（grid）模式，另一方面又必须在首都耸立一批纪念物、标志物。朗方之规划，不是先画出道路网，而是先确定重要建筑与广场的梅花形位置，再在它们之间设计放

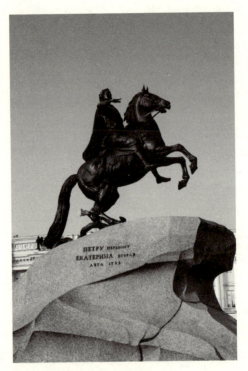

西方古代宫廷中往往有君主的塑像

射状直连通道,这些通道不只是供车辆行走,更重要的,用朗方自己的话说,是让"视线畅通"。不用说,畅通的视线不会平白无故放射出去,而都是要放射到纪念物、标志物上,这些纪念物、标志物,一个个蕴含美感,美感里面又包裹着权威力量。

华盛顿的街道,最终由方格网和焦点放射两套街道叠成,可以想见,在这两套街道相交处,会形成许多锐角街口,车辆开到这里，转弯找路，都要仔细辨认，麻烦很大。但朗方宁肯这样，为的是保留城市纪念性建筑应有的焦点特征。

西方城市生活中的纪念意识很强，因为是纪念意识，便很容易形成跨越时代的历史积累，城市景观富于很深的历史层次。例如，没有任何实用价值的罗马时代角斗场遗址被世代保留，直到今天。

我们中国城市的传统街道，都要横平竖直，经纬不乱，一转弯就是九十度。《周礼·考工记》奠定了原则，九条经纬，五个方位，格局里包含很崇高的礼制，但没有强调要把什么真东西"亮"出来。大内有许多威严的宫殿，百姓们都知道，但一辈子也没见过。不让看，是中国皇帝做事的办法。

不让看，也是中国传统城市建筑景观的一大特点，问题也出在这里。中国古代建筑再好，百姓大众至多只能看到房顶，因为有围墙挡着。"衙门口朝南开"，百姓们只知道这些。由于没有多面欣赏的需要，皇帝的宫殿再讲究，两侧山墙也仍然是呆板的。行走在中国的传统城市里，一会儿是高墙，一会儿是闹市，一会儿是宅门，一会儿是深巷，仅此而已。在这样的城里生活，会有什么景观可以在人们心中凝固为崇高，并产生超越时代的价值呢？"金銮宝殿"固然了不起，但百姓看不到，它只属于同样看不到的皇帝，而不属于城市，不易转化为城市纪念物。

世道一乱，城市就着火，宫殿就烧了，中国人也习惯于此了。杜甫《玉华宫》："当时侍金舆，故物独石马。"《晋书·索靖传》："(靖)知天下将乱，指洛阳宫门铜驼，叹曰：会见汝在荆棘中耳！"石马、铜驼，只有这类小东西成了前朝的"纪念物"。其实，城市不烧，

中国宫廷中从不见帝王雕像

没有人以为它们是纪念物。中国传统城市生活中,纪念意识不强,永恒性的东西几乎不属于城市(祖先追求永恒性都要依托高山大川),中国传统城市原来是十分现实的。由于这种现实性,朝代更迭,新君可以毫不犹豫地铲除旧物(没有什么可惜了的),营造类似的新城。另一方面,新君也可以全盘接收旧城(没有什么可忌讳的),继续使用。

在从传统到现代的转变中,中国城市才经历了一场真正的"革命",从功能运作到建筑材料,都要大变一番,于是问题也就来了。一方面,原有的东西没有哪一个曾有"纪念物"的属性而想到需要保留(北京故宫也曾有人主张拆掉);另一方面,革命的彻底性令所有的东西又都可以变作具有历史意义的纪念物。争论由此引发。

几十年来,中国城市的属性一直模糊不清,或抓革命,或促生产,或开市场。这些都与纪念性无关。不过,由于城市的发达,城市生活在中国社会中至高地位的最终确立,中国人对永恒性的追求,也开始依托城市了(再无郊祀大典)。近些年,我们看到中国城市里的纪念物在增多,纪念性在加强,许多东西被"亮"了出来,这是当代中国城市发展的一个重要特点。虽然纪念景观的选址设计不无问题,但城市纪念意识加强毕竟是中国城市概念的一步跃进,特别是在商业景观欲独占城头的时下。

纪念性的本质在于跨时代,越是超越时代,纪念性越强。历史遗产景观最富纪念性,中国城市多为历史城市,祖先留下的东西,如果还有没被毁掉的,是可以好好利用一下了。

老北京

曾经看了一个电视节目,创意不错,叫《一个人和一座城市》。节目中的"一个人"选的都是作家。第一个作家与第一个城市是刘心武与北京城,小题目叫"抚摸北京"。刘心武生于四川,八岁到北京,生活至今。他以一个作家的敏锐感受,谈出许多有价值、有趣味的东西。因在北京住了五十多年,又有了极深的情感体验,刘心武称自己为"老北京"。看到这儿,不禁冒出一点疑问:到底什么叫"老北京"?提这个问题可能有点"较真儿",但借此引出的话题并不是没有意义。

大概现在对四合院、宅门、豆汁儿谈得太多了,这几样东西几乎成了北京城的文化代表,熟知这几样东西,能因这几样东西动真情,便够资格做"老北京"。熟知这几样东西当然是做"老北京"所必不可少的,但仅有这些知识情感,与严格意义上的"老北京",还不是一回事。所谓"老北京",指的不是一种知识属性,而是全面的人文属性,包括品性、趣味、道德、礼俗、亲朋之道、饮食举止、世家风范,甚至包括毛病、陋习,等等。"老北京"是特指一个有特殊生活传统的社会群体。我有个同学,山东人,是研究北京历史地理的专家,对北京城内的大街小巷、城外的郊村远寨都了如指掌,他在北京前后也生活了三十来年,但没有人把他当"老北京"。他脑子里的知识是一回事,而生活习惯、精神气质又是一回事。对在北京生活了三五十年的人称"老北京居民"可以,称"老北京"却还不够。

关于人的品性问题,薄厚很不一样,如"老北京"这种淳厚之风的形成,非数十年,甚至不是一代人可以修成的。司马迁说:"居之一岁,种之以谷;十岁,树之以木;百岁,来之以德。德者,人物之谓也。"老北京的风俗相当深厚,即使从旗人入住开始,也有三百来年。现在谈得最滥的东西,其实是很表层的,深层的东西不那么容易在几分钟内讲明白,也未必有形有体。

真正的老北京人的核心,是在京城里生活了好几代的人,像北京城一样有历史感。这种历史感当然不是念史书念出来的,而是来自家世,来自京城中百多年谋生立业的特殊经验与人生感悟。我们看到的胡同四合院只是他们的场所,而这些场所中的活名堂,却是十分地多。对于这些东西,不是说一说四合院的建筑形制就能明了的。北京城的胡同深处,曾是一个独特的世界。老舍先生奋力写了一辈子。

外来人在北京,即使住很长时间,也未必能真正接触到老北京人生活的内里。近代以来,特别是一九四九年以来,新型文化人群进入北京,在北京城里划地而居,与"老北京"群体分庭抗礼。这些新的群体进京以后,自成一个社会类别,与胡同里的"老北京"可以不必有什么生活上的接触,对胡同深处也没有多少了解。这类群体的最典型的例子就是一九四九年以后出现的机关大院中的人们。

大院里的成年人来自五湖四海,每天忙于党政公务,没有时间琢磨胡同里的生活方式。在大院里面长大的孩子，受的是父母家庭的熏陶，与胡同里的孩子仅在学校里接触，课余的生活内容、生活方式、交往圈子与胡同里面的更是不同。我自己是大院里长大的，记得上小学时偶或到胡同里的同学家串门，见他们家中的气氛、陈设很感新奇，其老派、灰暗、雕琢的家具摆设与我家中又新又明亮又简易的东西全然两样。当时我是小学生，只觉得他们家里陈旧、异样，并无其他价值评判。现在回想，那正是窥见了"老北京"的一角。

人们大多能察觉，北京的学生有两种口音。一种口音像标准和普通话，发音很接近播音员，另一种口音带有强烈的卷舌儿话韵，将"胡同"发音为"胡脱儿"，京味儿十足。这两种口音分别代表了大院的孩子与胡同的孩子。按我的看法，口音像普通话的群体，永远做不了"老北京"。这些人的家庭在北京城中没有多深的根基，即便是大官的家庭、北京市长区长的家庭，也是如此。一个世代在北京蹬"三轮儿"的家庭,比外地进京做官——管人管房管地——的家庭，更有资格做"老北京"。"老北京"是积百年形成的生活方式，与在北京城里权力的大小没有关系。

语言应该算"身内之物"，是"人"的文化的最直接、准确、关键的表征。一个人可以搬进四合院，豆汁儿也可以喝进肚,但"胡脱儿"从嘴里出不来，他还不是"老北京"。向老外介绍老北京人，最难办的是北京话，老外怎么能知晓"胡脱儿"中的奥妙声音呢？

就风味食品来说，现在豆汁儿在媒体中最有名，几乎成为北京的形象大使，谁都能开两句玩笑。图新奇、赶时髦的人，也都拿豆汁儿说话。但豆汁儿到了这个份儿上,也就脱离了原本的实在，倒是另有一样风味食品，极少登场，却是老北京饮食文化的一个实在标志，这便是面茶。不是真正的"老北京"，不知道面茶是什么，北京大院的孩子，也没有几个喝过面茶，还以为面茶就是炒面或茶汤：把炒面放入碗中，拿长嘴大茶壶一冲。北京的面茶是小米面糊上浇芝麻酱再撒椒盐，常吃面茶者是端着碗转圈喝，不用勺。

不过话说到底，单独一个面茶也不应算老北京文化，文化是一大套东西，不能切下一块单说。原来活生生的一套文化体系，现在只剩下几样符号，这是历史行将过去的一个特征。现在的台面上，老北京文化已经支离破碎，并渐渐走样。如有时为表现老北京商业文化，便找几个人出来模仿做买卖的吆喝声，嗓门越喊越大，声调越来越夸张，惊动四座。我小时听过胡同中买卖人的吆喝，声调是朴实柔和的，绝不会打破胡同的静谧气氛。

现在表现老北京文化，多表演下层文化、街面文化。而老北京文化的更重要的部分是上层文化、旗人文化、士大夫文化和生活礼仪。对于这些部分，不能简单地用阶级分析法将其归为"糟粕"。底层劳动人民的文化在"京师"这个特殊环境中，不可能居主流强势。我们再贬斥封建官僚士大夫，也得承认他们当初在北京为文化主体。更何况，他们中许多人原本知书达理、生活讲究、文化多趣，有些径直就是文化名人。在京师，这个社会群体相当大，当然会造就出一个文化传统。可惜的是，现在许多谈论老北京文化的人，只在胡同面上着眼，并不知晓深宅大院内的事情。胡同里喊出来的东西还有人知道，大宅门里深藏无声的东西，无人去体味。

我有一位老同学，即北京社会科学院的李宝臣先生，是北京史专家。我注意到他在讲北京传统文化时，多用"京师文化"这个名称，我想这很对，这个名称正点到北京传统文化的要紧之处。"京师"，提醒人们北京的社会特征，强调这一特征的代表性阶层。

李宝臣算得是真正的"老北京"，累世十余代在京生活，家世深厚，交游所至多为京师俊彦。清室退位后，遗老遗少仍奉礼教，并好谈宫中往事。李宝臣自幼耳濡目染，所知甚多，而且颇有书上不见的东西。如今像他那样能真正道出老北京上层文化的人，已为凤毛麟角。听李宝臣讲述青少年生活，我作为同学当时竟丝毫不知，深感人生多有窥不见之处。

北京的文化，首先在人，其次在物，现在说物的多，懂人的少。强调京师上层文化，并非要说宫廷建筑、珍宝玩好，而是讲礼俗，论人伦风气。礼仪是风俗中最高层面的东西，都知道老北京人很客气，这里面有礼仪。士大夫的礼仪行为，在京城文化内涵中有巨大比重，在京城社会有普遍的示范意义，并带动京师生活氛围。

如今，"老北京"散伙了，群体越来越小，与北京都市中胡同、四合院的收缩一样。我们此时谈的"老北京"，不可能再生，是不可持续发展的。眼下的北京人，在过去的各色"革命"中，已退去温良恭俭，却改不掉懒散与油滑，加之人欲放纵、任强凌弱（被正名为竞争）的时尚推动，正向"新北京"人嬗变。京城地位仍让他们保留傲慢，却已不令人尊敬了。

顾亭林说，立俗难，毁俗易，百年成之不足，一旦坏之有余。"老北京"已渐远，世人追怀，虽仍可眺望到一番情景，但终是不可及的了。

访谈录：近代北京城如何脱离传统 *

问：说到中国的近代城市，更惯常的说法是"近代上海""民国北京"。"近代北京"似乎是使用频率不那么高的概念，这是什么原因？

答：在中国，什么叫近代城市？最典型的是上海。关于上海的近代史，学界的研究很多。这给人们一个先入为主的印象：大量西方元素、现代经济元素进入城市，主导城市的发展，就是典型的中国近代城市。从这个角度看，在近代北京城看不到很多这类东西，所以它不是一个典型的近代城市。不过，北京在近代史上的存在感是非常强的。北京的近代性和上海不同，你可以把它划为另一类的近代城市，但是不能把它从中国近代史上拿走。

问：近代上海是脱离了传统的"新上海"，而民国北京城，常常冠之以"老北京"这样的称谓。怎么看"老北京"的"近代性"？

答：北京城的近代性是什么？这是一个值得讨论的问题。一般讲北京，我们往往会迈过它的近代性而直接讲它的传统性。但

---

* 本文原为澎湃新闻访谈录（二〇一六年七月四日），记者于淑娟。

是这个传统性是真正的传统性还是掺杂了传统的近代性?按《民国北京城:历史与怀旧》(生活·读书·新知三联书店二〇一四年版)作者董玥的说法,现在一些所谓的"传统"的东西,实际上是在近代北京出现的。

北京城的近代性是什么?其新的价值和功能是什么?这是研究民国北京城一个具有核心性的问题。既然民国北京城不是典型的近代城市,缺乏近代城市那些"新"东西,那么,难道它还是以前的那个王朝时代的北京城吗?显然不是。那么,北京城在什么地方,又是如何脱离传统的呢?现在已经有若干部很好的研究近代北京的著作,从宏观层面进行讨论,为了更深入地讨论这个问题,还需要用专题论文的形式,透过个案分析,做更详细的探索。

问:近代北京最显著的一个变化是清政府的灭亡,权力阶层的置换。

答:对。清朝倒台后,掌权的换了一批新人。原本作为贵族的旗人,其高高在上的特殊身份没有了。民国时期,这一人群是怎么流动的?他们不是往上层走,而主要是往下层走。因此,民国北京城里的基层人群不一样了。原来的旗人甚至是一些旗人贵族向基层下移,于是民国北京的基层文化就不再是纯粹的草根文化。那些下移的旗人,外表变得草根,但内心还是很高傲的。满人的向下流动,是近代北京的特殊性,也是民国北京城的一个显著变化。

现在有人说北京是"爷文化",走到哪儿管谁都称"爷"。这原来是贵族的东西,后来影响到基层。随着旗人的下移,那就更分不清谁是真爷谁是假爷了。另外,"文玩"本来也是有钱有闲的贵族文化的东西,后来影响到基层,人人手里都转核桃。最近《读书》上有作者讨论北京的"非遗",指出一种风气:讲"非遗"一追溯其历史,就总是往宫里、往皇家贵族那儿去攀缘。其实这不都是吹牛,确实有这种情况,原来可能是宫里的东西,如掼跤,后来沦落到基层。这是贵族文化进入基层的一种影响。

其实,不只是权力阶层,清朝灭亡之后,北京的各个阶层都在重新洗牌。基层有变化,中层也有变化。观察近代北京,不仅仅是城市空间结构、建筑外形有变化,里面的人也有变化。

问:清朝贵族下移之后,新的上层群体是一个怎样的存在?近代史上,北京的新知识分子尤其是一个有力量的存在,它是如何在民国北京兴起的?

答:近代北京的上层自然与明清时期完全不一样了。从传统到近代,北京城有两个群体的生活方式中断了,一个是上层的皇朝政治群体,一个是中层的士大夫群体。民国前期取代前者的是北洋军阀,取代后者的是新型知识分子。

北洋时期,上层政治集团很混杂,北洋军阀里有王朝旧官,有草莽英雄,也有留洋人士。这个混合体没有成形的文化,权力集团的规模也比清朝的旗人贵族小多了。这些军阀所看重的利益是在整个国家层面上,作为城市的北京怎么发展对他们来说没那么重要,所以这些军阀不像原来的皇室那样对北京城进行严密的控制。民国的新权贵在京师社会中根基很浅。

湖南会馆

传统时代的北京文化所依托的还有一个非常重要的群体——士人，在城市区域上，大多在宣武门外，形成所谓"宣南文化"。宣武门外集中了一大片会馆区和士人居住区，聚集了文化水平很高的汉族士大夫，现在还保留着很多名人故居，那里曾经住着赫赫有名的学者以及朝廷重臣。这一空间特征是旗民分治造成的。宣南文化是清朝北京一个引人注目的组成部分。但是，到民国北京的时候，分治的情况没有了，"宣南"文人群体消失了。没错，"宣南文化"的确不复存在，但另一个文人群体取而代之，仍然是北京文化的重要载体，他们的居住地已不在宣南，但影响力同样巨大。在这一点上，北京还是北京。

近代以后，北京出现了许多现代意义的高等院校，汇聚起一个巨大的新型知识分子群体，这些人的外省籍身份容易使人忽略了他们与北京文化的联系。我的看法是，他们的行为方式，是属于北京的社会文化产品，体现了正宗的北京文化特点。当年的宣南士人，许多也是外省人士，但只有在北京才酝酿出精彩的成果，才产生举足轻重的文化影响。在近代北京,新型知识分子群体出现,他们主导了新文化运动,其意义人尽皆知。知识群体在北京的特殊性,正是这座城市特殊性的一个表现。

近代北京经历过一场场社会运动,戊戌变法、义和团运动、五四运动、三一八惨案、一二·九学生运动等,运动的参与者变来变去,运动的性质也随时改变。需要提醒的是,我们讲运动、讲革命,不能把北京城搁在一边,而应该把运动、革命与北京城这块"地方"结合在一起。近代中国风起云涌,北京这座城市算是开风气者,这座城市给人一种冲动、一种行动的条件和价值,这都反映了它的近代特性。

北京人好谈政治,出租车司机给你讲政治局,不管你喜欢不喜欢,这里是北京。

问:告别传统时代,近代北京城市空间发生了颇多变化。相对于士大夫集聚的宣南地区,新兴知识分子群体有什么空间特征吗?

答:最主要的肯定是一批现代学校,比如,北京大学(京师大学堂),那里聚集了一大批学生和教授。这种聚集形式是原来的宣南无法比的。北大的核心区在景山的东侧,原址曾是和嘉公主府,今天最出名的建筑是沙滩红楼。教授们居住的一个大院落在不远的中老胡同,它相当于燕京大学的燕南园,不少名教授都住在那里。随着北京大学的建立及校园的逐步扩建,这里出现了新型的文教区。在这个区,连要饭的都是满口"行行好,当校长;行行好,去留洋"。

北京大学红楼

在近代北京城里,现代学校大量出现。我们搞地理的比较关注校园的问题。现代学校的学生不是简单地缩在屋子里背书,他们需要有一个较大的活动空间,也就是现代意义的"校园"。校园是一个师生共聚的场所,它所带来的知识群体聚集方式前所未有。现代学校还要有众多校舍建筑,其中还有一样重要东西,就是操场。京师大学堂有操场,一九〇五年举行过运动会,还放过电影。我们都知道,经过明清两代,北京内城已经是建筑饱和了,但现代学校硬是要开辟操场,显然,这个改造不会那么容易。当年京师大学堂的操场现在还在,就在红楼的北面。除了大学,现代中小学也要有操场。北京四中的操场很有名,当年还特别修了操场大门。因为那座操场大门样子像岗楼,崔嵬在拍电影《青春之歌》时,来此取景，充当北平警局的大门。

众多新型校园空间的文化变革意义值得关注，这在城市空间性上是一件大事情。除了操场，还有礼堂，这也是新型活动空间，也是前所未有的。广场与礼堂的空间意义，值得讨论，五四运动的酝酿与它们都有关系。操场、礼堂的体育活动、集会活动，会培育群体意识与群体行为，这些都是现代公民意识的重要成分。

北京城近代历史的书写到现在仍然存在一些空白区。一些事物因为缺乏书写，导致它们在大家心目中没有什么存在感。天桥为什么这么有名？因为写天桥的人太多了。关于新型大学、中学、小学校园在北京城的出现，人们只是抽象地知道，却没有实在感。问问北京大学的同学，老北大在哪里？除了红楼还有别的建筑遗址吗？他们未必说得清楚。

早期北大（京师大学堂）校园的核心在景山东边，校园的扩展一方面是蚕食周边地区，另一方面在其他地方收购地盘，所以有的校区离核心校区很远，如京师大学堂的医学实业馆就远在宣武门外，后来改为北京医学专门学校，也就是北大医学院的前身，钱壮飞就毕业于那里。郊外的情形不同，平地起高楼，一个燕京大学、一个清华大学，人们对此印象深刻，往往就忽略了城里面北大的故事。

问：学者们对民国北京在城市改造上进行了不少探索，您也专门研究过新华街的改造，请您谈谈这方面的情况。

答：首先我要讲一点，对于城市史的研究，特别是城市空间形态、结构的研究，近代城市和古代城市有个显著的差别。研究古代城市，习惯于研究一个成形的、终结的城市版本，如古代的长安城、洛阳城，还有元大都城、明清北京城。古代城市，我们大体可以认为它是一个完成的版本（其实也不完全是）。但是，民国的城市改造、城市建设完成了吗？由于政局、社会的不稳定，近代民国城市可以视为一类未完成的东西。那么，研究一个未完成的城市，应该怎么做？

问：关注它的过程。

答：对，研究过程。这包括两个方面，一个是成功的，一个是不成功的。不成功的探索也属于民国北京城的发展史。历史不是一个简单直线进化的历程，中国的近代城市以及整个中国近代史都是充满了探索、失败、再探索的过程。所以，一定要研究过程中的复杂性。

问：新华街的改造就是一个不成功的案例。

答：新华街刚开始规划的时候想法很好，很有光彩，但最终被冷落，不过还是有历史意义的。陈独秀在讥讽北京城的"特色"时就说："一条很好的新华街的马路，修到城根便止住了。"应该是很好的，可惜没修完。那个拦住新华街的"城根"八九年以后被挖开，改建了和平门。新华街算是通了，但因为首都南迁，新华街的价值大打折扣，没有实现原来的设想，并没有推进一个街区的繁荣。

北京城原有的街道系统大街小巷齐全，基础不错，林徽因曾经夸赞过。不过在王朝时代，其空间性对于街道的效率有很大的限制，民国期间开始打破这些限制，开辟整修了一些新街道。我觉得近代北京城有两条街改造的意义比较大，也是持续发展，终成正果。一个是长安街，一个是文津街，包括西安门大街到沙滩、汉花园这一线。改造这两条街是为了解决北京城的交通问题，但其意义不只在交通的改善上面，其政治文化属性显然高于一般的大街。

作为皇都的北京，皇朝建筑压迫百姓空间，造成城市空间的区隔性，到处都是屏障。为了追求皇帝的尊严与安全，统治者用拦、截的办法进一步加强对城市的控制。但是到了近代，城市追求空间的连通性、流动性。所以，从民国开始对北京的很多大街进行改造，移走障碍，甚至很早就规划了有轨电车。这是近代北京脱离传统的又一个重要方面。

要解决畅通问题，城内最大的障碍是皇城，民国时候就将皇城城墙大部拆除，长安街、文津街，就是这时候开始逐步打通的两条东西向的街道。长安街大家都知道。文津街一线，在景山前面、紫禁城后面，这条街往东是京师大学堂，往西是北京图书馆（今国家图书馆分馆），北大红楼也在这条街的东头。因为修了北京图书馆，把承德文津阁的《四库全书》搬到了北京图书馆，所以图书馆前面的街道就叫文津街。

长安街、文津街是东西向的街道，新华街是南北向的街道。民国初期，北京新开辟的重要通道，这三条最有特色。新华街，你听这名字就具有革新性，这是民国北京城追求现代新社会的一个实践。

与南北新华街同时期的另一个探索,是南边香厂地区的规划建设。有一件事情人们老讲,五四运动期间,陈独秀写了《北京市民宣言》,亲自出去散发传单。但是,撒传单的地点在哪儿,很多人并不注意。地点就是在香厂新世界大楼的屋顶。陈独秀为什么选在这个地方?这个地方在北京城中有何特殊性?香厂地区是民国初期精心规划建设的一个"模范区",里面建设了几座重要的新式建筑。这个新世界乃是模仿上海的新世界,都是现代化大楼,是都市娱乐场所。当时香厂地区在北京很有影响力,它是群众聚集的地方,而且这个地方聚集的群众主要是新兴消费群体。陈独秀撒传单后就被捕了。撒传单的事情在党史上是一定会讲的。

香厂和天桥地缘很近,董玥把它们放在一起来讲,但我觉得这二者是有很大差别的,天桥是回收传统的地方,而香厂是一个创新的地方。香厂有咖啡厅,有很多外国的舞蹈家、魔术家表演,

香厂新式建筑物

这跟近代上海有一点相似。天桥聚集的是旧爷们儿，香厂聚集的是摩登小资，当然北京的摩登小资远不如上海多。

北伐以后，国都迁到南京，掌握权力的群体走了，很大一个消费群体消失了。天桥的爷们儿还在，但香厂的摩登小资大为减少，这个地方随之衰落了。

问：除了新式娱乐，香厂的创新性还体现在哪里？

答：这主要体现在公共空间的文明意识上。公共空间的文明意识和秩序到现在也是中国人的一个大问题。旧时中国人十分缺乏在公共空间的规矩，民国北京城搞市政建设，大量扩展公共空间，重要的不是外在的形式，而是公共空间里面的秩序。

董玥的书中有一段讲旧大街，大街上混乱不堪，撒尿的、倒垃圾的，还有要饭的，随便找个地方一躺，谁也管不着。在大街上，人们没有任何责任感。传统北京的住宅是四合院，院子里面干干净净，外面的街道上则乱七八糟。中国人的责任世界、价值世界都在墙里面。一个胡同里住的有穷人有富人，穷富的分隔不是靠街区，而是靠院墙。这是院墙文化的特点。

民国时推广新式生活，其中一条就是建立公共空间的秩序，号召人们管一管大街。当时有幅照片，在某个城市的大街上，一大群绅士，长袍马褂，一人拿着一把扫帚，前面是一个垃圾车。他们摆出表率的模样，干吗？扫大街。这在当时算新气象。不过，在中国大街上建立秩序，谈何容易。

院墙文化，给中国人明确地分出两个世界。院里是自己的，倍加爱护。院外面,管他呢!刘宝瑞的相声《谢学士》有一个情节,宰相家人把院里竹子砍了,从墙头就扔出去了。大街上可以倒垃圾,人在大街上毫无规矩。中国人出国旅游,在公共场所的表现最差劲儿。香厂地区的建设,是要开辟一个"模范区",要树立公共场所的规矩。北京第一个街上的警察亭子就出现在香厂,设在路中心,维持秩序,监督卫生。

问:北伐之后,迁都南京。不再是国都的北京城,有哪些变化?

答:政治上优越感没有了,随之产生的是一种失落感。在经济方面,陆路交通时代北京有经济优势,而到了近代,华北地区有经济优势的是天津。迁都南京之后,北京不再是首都,改名北平,剩了一堆古迹和大学知识分子。北平如何发展,只能在这两个方面动脑筋。有大批的学生、教授、文化人,可以搞文化中心;有大量的古迹,那可以发展旅游。在北平时代就提出了"旅游城市"的概念。

作为文教中心,不仅仅是发展文化教育事业,还有知识分子的政治运动。北京的文化群体有纯学术的一面,但是文化群体的左派革命性在北京城一直没有丧失。

北京的近代工商业不行,不能和上海、天津相比,在那个时代,北京主要是一个消费城市。在北平时代,商业区取代了政治区,消费群体决定城市文化。谭其骧先生有篇回忆文章,讲的就是二十世纪三十年代北平的生活。那个时候知识分子生活得很舒适,市场上消费是供大于求,是个买方市场,在新开的公园可以坐到半夜。

那个时代北京的消费就是消遣,讲究吃、讲究听戏、讲究文玩。说北京讲究吃,有人会不服气,但北京讲究吃的一个表现是食客文化,是食客和店主之间的特殊关系,老字号的馆子都有自己的老食客。饭馆里也有一种文化虚荣,菜上来不光是吃,还要鉴赏、品评,聊美食是饭桌上的一大景观。北京有些特别能说的美食家,听他说比吃更重要。

问:近代北京与上海差别很大,是否能跟近代天津做个比较?

答:京津两个城市有类似的地方。近代在京城失落的官僚、文人,有些就去了天津;还有人是看到了天津的发达,也去那里置办了产业。从北京过去的旧官僚、文人,以及西方进来的洋人,是近代天津的两个新的群体,但这两个群体对天津下层社会的影响都很小。天津没有沾染上北京的傲气、外国人的洋气,它的艺术形式接的是下层的地气。洋人在天津也有租界,有大楼,但天津社会文化也没能发展成上海的样子。当这两股力量消失之后,天津还是它原来的样子。为什么会是这样,可能与这两股力量在天津的历史都很短以及天津本身的文化特质有关系。

讲近代工商业,北京不如天津。北京原来靠的是京师地位和内陆交通优势(太行山东麓大道),当首都南迁、海洋时代开启之后,北京的这两个优势就没了。所以袁良做市长时期的北平只能靠文教和旅游。现在北京重又成为首都,况且又到了知识经济时代,北京的优势又回来了。

七

环境的起源

人与环境的关系,是任何时代都要搞清楚的思想问题,而每个时代的人们都认为,自己的想法最正确,自己的解释最明白。今日的人类,正在称自己为拯救环境的救星,而这一责任身份的认同,又是以承认自己是毁坏环境的祸首为前提。但是,没有人类的时候本没有"环境",是人类创造了并左右着"生存环境"的概念。人类对环境的说法可以"翻手为云,覆手为雨",原因就在这里。

当"人之初"在草木禽兽、山川大地、日月星辰的环绕之中,站起身来,分开手脚,猎鹿的猎鹿、捉鱼的捉鱼、采集的采集、种地的种地,生活渐渐不错之后,他们吃惊地发现,这世界原来如此美妙,竟早已为自己备下了充足的衣食之源、行住之资。著名地理学家格拉肯(Glacken)指出,人类环境概念的起点就是:环境是为了人类的生存而特意布置的。秩序和目的,曾是人类赋予一切被认知事物的特性。环境中万物的生息运行,目的都在养育人类的身体,昭示人类的魂灵。而秩序,从大地枯荣、星移斗转,到"人类吃大鱼,大鱼吃小鱼,小鱼吃虾米,虾米吃淤泥",无不环环相续。

环境的目的与秩序虽然是人类的想象和归纳,功劳却算在了上帝或天神的头上。在人类早期地理思想中,环境的起源乃是上帝或天神有目的的创造。我们看到，在埃及、苏美尔、古希腊、古代中国的传说中，在人与环境之上，耸立着衮衮诸神，是他们创造、安排、调整着人与环境的关系。因为几乎所有最古老的上帝或天神都曾参与为人类开天辟地的大业，所以，当我们反过来理解那班上帝或天神的属性的时候，也总离不开"天、地、人"一类的事情。在古代，地理思想与神学宗教思想往往紧密相连，交融一处。人们要说的是人与环境的关系，说出来的却是神与环境的关系。

在古埃及，人们歌颂万能的神灵为动物创造了原野，为人类创造了果树，让鱼鸟虫蝇各得其所，令卵壳内的小东西能够呼吸。在苏美尔，神学家看到人类对自己修造的宫殿庙宇总要妥善管理，对开垦的田园也要细心维护，否则宫殿要坍塌，田园会荒芜。于是他们想到整个宇宙世界，世界的万物也必定有它们更伟大的修造者和管理者，从高山原野到河沟水汊，从城市村庄到砖头泥坯，后面都有大小神灵，既做它们的代表，又是它们的守卫。格拉肯指出，这一类群神观念，毫无疑问是从人类社会比拟出来的（the analogy of human society）。

在古希腊社会，能工巧匠的地位很高，在希腊人的传说中，诸神也往往是铸铜打铁的高手。如《伊利亚特》中格菲斯特的住房，"四壁星光灿烂，仙宇中最是富丽堂皇，这是跛足神自己建造，尽用铜装"。这位有着"两条软弱短腿"的"跛足神"甚至用风箱、火炉、铁砧，随手就在一面盾牌上锻造出一个"有土地，有天空，也有太阳"，有河流、田野、草地、城市、畜群、葡萄园、舞场，并由"大洋河"所环绕的应有尽有的世界。我们商代也有能工巧匠，铸造过无数青铜饕餮，但他们距离神的地位太遥远了，另外也没有足够现实主义的艺术，让他们去再现人间。

在古代环境意识中，由于世界的秩序是神的创造，那么平衡、和谐的自然观也就顺理成章地为人们所接受，并日益神圣化。人们相信，在黄金时代的社会，没有坏人，在黄金时代的环境，则没有坏的天气，没有坏风，没有坏雨，无须辛劳，大地便自发地生出无尽的食物。那时的人类从未怨恨过环境，对"大地—母亲"（earth-mother），绝不会做"穷山恶水"的辱骂。环境的巨大再生力量，"野火烧不尽，春风吹又生"，是人类长期赞美的主题之一。"大地—母亲"这一概念，不仅在古代东方和印第安世界存在，也广泛流行于古代地中海国家，而且老早在希腊之前就已经存在了。

在古代世界，无论人类对环境的想象多么辽远，它总离不开与人类以及和人类最接近的生物的关联性。因此，难免包含用人（或生物）的机体去对应环境（biological analogy）的成分。把周围万物与人的身体相对应，甚至所谓的"天人感应"，并不是我们祖先在人类文明史中的独步奇想。巴比伦人曾认为月亮的圆缺预示着地上的事变，包括女人的健康。古希腊人认为，世界万物由四种基本元素组成，它们是土、气、水、火，这四种元素又与人体内的四种体液相对（我们的金木水火土与人的五脏相对）。他们的希波克拉底学派的医生并声称，外部的四素协调了，会有好的环境（尤其是气候），内部的四素协调了，就有好的身体（包括心情）。

当人类形成大范围环境观念的时候，世界的人文分布已然相当广泛。地理与文化的界线将那时的全人类分割得零零碎碎。对每一个人类群体来说,他们模糊地意识到,在遥远的地方既有莫名其妙的山河,也有莫名其妙的人群,这也是古代世界环境的"事实与想象"。柏拉图纵谈天下的时候说过,地中海世界就像蛤蟆围着一块沼泽,周围的世界还很大,天外有天、地外有地。在我们中国,渤海曾被中原的人们想作神仙出没的别一圣境,引秦皇汉武尽折腰。在尼罗河哺育的埃及,人们看到周围有不见大河却富于雨水的地方,以为上帝在那里把尼罗河挂在了天上。而中国汉代西域的人则以为,罗布泊(当时叫蒲昌海,也称盐泽)之水向东,"潜行地下,南出于积石,为中国河"。无须读《山海经》我们就已经看到,古代人们对世界环境竟有如此任意的想象。几乎每个古老文明都曾有过"海外经""大荒经"一类的东西,古人对世界环境的万千想象是人类十分重要的思想遗产。"All Possible Worlds"("万千世界"),美国地理学家詹姆斯曾用这个词作为他的关于世界地理思想史的书名(李旭先生翻译此书时,为简明,删去此名,仅取原副标题,"地理学思想史",商务印书馆一九八二年版)。虽然"万千世界"之间的差别并非如古人想的那么大,但研究古代地理学思想史或历史地理时处理好这类问题是很重要的。它们既是想象,又是事实。就想象来说,它们不是故意的捏造,而是的的确确影响古人行为的观念意识。如汉武帝,声称如能升天遇神,"去妻子如脱躧耳",硬要入海。就事实来说,则点到了人们在不同环境中互不相干、各自行事的主题。我们知道在古代中国大禹随山刊木,更制九州,也听说古代地中海的航海家们依星辰确定航程,但还不甚知道亚洲东部大漠之北的人们是如何划分、确认、记忆草原上的人文区域。

大地表面人文现象的繁荣，终于被某些人看作上帝或天神创造的神圣环境的破坏者。有人把黄金时代环境的丧失，归咎于人类发明的嘈杂社会和奇技淫巧。在当时最激进的批评者看来，人造的城市拉大了人与自然的距离，并滋生罪恶。只有乡村的人仍享受神的礼物——自然。但是，随着人文现象在大地上的扩展，人类创立景观、改变自然的能力亦开始被察觉。在古希腊，早在柏拉图的著述中已然有这方面的言论，例如，森林的砍伐改变了景观并加剧了土壤向大海的搬运。希腊化时代（大约公元前三二三——公元三十年），是地中海世界文化地理大发展的时期，留下大量关于人造景观的生动描述。不过，正如格拉肯指出的，"在整个古代世界，并不是没有环境变化的证据，但关于它们的解释则太少了"。解释，在权威的思想家那里，依然出自上帝或天神创世的理念。人的伟大意义不被理睬，而神又被请了出来。他们说，人在大地上做出的一切，是神的事先安排，是神赏给他们机会和本事，神创造了第一个自然，留给人去创造"第二个自然"，第二个自然是指城市、沟渠、农田、家畜，它们还是"自然"。在那样的"旧社会"、老时代，无论是对自然环境还是人文环境，仍然是哲（神）学控制着它们的解释权。格拉肯感慨地说，柏拉图关于森林砍伐的话直到十七八世纪才有影响，如果这位思想巨人当时能强调改变环境是人类文化史的组成部分，那么历史上对人与环境的认识过程将是另一个样子。

不难看出，环境概念的起源和早期发展，有实际观察，更有哲学构想。因为古典地理学一般有两个支点，一个是哲（神）学想象，另一个是实际观察。前者说的是看不到或看不过来的宇宙世界天地（World），后者说的则是周围可见可去的山川实物（surrounding）。谈古代地理学史，应当两个方面都顾及，如果只谈实际观察史，是不够的，不能揭示古代的全部地理概念（法国人保罗·佩迪什写的《古代希腊人的地理学》，只注重了实际考察、探险发现，就不能代表整个希腊古典地理学）。在古典时代，"环境"的概念不是单独存在，而是与世界观甚至宇宙观混为一谈，格拉肯称为宇宙环境观（cosmic environmentalism）。不少人都发现，最早的地理学家往往是哲学家，或者反之。柏拉图和亚里士多德都曾议论过环境世界起源、结构一类的问题。柏拉图的神匠造世的思想结合后来基督教的创世说，一直影响着《物种起源》以前的欧洲。现代科学兴起以后，在地理思想中，逐渐把哲学压了下去，而把观察一派上升到科学。在此之前，观察一派在人们对环境世界的认识理解中，很难形成思想流派。在我国也是同样，在现代科学兴起以前，实际经验无法升到思想理论层面，如终生野外考察的徐霞客，本来影响不大，只是个"奇人"，直到二十世纪初得到"最科学的"丁文江的推举，才成为我国古代"杰出的地理学家"。

我们今天科学的地理学，由实地观察的传统发扬光大，并建立了一套与古典哲学概念极不相同的地理学概念体系，虽然沿用了一些古代的词汇，比如说"自然"，其内在含义已经大不相同。这个问题在中西都是一样。所以，当我们回过头去，欲研究议论自己古代地理思想的时候，不要忽略哲学想象与实际观察的区别以及古今的变化。以研究儒家地理思想为例，我们不反对从哲学的角度讨论儒家的形而上学环境（世界）观，但不赞成"从生态学层面来看儒家的环境意识",认为儒家对"保护环境",对"生物离不开环境、生物的群居性、生物之间的关系等生态学问题都有深刻的认识"。作为一个思想流派,儒家所提出的那个具有道德属性的自然界,并非是我们今天所说的具有科学属性的环境。这是一个本质的区别。虽然儒家的"道德"世界观,可以用来支持今天的环境保护思想,但其间在思想深处的差异是不应混淆的。

名分问题

《商君书》里用兔子讲了一个道理，说一只兔子在外面跑，后面有一百多人追捕，这不是因为一只兔子可以分割为一百份，而是因为兔子没有名分，是野的。市场里兔子多得是，可没人敢抢，因为市场里的兔子都有名分，是商品。所以没有名分的兔子，连尧、舜、禹、汤这样的圣人也会群起而追捕："尧、舜、禹、汤且皆如鹜焉而逐之。"可一旦定了名分，就没人追捕了。

从"野"的东西变成有"名分"的东西，是人类文明社会发展时一定要做的事情。建立名分是确定秩序的需要，看一下我们社会的方方面面，到处都是名分，进而到处都是秩序。新生事物一时没有定好名分，于是就会产生一时的混乱。或旧秩序衰微，旧名分作废，好比兔子从市场跑回野地，也会产生混乱。我国从计划经济一下子变为市场经济，许多国有资产名分一时空虚，人们于是"皆如鹜焉而逐之"。许多"便宜人"占得先机，令许多国有资产都改换在他们的私有名分之下。

名分是专用的，即使事儿类似，但含义不同，名分就不能借用。我国现在有一种名分，叫"享受政府特殊津贴"，这是专用的，有些人印在名片上。其实监狱的犯人也在享受政府的一种特殊的津贴，在香港叫"吃公家饭"，但犯人不能用"享受政府特殊津贴"

这个名分。

许多名分是资格、权位,但也有名分是笼套。学校里为约束调皮学生,有时故意给他个名分,像玉皇大帝给孙悟空"弼马温"的名分一样,是要"籍名在箓,拘束此间",就是管住他。我有个"调皮"朋友,不服名分的约束,常说要"放虎归山","归山"就是要脱掉世俗名分,活出一个自由人。

当然,绝大多数随俗入世的人还是喜欢名分,争要名分。听说某大学,一位教师去世,组织上念他生前愿望,追认他为"教授"。这就说明有时要名分要得很厉害呢。

许多人活着是为了名分,死了也还要个名分。人类是个非常需要名分的东西,除非他没有被文明开化。文明开化乃是各色名分的建立。这里,我们把话题往远了说,从个人提高到社会历史的方方面面。我们研究社会从原始到文明的发展,考察名分的形成、利用也算个思路。

首先是书写文字,它是文明的一个重要标志,而文字其实都是一个个名分。古人说仓颉造字鬼神泣,李敖说方块字一发明出来,有如参破天机。我认为他们说得一点也不过分,文字就是将事物从无名变为有名。老子说:"有物混成,先天地生,寂兮寥兮,独立而不改,周行而不殆,可以为天地母。吾不知其名,强字之曰道。"原来有个"物",先天地而生,可以做天地母,这个物本来没有名字,老子给它起个名叫"道",这一起名不要紧,老子带头参破了天机,他接着说:"人法地,地法天,天法道,道法自然。"老子从"道"这个名分开始,建立了一大套关于宇宙的理论,这不就是参破了"天机"吗?

名分问题

文字令人们的思维从自然混沌走入人文秩序。《淮南子·泰族训》:"仓颉之初作书,以辩治百官,领理万事,愚者得以不忘,智者得以志远。"人类历史之初,对于"人事"一定要样样定出名分,于是人类社会秩序形成。

对于"自然"环境中的东西,也要将某些"野的"东西授予名分,于是荒野自然也转入人类文明的范畴,也属于"人的"世界。山脉原来是自然荒野里固有的东西,但人类将某些山脉称作"岳",于是"岳"就成了人文意义很强的东西,与其他野山有了质的区别。"岳"与帝王行为有关,代表大地之德,在京师地坛中供奉"岳"的牌位,其名分之大已不用多说。"岳"有一个固定位置,若干个"岳"合在一起,就有了一个固定地理范围,这个地理范围因为是"岳"确定的,所以也就与帝王有关,与道德有关,是真正的"王道"世界。我国古代一些边疆起家的"蛮族"首领,在夺得统治中国的权力之后,因为内心底气不足,为了得一个中华王道正统的名分,都要设法把都城安排在"岳"的范围里。在这个问题上,正统名分与地理很有些关系。

说到地理名分,我们上溯到历史之初,还想到一件事情。在原来的荒昧自然中,有一样东西,其普通得不能再普通,后来却有用得不能再有用,它就是土地。在人类历史中,给土地冠以名分,是件很重要、很复杂的事情。古代地理学的许多重要内容都与此有关,只是讲地理学史的人还没有把这件事讲得很清楚。

关于土地,我们最容易想到农业,其实土地最早不是耕种,而是立足。在动物的活动中我们已经看到土地有立足的意义,有的动

墨西哥原始村落平面图。注意村中的地面，已被栅栏圈成了一个个单元，这反映了家庭（族）占地名分的确立："这块地是我的。"

物是用撒尿的办法确定属于自己的领地，这也是建立了一种名分。别的动物一闻味道便知道此地已经有主，不想打架的就只好走开。人之初，一定也有领地的问题。

卢梭说："谁第一个把一块土地圈起来，并想到说，这是我的，而且找到一些头脑简单的人居然相信了他的话，谁就是文明社会的真正奠基人。"卢梭这里讲的当然比动物撒尿占地的事情要高级得多。卢梭说的应该是指人类群体依靠社会组织力将以土地为代表的自然资源占为己有的行为，这种行为表述的是人类之间竞争与妥协的格局，文明的意义原不在人与自然之间，而在人与人之间。解释中国文明起源时只说黄土如何如何肥沃,并没有说到点儿上,而应该说炎黄先祖用了怎样高明的办法排除对手,独占黄土。这些高明的办法就是文明。

定居是人类对土地占有的必然表现,我们依据原始聚落的规模、防卫墙垣的坚固程度可以推断当时人们定居的力度。在我国,从半坡村落遗址的形态,到"社"祀的建立,代表着那个历史阶段土地名分的发展史。"社"是一种崇高的名分,它是族群占有土地的高级符号与仪式。"社"加上代表谷物的"稷",合称社稷,"人非土不立,非谷不食……故封土立社,示有土也;稷,五谷之长,故立稷而祭之也"(《白虎通》)。早期文明的重要信仰往往形成仪式,祭祀社稷的仪式最终坐落到皇朝最高场所都城社稷坛中,说明其地位甚为高尚。

"普天之下,莫非王土""芒芒禹迹,画为九州",文明的深化表现为疆土名分的拓展。对于土地的广泛占有,曾假以"天"的名义,而"九州"是进一步的对华夏整体世界的命名,华夏文明在此生根。这一命名的神圣性、稳固性,一直延续到今天。物质支持着生活,而名分支持着文明。

关于土地名分问题,"文明"的西方殖民者对于"野蛮"的美洲印第安人曾使过另一种手腕。印第安人明明已经在那里生活了好几千年,各个部落之间明明各有分地。但殖民者硬说没有耕种的土地就是无主荒地,就可以任意占有。印第安人因为没有农业便被剥夺了土地的拥有权,在西方人绘制的早期美洲地图上,印第安人的领地都被标示为无主荒野。这样的地图为欧洲人前去无偿占有那些土地提供了文本依据。

在文明社会中，名分是沿着利益不停地滋生着，人之于名分，当然更加要紧。文明中的"人五人六"无不需要名分来证明自身的优越。人们钻进了社会，也就钻进了各自的名分。帽子曾经作为人的名分的标志，人的脑袋位置最高，最适宜用来表现名分，古代男子成人时行的就是冠礼。皇帝的帽子是很可畏惧的东西，一般人顶了它便丢了脑袋。现在的博士帽其实很难看，但因代表高档名分，无人嫌其丑陋，都要去参加博士的"冠礼"。不过，以帽子辨名分的做法今天已经用得很少了。

我觉得废除了帽子名分多少有些遗憾，见到生人，或大堂列坐，不能一望而知名分，打起交道会出差错。为了解决这个问题，人们将自己的名分一条条印在名片上，生人见面先递名片。有人名分很多，名片的一面不够，就两面、三面以至多面折叠。用名片作无声显示，比自己声张要谦逊得多。有的大学里，某些老师已服务多年，都应该升为教授，但是教授名额有限，于是允许某些未获正式教授职称的老师在名片上先印出"教授"二字，人们对这类老师习称"名片教授"。幸亏有名片这件东西，否则预支的名分往哪里放呢？

人与动物有许多大的分别，如人会笑，人有梦想，人可以"不渴而饮，四季做爱"（动物不喝酒，只在发情期做爱）。在这里，我们加上一条：人喜欢名分，而且像"不渴而饮"一样，不做事也要名分。"文化大革命"时"司令"满大街，现在"老板"满大街，他们不少都是空头的。我见过一位先生的名片，上面有主席（当然不是国家主席)、主任、院长、教授、院士(可惜不是中科院院士)、总经理等,门类相当齐全。这又是名片优于帽子的地方,要是用帽子,一个头怎么戴呢?名分产生于人际关系,人越拥挤的地方,就越需要名分。那位先生有这么多名分,周围一定是"相当"地拥挤。二十世纪五十年代,大学里没几个教授,秩序平和。现在大学里教授成堆,位子反而不好排定,只好不断创立新的名分,如××学者、××人才,花样很多,外面的人未必清楚。

名分是文明的产物,人类由此获得秩序。但名分也可能泛滥,人类因此失去秩序。名分之乱在春秋时期就出现过,所谓"礼崩乐坏"。老子、孔子都站出来反对名分之滥。老子主张废除各种人为的名分,回归自然。孔子则要严格名分的管理,恢复西周制度,所以说:《诗》以道志,《书》以道事,《春秋》以道名分。

名分直接对应的是心。老子主张"圣人治:虚其心,实其腹"。但是,"腹"既然实了,要想心依旧"虚"着,谈何容易。过去那些年,中国人的腹是虚的,心是实的。现在,腹实了,但心却虚不下来。中国人对于名分的愿望之强,不仅因为中国人多拥挤,还有"中国心"的传统。老子"虚其心"的想法在中国历史的大多数时间里都没有实现。小人为利,君子为名。青史留名、碑上留名、牌坊留名、匾上留名、题刻留名、方志留名,好名一直是道德的正面。先哲提醒我们"名者,实之宾也",但国人从来是"腹"越实,心越贪。腹贪,三餐酒肉足矣,心贪,却漫无际涯,就像女人永远缺一件衣服。

名分,既是中年关怀,也是临终关怀,有了名分,中年可以得志,临终可以安息。眼下的国人,似乎要钱要得疯狂,而其实要名的,并不在要钱之下,尤其是名与钱已经挂了钩。

关于名分之滥古人见过许多遍,道理也讲过许多回,但历史是不长记性的,所谓借鉴历史经验也只是在历史学家那里有那么回事,历史的真正主人不是历史学家,其实是不会汲取经验的。眼下名分在不断滋生,有人说,我们需要激励机制,意思是用"人比人,气死人"的办法来激发斗志。

看非洲动物世界,狮子吃饱了,就不再理会旁边的斑马、羚羊。我们人类就奇怪:狮子干吗不多抓两只羚羊存着啊?我们人心与动物的心就是不一样。

长城内外是故乡

今天,我们在地图上看到方角折曲的长城符号,都觉得十分"自然",至少从宋代以来,各类全国舆图上便有了长城的"小像"。长城在宋代并没有什么用处,徒为一种存在,编图者把它与北方的河山画在一起,说明这座人工建筑已合入北方自然的高山峻岭,与它们结成一体,成为新一种天长地久的地理结构。再从人文方面看,长城不只是一道砖石土垣、木柴僵落筑起的军事屏障,作为大地上一个独一无二且伸展辽远的地理因素,它引导了一条特殊的人文地带的形成。这一地理地带的核心是长城,所以可称为长城地带。

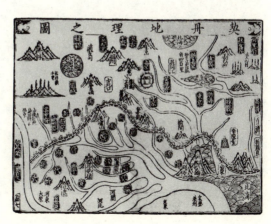

《契丹地理之图》上的长城

中国文人向来有谀地的传统,古代诗文已把祖国山水赞美得淋漓尽致,即使在不起眼的偏州小县,也会有文人封点的"四胜""八景"。小时学作文,跟着传统的语言格式走,也模仿过那一类的描写。不过,有一处地方得到的赞词极少,这便是长城地带。长城地带在古代文人的歌咏中,只有弓刀、白骨与荒凉,在世代民间传说中,也尽是些悲惨的故事。其实长城战事,即使在王朝时代,也常常是远逝的事情。可是在承平岁月,长城还是唤起人们不平静的心理。"饮马长城窟,水寒伤马骨……君独不见长城下,死人骸骨相撑柱。"长城地带是一个悲剧地带。

然而,长城地带的悲剧属性完全来自南方人北望长城时的心情。在长城脚下生活的人们,不可能终年做冷月荒垣的感慨,他们像所有地方的人们一样,必须利用当地的环境特点,开辟自己

长城脚下

的生活空间，建立自己的社会地域。早在《汉书·匈奴传》中已然披露了长城内外人民"往来长城下"的积极气氛。长城的修建，作为一种新的地理因素，重新规定了人们行为的位置。原来的事情，可以在这里，也可以在那里；而现在，必须在长城。至少，长城的关口所在，都变成交流行为确定不移的会聚之所，交流程度的强化使这些地方凸显出来。如作为长城关口的"宣大市中，贾店鳞比，各有名称。如云：南京罗缎铺、潞州绸铺、泽州帕铺、临清布帛铺、绒线铺、杂货铺，各行交易。铺沿长四五里许，贾皆争居之"。

长城地带的形成，必定产生深远的人文地理影响，作为地域属性，它理应有一份独立的资格。对那里的人地关系、社会景观、历史功能应给予独立的考察。近代以来，对长城地带在学术上率先进行独立考察的为数不多的人中，有美国地理学家欧文·拉铁摩尔（Owen Lattimore），这已是近六十年前的事了。拉铁摩尔不是"胡人"也不是"汉人"，没有站在某一边（特别是南边）排斥另一边的天然立场，具备旁观者的角度。另外，他对地域的分割不以国家而论，他的注意力亦不是重在"文明"不在"荒远"，而是能放大视野，超越政治与民族，将两边合观为一个"亚洲大陆"。在对亚洲大陆做如此宏观俯视，究其整体发展时，拉铁摩尔发现"对汉族是边缘的长城，对整个的亚洲内陆却是一个中心"。

所谓"中心"的概念是，在长城的两侧，并立着农业与游牧两大社会实体，两大社会在长城沿线的持久性接触，形成互动影响，反馈到各自社会的深层。这一中心概念的建立，纠正了以往以南方农业社会为本位的立场。以往绝大多数人在讨论二者的影响时，话锋向来在北方"野蛮"游牧社会如何"乱"了南方"文明"农业王朝这一端。至于南方对北方的影响，除叙述农业社会如何以货物交流北方而外，便再无其他考察。当然，强调二者影响的相互性，无意要将二者的方方面面都拉到平起平坐的位置。但至少在考察二者的关系时，不应将游牧社会定位为无内部运作、无实际进化、只行"侵边犯塞"职能的一伙概念性人群。草原游牧社会具有从无到有、曲折演进的历史，而这一历史，由于地理的"缘分"，离不开南方农业社会的存在，更具体一点讲，离不开长城地带的存在。

拉铁摩尔认为，在亚洲大陆，当南方农业社会未成熟壮大之前，无论哪里，都是种植、养畜的混合经济。不能种植的地方，则几乎没有人烟，也就是说，不存在单纯的游牧经济，因为但凡人们可以种植，则不会选择游牧。北方的人们聚集在草原边缘的山地林莽之内，草原地带本身是空旷的。后来，精耕农业在南方出现，农业社会形成，在地域上不断壮大，向四面八方可能进行农业的地方拓展。在此期间，伴随着部落（或国家与部落）间的争斗。原始政治的不相容性，使一些部落被驱赶到几乎不能进行任何种植的草原地带，于是，纯畜牧经济出现，而在草原上的畜牧，必须游动，最终形成了游牧社会的一套组织办法。在司马迁的记录中，"戎"—"狄"—"匈奴"名称的变更正反映了这一过程。

关于草原社会的形成，拉铁摩尔概括为五大特征：第一，放弃混合经济而转为完全的草原文化；第二，完全依赖天然牧场，无须饲料储存；第三，移动权重于居住权，因牧场不能持久使用；第四，与马厩不同的管理马匹的高超技术；第五，熟练的骑术，这需要马镫和马嚼的发明。他认为，是"中国从有利于建立中国社会的精耕农业环境中，逐出了一些原来与汉族祖先同族的'落后'部落，促成了草原社会的建立"。所建立的草原社会与南方农业社会同时发展，二者之间的地域遂呈现"边疆形态"。需要注意到的是，此处所说的"边疆形态"有其专门的内涵，它包括巨大的自然差别和社会差别，它是古代世界特有的历史地理形态，与现代国家边界不同，在美国和加拿大之间存在漫长边界，却根本不存在拉铁摩尔所说的边疆形态。

拉铁摩尔进一步对长城出现所造成的影响进行了分析。他认为秦始皇长城的修建，加速了草原社会的政治发展，长城增加了所谓边疆地带的政治分割强度，使长城以外依存汉族的小部落不复存在，分散转为统一，最后是由头曼—冒顿整合起来的草原帝国。拉铁摩尔多次强调，在农业社会与草原社会的关系史中，主要是农业社会限定了草原社会，而不是草原社会"扰乱"了农业社会。拉铁摩尔的结论，主要出自宏观理论分析，尚缺乏细致的实证考察。但将长城地带看作核心，思考它的双向影响，特别是到草原社会去"发现历史"，其学术意义不容低估。

在长城地带，人文地理与自然地理一样具有过渡性，它是一个渗透着农业和草原势力的世界，一个两种势力接触并汇合于此，而不能被任何一方永远统治的世界。但是，所谓"过渡性"是相对于"农耕""游牧"两个便利的概念而言，任何一个在历史上、在地理上长期存在的社会形态，事实上都是非"过渡"性的。在这里,也需要我们去发现历史。在"过渡"社会中,因"正常"社会的统治者无心认真经营"过渡"政治,这里的政治永远是消极的。但"过渡"却是进行贸易的绝好地方,在这里,贸易永远是积极的。长城地带可能是一个由军事骁将和商业奸雄控制的社会。然而,正是由于在长城地带不可能建立完整的内地体制或草原体制,单于与皇帝都不善于管理一个半农半牧的社会,因此过渡地区的人们有机会较多地受到自己利益的支配。

利益与机会是统一的。在长城地带,社会组织、社会控制的松散性是其主要机会形式。据《明会典·户部·屯田》记载:这里的"军余家人自愿耕种者,不拘顷亩,任其开垦,子粒自收,官府不许比较,

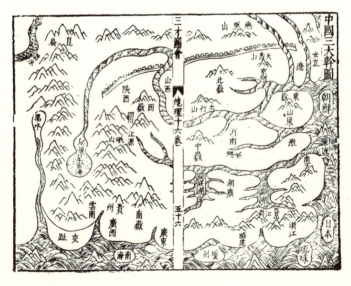

明代《中国三大干图》上的长城符号

有司无得起课"。徭役租税的疏漏，人口的流散，造成更灵活自由的集市经济，官府更易于同商人勾结，向来严谨的军事活动，在这里也充满商机。清人纳兰常安在《行国风土记》中记道："塞上商贾，多宣化、大同、朔平三府人，甘劳瘁，耐风寒，以其沿边居处，素习土著故也。其筑城驻兵处则筑室集货，行营进剿时亦尾随前进，虽锋刃旁舞人马沸腾之际，未肯裹足。"因为有暴利在前，商人们一不怕苦，二不怕死。

因为军事与商业的突出地位，这种地区人们对于城镇（堡）的依赖大于其他地区。边地城镇的问题，是许多长城地带的研究者（包括拉铁摩尔在内）所忽视的一项内容。施坚雅在一九七七年曾指出，必须注意边地城市在军事防守与社会管理两方面的职能的和谐性。一九九六年，美国年轻学者高蓓蓓 Piper Rae Gaubatz，曾在北京大学地理系做高级进修生）出版了一部研究中国边地城镇问题的专著，对长城地带的城镇历史地理进行了系统考察。她提出，长城地带的城乡发展模式是，城镇先于农村，城镇重于农村，而城镇更多地受到商业而不是农业的支撑。城镇显示自身的意义不在于规模，而在于功能。由于军士们或多或少都要从事生产自给，军镇向民镇的转化，是普遍现象，许多军镇在转化开始以前便已多少具有了民镇功能。

城镇问题的提出，使长城地带的研究向前走了关键的一步。这里与长城共存的不是荒原，也不仅仅是稀疏村落，还应包括沿边城镇，而城镇与长城的关系更为直接，应该说主要是城镇与长城共同组成这里的人文地理结构。从长城城墙扩展到沿边城镇，使我们的观察从军事学移入社会学。由于沿边城镇在据守、管理、交通、商业、金融、手工业诸方面的社会职能,长城地带的社会生活才得以运转,长城自身也才能具有活力,离开人类社会的支撑,长城只是一件死物。

放眼历史而观长城,其活力贯穿于军事、社会、经济、文化等一系列层面。长城地带,以两边为腹地,两边的社会发展规定着它的意义。长城的意义在最后一个王朝时发生重大转变。康熙皇帝的名言"在德不在险""众志成城"对长城进行了功能上与道德上的双重否定。其实,长城意义的骤降并非由于人们道德上的觉醒,满族上层与蒙古族上层的政治同盟,清政府在草原社会施行的政策是其本质原因。取代长城的不是看不见摸不着的"德",而是那个实实在在的理藩院。王公制度、昭庙制度减小了草原的移动性,增大了草原的分割性,草原社会因此出现深刻变化。变化内容之一是弱化了草原社会的军事属性,利益不再来自战争,而由贵族政治、宗教组织决定分配。

经过历史的曲折发展,长城时代终于结束,咒骂长城恨不能将其哭倒的历史故事已不再动人。在新的时代心态下,长城得到了道德重建,"修我长城"成为恢复民族自信的号召。长城地带,曾为家乡,现在面临的是全面的社会更新。

"边地"的主体性与多元性[*]

在中国历史上,边疆、边界、边地等观念是与"华夏中国"这个观念一起发展的,是作为与"中国"相对照的一个地理观念发展的。在历史地理讲述中,边地的缺乏主体性和简单的概念化是个很大的问题。要克服掉这个问题,需要从中国史的视野转变为亚洲史的视野。

在传统中国史意识中,有一个基本的地理模式:一个中央大国,加上一个稳定的地理边界带,边界带外面是蛮夷世界。这个模式在北方最典型,几千年的北部中国史就是在这个地理结构中展开的。这也几乎成为中国人的一份世界观,以为用这个模式就够了,就可以认识地球的这个部分的历史大势,就可以把握这里的人群社会了。

在这个模式中有这么几个值得讨论的问题。

一个是以一国史为主线看世界。这是古代中国人的习惯,结果是从王朝历史观引导出来的一套中国大地以及与周边关系的恒

---

[*] 本文为二〇一四年九月在清华大学"现代亚洲思想"座谈会上的发言纪要(二〇一五年二月二十日补充修订)。

定的格局。在这个习惯中,虽然也在看中国之外的亚洲国家和人民,但那不是真正的亚洲视野,一国统率一批朝贡国,这不叫亚洲史,它在本质上还是中国史。

相比之下,在欧洲史中,没有类似中国人那样以一国为主线看世界的客观条件。盯住一个国家的历史,然后来认识世界,这是中国古人的习惯,在我们古代地理文献中这类东西很多。欧洲的情况与我们不同,他们没有一个贯穿始终的大国历史,用一个国别史看不明白欧洲的历史问题,如历史地理问题。在欧洲历史中,找不到一个稳定的中央之国,它的中心和边缘常常互相转换,有一个非常复杂的历史地理过程。罗马曾是中心,巴黎也曾是中心,但还有很多别的中心,一些好像是次要的地方,在某种背景下,可以形成为一个中心。如比利时是两次世界大战最重要的战场,现在是欧盟的中心;希特勒完全看不上瑞士,觉得瑞士是一个没有价值的地方,所以他不打瑞士,但现在瑞士是联合国欧洲总部。欧洲历史必须是从欧洲整体视野来讲。

相对来说,我们中国学者缺乏亚洲整体历史的眼光。今天我们讨论的是从"亚洲"视角看蒙元史,再扩充一点,从"亚洲"视角看各个相邻民族或国家的历史,这会有更丰富的学术收获。如果转换眼光、转换视野,那么很多问题可能要重新认识,旧有的一些结论性的东西,可能要重新讨论。即使是解释中国历史的问题,如果没有亚洲视野的话,也会讲得很简单。不能真正弄明白与中国打了千百年交道的到底是一些怎样的民族、社会、文化,这不但不能服外国人,也不能服我们中国自己人,甚至也不能服我们

学生提出的一些问题。在我的课上,有学生(是个对蒙古族地区抱有浓厚学术兴趣的学生)曾提出这样的问题:

> 匈奴和中原的联系对帝国的形成有何意义是一个值得思考的问题;换言之,在广阔的欧亚草原上,为什么历史选择了在中国的边境上形成游牧人的帝国。学界有着不同的观点,认为是先进的中原文明刺激了匈奴人的发展,认为中央帝国对北方民族的策略而致。黑海至里海的斯基泰人生活在自然条件更好的草原上,有着高超的牧马技术,也和文化发达的希腊民族有长期的交往,然而在那里却没有形成统一的帝国。反过来,在匈奴帝国灭亡之后,相同的地域上又不断地能够兴起游牧帝国。这块游牧人的空间必然有着使其持存的地理因素。
>
> 然而另一个问题同样关键,这样一个难以进入的干旱原野并非注定要承载一个帝国。历史的既成事实往往会变成先验原因。干旱地区的游牧民族并非有天然聚合成国家的义务。在中东地区,沙漠地区的民族恰恰是最晚进入统一国家的;在美国西南部,当地的印第安人即使在面对殖民者的时候也未曾形成易洛魁式的大联盟。蒙古高原上丰富的啮齿类动物和可食的野生植物可以维持人类的最低需求,黄羊等大型野兽也能够供人捕猎,在这块比西部澳大利亚和卡拉哈里优越的土地上形成狩猎采集部落不是难事。那么匈奴及后来的民族为什么要形成接连不断的游牧

国家呢？（孔源课程作业）

他这个问题就是表达了对片面讲述匈奴史的不满足，而要追问草原社会自身的道理。我们在汉文历史文献中读到的匈奴史，只是匈奴在与汉地交接地带表现出来的东西。古代中原人在对北方民族的关注中，除了他们在边界地带的行为活动，其他都是不必在意的、可以被忽略的。好像北方民族只是一些依附性、陪伴性的人群，或者说，只需在"胡汉"关系中定性北方民族，历史永远演奏的是一支侵扰与和亲的变奏曲。没有了中国历史，便无所谓北方民族的历史。古代史籍中没有真正的匈奴史，只有汉匈关系史，史料决定了这一性质。

我们不能仅仅以在边界的行为认识北方民族的政治特性、文化特性。而全部的匈奴历史，应包括匈奴在其发展的各个阶段的表现，以及在各个地域的表现，这才是匈奴的整体史。如果只讲与中原对应的内容，那不是匈奴史，而是中原史的一部分。同样情况，仅仅在与汉地关系中讲述的各个"外夷"史，其实都是中国史。我们强调亚洲视野，有一个意义就是复原每个民族或国家的历史的完整性，也就是寻找他们的主体性。而当我们确认其主体性的时候，在地理上，他们生存活动的地域便不再是边地，而是一个个亚洲的人文中心。

在很多历史叙述中，称匈奴是一个"边疆民族"，这是不准确的，称他们是一个相邻民族才是准确的说法。边疆与邻地不同，二者不能混淆。边疆的焦点是疆界、边界，是一个狭窄的条形地带，而邻地则不同,邻地可以是一片广阔的地区。在古代中原人的观念中,边疆与其以外的地区没有本质的区别,都是化外之地、化外之民。在古代地理文献中,对边疆之外的地区缺乏严肃的记录。边疆之外的地区可能纵深辽远,其核心可以有另一种文明成就。而中国古代士大夫的地理观,几乎很难越过边疆带,去认真地认识和思考边外的社会。他们习惯于将边疆与边地等同对待。只思考边疆政策,以边疆政策代替与边外社会的关系。

匈奴的活动地域很辽阔,区域差异也很大,在不同的地方,会有不同的社会生态特征。在想象中,匈奴是草原民族,其实山地也是他们的重要生存场所,山区对于匈奴甚至比草原更重要。一个"边疆民族",一个"草原民族",两个概念把匈奴社会卡死了。这是过于简单、片面、概念化的理解。

我注意过匈奴与山地的关系,提出这样几点认识:一、匈奴巢穴多居山;二、匈奴善于山地作战;三、山地的物资是匈奴不可缺少的;四、匈奴的圣地或纪念地常在山地。从发展历史来看,中国北方早期游牧社会可能就是以像阴山这样的草原边缘的山地为基地而发展起来的。或者说,山地与草原的交接地带是中国北方游牧社会起源的地理环境特征。北方草原周缘有许多游牧民族,他们原本依据不同方位的山地而立足,随着马的使用,其游动能力加强,游动距离渐远,逐渐向毗邻的草原深处发展,在这一过程中,形成新的社会机制以适应草原上远距离的各类人文行为管理。他们进入游牧的时间或有先后,但总的过程应当差不多。游牧民族进入草原,需要特定的条件,如骑射之术,没有迅速奔驰的能

草木茂盛的阴山山地

力与且骑且战的自卫本领,不可能驾驭开阔无遮蔽的草原。另外,尽管草原可以提供巨大的放牧空间,而山地的各种生活用材,仍然是他们不可缺少的,游牧民族从不会主动放弃山地。

另外,北大考古学教授林梅村的一个博士生马健研究匈奴遗址,他考察了整个匈奴活动地域的遗址情况,对我们研究匈奴历史地理很有价值。我们看到,在匈奴世界的核心地区漠北地区,有丰富多样的文化遗存,包括墓葬与居址等。这些东西在匈奴与华夏交接地区是看不到的,这是认识匈奴社会的重要证据。据马健介绍,俄罗斯学者比较分析了外贝加尔地区伊沃尔加(Ivolginsky)、德列斯图伊(DyrestuiskyKultuk)、车姆克(CheremukhovayaPad)、伊莫(IImovayaPad)四处匈奴遗址中人群年龄、性别与葬仪(墓葬结构、随葬品、殉牲)等多项特征。结果表明该地区的匈奴社会内部,精英集团与普通游牧民等级差异巨大;游牧人群的社会地位明显高于从事农业的定居人群。但也有一些难以解释的现象:外贝加尔地区定居点中女性随葬武器的数量大于游牧的男性。匈奴历史不是简单的骑兵马队的历史,它的社会丰富性与地域文化的丰富性是相互映照的。没有整体地域结构的考察,无法认识匈奴。

为了认识历史上北方民族自己的生活,需要从他们自身社会生活的立场、角度来建立历史的时空体系,需要从中国史的视野角度上升为亚洲史的视野角度。从亚洲视野看,在金元之际,蒙古高原实为东亚的一个历史中心,而南宋临安、江南的时代历史地位远不及大漠南北。

第二个问题是对边疆地带的历史意义要做双方解读。对于边地,我们熟悉的是从中原史角度的叙述,而不管那边的人在想什么。其实边地的意义是双方的事,从双方角度看边地,是亚洲视野下的重要工作。

如果从双方的历史来解读,边地会成为一类中心,它既可能是问题探讨的中心,也可能是事实的中心。作为问题中心,是历史研究的一类重要课题,边地存在着解释双方许多历史"反常"现象的原因。秦始皇的"直道",因为直达边地,而在驰道体系中占有特别的地位(包括名称)。匈奴在自己的政治体系中出现特殊的与南方汉朝对应的地理格局:《史记·匈奴列传》云,匈奴"诸左方王将居东方,直上谷……右方王将居西方,直上郡……而单于庭直代、云中,各有分地,逐水草移徙"。

在边地的交往、互动,具有强烈的特殊性,而这种特殊性往往导致历史创新。这样的大小例子不少,晚近的例子可以举清朝康熙时期的《尼布楚条约》谈判,它打破了朝贡体系的交往传统,开创了现代国际交往方式的先河,传统的"天下"观念开始松动。从创新性的意义上说,边地具有特殊的历史价值,是一种历史的发动区,具有催生作用,这正是拉铁摩尔所说的边疆可以是"中心"的议题的含义。总之,边地并不是一个完全消极的存在。

边地在事实上成为中心可举北京的例子。北京的历史地理过程,是一个双方互动的典型。正是在南北长期、复杂、越来越激烈的互动历史中,北京地区从王朝边地转变为王朝首善。在这一历史地理选择中,北方民族起到了关键的、主导性的作用。如果仅从中原史这一边的角度看,北京没有成为首都的强有力的理由。将北京作为首都的理由,是北方民族看出来的,是从北向南看出来的。北京成为首都之后,汉族文人才做了事后诸葛亮,形容北京"是邦之地,左环沧海,右拥太行,北枕居庸,南襟河济,形胜甲于天下,诚天府之国也"。而真正的历史地理解释,应如侯仁之先生所说:由于北京处于华北平原门户的地位,每当中原王朝强盛时,北京会成为经略北方的前哨。而当中原王朝衰微,北方民族强盛时,北京则成为他们向南发展的基地。当年巴图鲁建言忽必烈在燕京(北京)建都时就说:这里"南控江淮,北连朔漠","大王果欲经营天下,驻跸之所,非燕不可"。

从两边看边地,有一个有趣的事情是怎么样全面认识阴山,阴山在北部中国历史中,在人文方面,产生了什么样的影响力?我们从中原文献中读到的对阴山的记载,大多是把阴山看作一个屏障,诗歌里常把阴山写成是一个战场,有很多英雄和将军在这个地方立功。阴山的背后是一些强大的具有"侵扰性"的族群,他们总想要跨过阴山,进到中原地区来"抢掠"。阴山成为中原人和"侵扰"者之间的一条防线。这些几乎成为古代中原人对阴山人文属性的一个定位。但是,如果反过来看,从北部草原地区来看阴山,会有些什么样的想法?阴山北面的人怎样认识阴山南面的人群和社会?阴山南面的人群与社会和他们有什么关系?阴山有什么意义和价值?阴山的很大一部分原来是属于匈奴人的地盘,《汉书》里面记载过匈奴失阴山之后的悲伤心情。

几年以前,我在北大上地理学思想史的课,有民族大学的同学来听,其中一个同学张新宇要写吐蕃人的"世界"观,他写出来以后我觉得很有意思。吐蕃人认为南面的印度是"教法之国",东面的汉地为"卜算之国",西面的大食为"财宝之国",冲木格萨尔为"军旅之国",世界的文化内涵很丰富。当然他们对自己所居住的地方也有一番解释——"有雪之国"。他们的"世界"观是吐蕃历史文化中一个基础性的东西。

我很希望有人讲解蒙古高原上人们的地理观,草原上的牧民怎么看待阴山,从草原上看阴山是不是也那么高大?草原上的人们有没有翻过阴山去的想法?翻过阴山以后对他们有什么意义?等等。如果我们找到这些答案,对历史地理学将是一个大的贡献。这些地理上的人文观念可能会帮助我们解释一些社会行为、文化行为。

北方民族的历史很复杂，这个历史过程依托的是北方复杂的地理环境。反过来，历史又给北方地理（山、水、大漠）赋予了特定的历史文化属性，成为历史的一个部分，所以说地理不仅仅是舞台，也是历史的一个组成部分。

这里需要明确的一个问题是，将视角转到另一方，并不意味着重心的转换。用人类学的说法，是要做"互为主体"的对话。互为主体乃是一个你来我往的对话场域：不断地透过言说、聆听（或阅读）、观察、学习、实践，甚至共做，不时修正，既关照自省，也拓展自身眼界。在人我对话的过程中，既能进入他者的世界，又不致因之消融自我，失去主体性。在往复递进、相互启发的动态过程中，达成"同理心"的认识。

第三个问题是，即使是讲中国北部边疆的历史，在地理观察与叙述上，也不能把边疆简化为边界，进而用现代的线性边界概念想象古代的边疆地理。线性边界，特别是严格确定的国家边界线是近代的产物，其标志性创始事件是一六四八年的《威斯特法利亚和约》。它有一个边界线谈判的国际法过程，包括勘测、谈判、签署、建立标志等项。中国最早出现类似的边界谈判是一六八九年的《中俄尼布楚条约》。

现代边界概念可以是一条一点儿宽度都没有的经纬线，但现实当中哪有这样的界线。一条线把两个国家判然分开，这种观念对于我们研究边疆史来说非常糟糕。很多年前拉铁摩尔写书，就是强调边疆不是一条线，边疆是一个地带，甚至可以作为一个独立的地带来研究。边疆地带它自身的存在方式是什么？它是怎么发展的？怎么样与中国历史和整个亚洲的历史结合起来的？我觉得这才是一个真正的问题。为了这样做，有必要给边疆、边地自身一份历史。

当我们把边疆看作一个独立的地带，具备主体性的时候，其多元性、结构性就很值得关注了，因为多元性、结构性乃是讲主体性时必然涉及的连带特性。地理学研究的前提判断是：任何区域、地带都不是均质的，而呈现多元性与结构性。所谓的整体史也不是将一个区域看成简单的一块，而是要观察其复杂的内部勾连的结构，只有找出内部多元的特征，才是真正的整体史。现在学者坐在家里想象边疆，不能被古人牵着鼻子，把边疆想象成一种单一的地带，单一的仅供穿行的地带，以为在那样狭窄的边疆地带，很难有稳定的发展，很难形成可观的社会积累，没有多少历史内涵。

我们的很多边疆研究，往往是研究中原王朝的边疆政策，这不是真正的边疆研究，边疆研究应该以边疆自身为主体，站在边疆的主体位置上，意识到那是一个有自身生命的区域。边疆地带不是有待于两边谈判才能出现"结果"的地方，边疆的历史发展不是追求一条边界线，这是我们今天的概念，古代未必是这样。一条线是现代政治强加给边疆地区的。

研究边疆政策，只是一种"从上到下"的眼光，而"从上到下"是不够的，也要"从下到上"。北大历史地理学中心有一个博士生孔源研究呼伦贝尔地区，他的研究核心不是边疆政策，而是呼伦贝尔基层社会不同的族群、不同的人群组织之间的互动关系，在不同的文化背景,不同的经济、文化传统下(包括俄罗斯的一些因素),怎么样在这个地区一步步发展,形成了一个特定的历史地理局面,这个结果局面不是上层边疆政策导致的(当然边疆政策是不可忽略的因素之一),而主要是自身的社会生态使然。从基层、从社会自身各要素的相互关系讲述这个历史地理过程,使我们对于边疆的理解更加有血有肉。

边疆、边地的多元性在地理上有充分的体现,即使我们称地理为"舞台",我也觉得对边地这个"舞台"还缺乏足够的认识,如对阴山南北地区我们认识就不够细化。例如,我们常常笼统地描述北疆的长城,但如果细致观察,可以发现,战国—秦—汉长城对于阴山的利用,或者说与阴山的关系各不相同。战国时赵国长城在阴山南坡脚下,阴山山地尽在长城之外。秦朝长城则改到了山上,在山巅的北坡,而西汉长城远跨山外,将阴山西部囊括其内。这一系列的变化说明了长城建设者什么样的战略意图?很值得从历史地理的角度做细致讨论。

我的一个硕士生陈峰写过南匈奴的历史地理论文,里面就涉及了另一类细节问题。东汉光武帝建武二十四年(公元四十八),匈奴正式分裂为南北两部,其中一部归附东汉,史称南匈奴。建武二十六年(公元五十)正式设立单于庭帐(南单于庭)于五原(今内蒙古包头市西)西部塞八十里处,随后又令其入居云中郡(其治所在今内蒙古托克托县东北),不久再迁至西河郡的美稷县(今内蒙古准格尔旗西北)。南匈奴单于庭在阴山以南地区的横向空间位置的三次选择,应该各有思路,这是南单于庭的沿革史,它反映了这一地区复杂的政治地理格局,应该从地理环境和政治环境的角度做细致分析。

阴山从东到西跨度大,其各个地段的发展是不同的。如阴山西段的狼山与乌拉山,在早期历史中,是一个很特殊的地方,自成一个单元。当赵国向北面发展,并沿阴山南面的平原向西拓地时,仅到乌拉山为止,乌拉山以西(今天所说的河套地区)仍为匈奴人的家园。过去以为赵国长城"西至高阙",可以到达狼山一线。后来李逸友先生做细致田野考察,没有在乌拉山以西发现战国长城遗址,从而否定了原来的老看法。因为赵国长城止于乌拉山以东,所以高阙塞的位置也应该在这一带,这又引起了对高阙塞的讨论。《水经注》说高阙塞在狼山石兰计,在乌拉山以西,而李逸友提出应在乌拉山的某个山口。辛德勇综合两家,提出高阙塞"徙关"说,

阴山山脉狼山段石兰计山口,古代高阙塞

即战国时期的高阙塞在乌拉山,由于汉代徙关,高阙塞搬到了狼山,所以北魏郦道元所见也不错。

阴山以及边地的这些事件的地理位置变化,不仅仅是简单的地名的变化,而有着位置属性的改变。这些不同位置的相关性构成了历史事件的空间结构性。每一个历史事件,都包含空间结构性的特点,这也是历史地理学的一个前提判断,它与空间的非均质性是一致的。非均质性,是多元性的基础。在辽阔的北方边地,对这一历史地理特征的研究是十分必要的。历史上,从谋生百姓到政治实践家,都具有现实的地理知识,而掌握地理知识的目的是为了选择。在历史中,历史事件有多少,地理选择就有多少。在辽阔的中国—亚洲大地上,无数次的地理选择,构成了这里的文明史。

我们强调边疆、边地的多元性,即强调它们的现实性,因为边疆、边地都不是概念的、笼统的,而是具体的历史存在,具有不可替代的历史功能与独立的历史价值。对问题的简单化理解,是一种轻视。

总结起来,我的基本想法是,东亚大陆似乎有一个绝对的自然地理分界,即历史上所谓的"大漠",这个自然地理界线深深地影响了东亚大陆的历史。欧洲的阿尔卑斯山、多瑙河都没有像亚洲大漠这么厉害的分界作用。这个中国边地的地理基础我们必须承认。但是,如果它也成为人们视野的界限,就有些遗憾了。亚洲的历史地理是复杂的,有些国家在强调海洋中心,我们过去强调大陆中心,这些都是解释亚洲历史的重要视角。海洋地区有琉球、日本、菲律宾等。亚洲内陆要复杂得多,有草原地区、中亚地区等。就中国历史来说,拉铁摩尔讲,中国各面的边疆属性不同,要分别研究。中国就是处于这样一个宏观地理位置上,这是中国拥有的非常丰富的历史文化资源,但我们的学术并没有适应这个地位,并没有把这么丰富的历史文化资源很好地发掘出来,成为我们国家真正的一个知识学术基础。提倡亚洲视野,正是要改变这种情况,其意义不仅仅是范围的扩大,更重要的是问题的深化。

提倡亚洲视野也具有很大的现实意义。亚洲整体眼光的缺乏,不光对学术不利,对于处理现实社会、政治、外交的问题也不利。在一般中国人的知识结构上,比较缺乏亚洲方面的基本文史知识。问问中国的大学生,知道多少关于印度的事、关于尼泊尔的事、关于阿富汗的事,这都是我们的邻国,但我们对邻国的文史知识很缺乏了解。现在中国周边的问题很多,有些学者开始突破过去的视野来研究这些问题,有很多重要发现。在亚洲问题上我们变被动为主动,变糊涂为清醒,对今天的发展很重要。

以上所说,是自己的一些粗浅认识,我对边疆边地问题的研究很不够,说错的地方请大家指正。

人文疆界

凡属我水头人氏,必须团结一致,坚决打击和消灭入侵之敌。发现敌情,不论任何工作,都必须把反击敌人放在一切工作的首位。……按照赏、罚的原则,在对敌斗争中勇敢、突出的人员,给予奖励,凡属做对敌斗争的工作,都给予报酬。

上面是某县乡约中的几段话,但此事不是发生在抗日战争时期对付"鬼子进村"的办法,而是在"红彤彤"的一九七五年与邻乡土地之争中一项"保卫山场自卫反击"的决议。从其用言之狠可知,情形严重得已然关乎生死。这是《职方边地:中国勘界报告书》(靳尔刚、苏华著,商务印书馆二〇〇〇年版)一书所披露的我们社会深层存在的土地疆界之争的一斑。

《职方边地》这部书虽然有太多的抒情、太多的枝蔓,但还是披露了大量最近几十年来许多鲜为人知的争地勘界的事实。本书所记,并非国际边界争端,而是我国内部的疆理之治。我国有六十八条总长六万多公里的陆地省界(未含广东省与香港、澳门特别行政区的陆地界线),又有四十一万余公里的县界。行政界线如此绵长、发达、错综,犹如巨网,笼罩在国土之上。这张巨网给社会总体带来秩序与安宁，但在局部上，却并非树静风止的地带。在边界的吃紧地段，两侧争斗几无止期，甚至演为一道道或生仇恨、偶现厮杀的"战线"。即使在一九四九年后，"内蒙古自治区在周边八个邻省、邻区中，与七个省区的二十四个县的边界有争议"。"额济纳旗、阿拉善右旗与甘肃省的金塔县、山丹县相邻，存在边界争议面积约为一万零五百平方公里。""甘肃省与青海省的边界线全长两千六百多公里，是中国最长的省际陆地行政区域界线，同时也是争议问题最多、情况最为复杂的一条边界线。"其他省、县，虽各有等差，但情形必不容掉以轻心。

划定各类等级的人文、行政界线，是我国老早便启用的治国传统，《孟子》曰"仁政必自经界始"，要"正"经界，《周礼》称"体国经野"，其中大有文章。周振鹤先生归纳古代"体国经野"之法有：分封与郡县两制、二级政区或三级政区、政区幅员伸缩、界线作犬牙交错或从山川形便、区划等第升降等。所谓"体国经野"之法，实则是皇（王）权在地理空间中的摆布方式、号令格局。方式、格局一旦建立，则产生各级行政疆界。此行政疆界乃是一种君临形式，显示的是皇权的分而治之，其分治之法可以决定人的荣辱生死。在现代社会，行政区划依然重要，国内行政区划边界既可正式地作为地方政府单元的权力象征，又可以非正式地作为国家向特定地区和人群实施倾斜政策的依据，划区操作是社会工程中必不可少的政治措施。

人类社会离不开疆界，而疆界的划定运用又何止人类。划地为界，在动物身上就显出本领，它们自有一套"地理信息系统"，察觉的敏锐性高于人类。一部电视片介绍说，蚂蚁曲折前进时不断回头望日以确定方向，并随时"计算"出回程的捷径。而蜜蜂回巢振动身躯时也有身躯轴线的指向，指示鲜花盛开的方向。非洲哺乳动物的故事告诉我们，动物的疆界是拼死保卫的，等同于它们的生命界线。人类的划地本性也应该是生物基因里埋伏好了的，只是后天的"文化"又将其发展到更加繁多复杂的地步。

可能很早的时候，原始人就把江河山脉的走向当作界线使用，后来又有了毫无自然地貌依据的界线，这种界线是纯粹"人文"出来的，形态万千。而种种人文界线一旦定下，便具有制人的力量(power)。几年前在美国，一个日本人想到一户美国人家问路，便进入了美国人的"private"界线。美国人的 private 界线好生了得，日本人虽然被警告，但因不懂英语还是踏入禁区，结果被一枪撂倒。《左传》曰："人之有墙，以蔽恶也。""墙"的设立，以对方性恶为假设前提，所以墙的存在，已然将两侧先决为对立的双方。墙是对立的产物，反之又制造着永恒的对立。人文疆界多半如此，严酷的人文疆界往往诱发仇视。

布罗代尔在《十五至十八世纪的物质文明、经济和资本主义》一书中说："市场实际上是条像分水岭那样的界线。根据你处在这条界线的一侧或另一侧，你就有不同的生活方式。"如果像布罗代尔这样敞开思想，则社会中的人文界线便多得不可尽数。不过，人文界线中最出名、最有形状感的是行政区划界线，在地图上每日可见。地图上的行政区划界线是一些精确又不间断的连线，我们今天的国土疆界概念，往往来自这样的地图。但是疆界概念，属于社会历史范畴,远非地图上那样简单,其历史变迁是一件值得注意的社会进化标尺。

在我国,"疆"义源于农田土地划界,《说文》:"畺(疆),界也。从畕、三,其界画也。""畕"显然是农田地块。后来疆字义广,又指政治疆界,如《左传·桓公十七年》:"夏,及齐师战于奚,疆事也。""界"也在"田部",《说文》:"畍(界),境也,从田,介声。"作为农田的疆界,我们相信它是形状严整、边界确切的。《诗经·小雅·信南山》:"疆场翼翼,黍稷彧彧。"《商颂·殷武》:"商邑翼翼,四方之极。"朱氏《集传》:"翼翼,整饬貌。"《诗经》将农田"疆场"与城邑都形容为"整饬貌",并不算夸张。但是对于列国的"疆场"恐怕不能形容为"翼翼",列国的"疆场"或疆界,不可能是精确、清晰得可以用一条连线将其周边标出,即使有这样做的,也只是示其大略。在国土之内人文稠密的地段,由于各种资源利益分配的逼迫,完全可以形成确切的区域界线,但不会是所有地段都如此。而在王朝国家边疆的荒野斥地,更不可能也没必要画出一条精确的线来。王朝边疆的大多数地方,只是一个边界地带。古代的长城在某个时期具有线界的样子,但其本质是特定方位的军事设施,而不代表整个王朝的疆界概念。必须由一线牵出的国境,是西方近代国际关系中产生的边界概念。

在西方人观念中,"边疆"(frontier)一词,也是指宽窄不定的一个地带,其有两义,一是两国之间的地带,二是一国之内人文繁荣地区与偏远未曾开发的荒野之间的地带。如今第二义的地带尚可举加拿大的北土、美国的阿拉斯加、俄罗斯的西伯利亚。在十九世纪的西方，边疆地带被视为人口急遽膨胀的国家的"安全阀"，开发边疆是一种对压力的缓冲。另外，过去的边疆地带是相当开放的，不同国家的考察者可以比较容易地进入边疆地带从事"探险"，进入这样的边疆，那些考察者们并不认为是"侵略"。边境在现代进程中最后演变为"边界线"（boundaries），体现了现代国家领土主权的精确性。一般认为，配置（allocation）、定界（delimitation）、勘界（delimitation）、管理（administration），是由"边疆"向"边界线"演变时操作过程的四个方面。定界可以是和平、平等的，如康熙二十八年（一六八九）中俄之间《尼布楚条约》的谈判。定界也可能是以战争威胁的形式，如十九世纪中叶美国与英国争夺俄勒冈地区，美国企图以五十四度四十分纬线划界，当时总统竞选的口号是"Fifty-four forty or fight！"（"要么五十四度四十分，要么战斗！"）后来的实际划界是在四十九度。

现代边界线的精确程度是惊人的。《职方边地》书中说："中国与老挝的边界线正好从勐腊县马叭上寨一名叫李二的家中穿过。李二家中的火塘、厨房在老挝一侧，客厅、卧室位于中国一侧。全家人在老挝做饭，在中国就餐、睡觉。屋内中间的圆柱成为一根特殊的界桩。"这样精确得似乎过分的奇特现象在古代是不存在的。今天的边界线是以文本、地图与界标相配合的办法表示其精确走向，是一条条翻山越岭、经行沙漠荒原、不在乎穿堂越户的连续不断的线路。"也许除了勘界人，没有多少人能看到全国六十八条陆地省界上那越来越多的界碑，因为它大多埋设在荒野阡陌、大漠边关、崇山峻岭、沼泽淤泥的一隅"，因为要连续不断，现代人文界线已经划到没有什么人文的地方,对于荒野、大漠、沼泽也要做精致、永恒的分割。人文界线的无所不至,令每一寸沙堆、淤泥都具有了人文意义。

可以设想,在中国这样辽阔复杂的国土内精确地划定边界线是一件怎样艰苦卓绝的事业。《职方边地》一书首次披露了自二十世纪八十年代以来我国勘测全国省、县界线的历史,声音洪亮地讲述了这件由数万人参加的"不露声色"的巨大工程,使我们对绵延了二三千年的"体国经野"之政终于有了生动具体的认识。当然,现代勘界已有更仔细的考虑:一、以山为界的,沿分水岭或山脊走向;二、以河流为界的,通航的河流,沿主航道中心线,不通航的河流,沿主流中心线或河道中心线。界河中的岛屿和沙洲,依勘界前的归属;三、以固定地物为界的,依据关隘、堤塘、桥梁、沟渠、道路和其他坚固地物;四、无明显地物地貌的地段,沿特定界点之间的连线。在沙漠等没有显著自然地形地貌的地段,也可按经纬度划界。边界起至点的设定:(一)三省(县)交界点。(二)与国界相接点。(三)与海岸相接点。在边界线上要埋设上万个省际界碑、数十万个县际界碑,界碑的密度因地段的人文稠稀情况而定,如新青试点界线九百一十点二公里,埋界碑二十六个,约每三十五公里一个;冀鲁试点线五百公里,埋界碑二百二十八个,约每二点二公里一个。

翻看此书,才得知我国政治地理一些原本背景:所谓国土面积九百六十万平方公里,只是一个约数。各省市没有一个统一的、精确的面积数字,"致使我国出版的地图上,没有一个全国各省面

天安门广场西南角的原北京东城区、西城区、宣武区、崇文区四区交界点界碑,号称"华夏第一点"

积汇总表,因为各省数字加起来不等于全国数字"。被长期使用的数十万公里省、县边界,其中习惯性的界线占百分之七十七,存在争议的界线有百分之十八,经过法定的界线还不足百分之五。我们每日面对祖国的庄严版图,却不知共和国的国土家底原来竟是一笔模糊账。仅在这个国民情感意义上,我们对近十余年由数万人所完成的勘定疆界的价值已了然于胸。

在国家体制上,我国行政区域与经济管理区域基本一致。今天行政界线的两侧,由于社会改革的推动,正有迅速膨胀起来的经济大潮涌动,双方经济发展在边界地带的碰撞竞争逐渐加剧,造成日益增多的边界争议。显而易见的是,今天的边界争议多是资源归属的争议。从一九八〇年到一九八七年,随着改革的进展,省级边界争议增加了三倍。混乱不清的政治边界状况,直接导致经济纠纷,进而引起社会骚乱。在边界地带,急需人文秩序。而人文秩序的整顿,"必自经界始"。我们将孟子的这句话引申为今天的意义,可以说万人勘界的工程是天下的一个"仁政"。至一九九九年年底,省界完成百分之八十四点七,县界完成百分之九十四点五。

不过,在称道政治疆界准确勘定的同时,我们又想到事情的另外一面。当代经济地理理论强调,行政界线应当有利于而不是妨碍经济区域的自身完善。克里斯泰勒在其理想模式(中心地理论)的论证中,甚至希望"行政体制的建立,应使高、中、低各级政府机构与部门的所在地与我们的图式中的中心地相对应"。克里斯泰勒的理想方案在现实中很难普遍实现,但其原理不容忽视。我们原来百分之七十七的习惯边界,并不是在经济规律的作用下形成的,从长远战略来说,在此基础上划定的行政界线未必符合经济发展的格局。所以,"界"划定了,但界线两边的关系,却要重新论定。

长于划界、筑墙的中国,"正界而治"是得心应手的传统。在"自力更生"的时代,对于地界的固守曾窒息了经济的发展。今日的改革开放,正是要打破僵化,解除地方壁垒,不断发展跨地界的开发机制。所以,我们的大规模"正经界"原来是在社会逐步开放化的背景下进行的,这是一段特别的历史。

划界之后,我们却要立即研究跨界的问题、建立跨界的思路。一九九九年民政部、国土资源部已然提出:划界、定界,不是分家,不是主权划分，不是资源划分，行政区域界线与资源界线能一致的就一致，不能一致的也绝不勉强一致，不能一致的可以搞跨界经营、跨界联营。划界口号从原来的"团结协商，调处纠纷"演变为"团结互助，共同发展"。这些是对于疆界的具有时代特点的理解。

在现实社会中，现代跨界行为已然大量出现，跨界发展是积极的，对社会可以产生巨大贡献。其实，当人类划出第一条人文疆界时，跨界的欲望与行为便已经出现，划界与跨界两者的历史同样长久。只是对跨界的方式，可以有不同的道义评说与历史评说。攻掠是最简单、最野蛮的跨界方式，而现代商业机制则具有最巧妙的穿越人文疆界的能力。以炮舰的方式，无论有怎样的后果，都要激起反抗。但是礼貌甚佳、圆桌平等的谈判（结果平等与否是另一回事），则是今日到处被接受的打穿人文疆界的方式。所谓WTO谈判是其代表者。从当代的眼光看疆界体制，其先进性不仅在于分割的准确，更在于推动两侧合作互利的力度。

说到底，人文疆界，本是追求于人类有利的各种秩序，但秩序的内容不是永恒的，新的秩序要求对于疆界做出新的整治、新的诠释，并培育新的疆界机制。在这个意义上，疆界"正"，则国家兴。

地理学与"人文关怀"

地理学家早就不甘心只做没有意思的描述。在西方,从十九世纪的"环境决定论",到二十世纪六十年代的计量革命,他们一直在追求对因果关系、普遍规律、存在模式的发现,争相提出"假说",力求使人文地理学有一个"科学"的模样。另外,人文地理学者也还大量参考其他学科的理论方法,把人—地关系的研究主题,提升到人—地—人关系的又宽阔又复杂的层面,从而使大量纯粹的社会人文问题成为地理学家的"关怀"对象。人文地理学已经今非昔比,有点儿不像"地学"了。如果还用山脉河流走向,城镇道路分布的老套子去谈论地理之学,那就把今天的地理学"看扁了"。即使是大名鼎鼎的美国《国家地理》杂志,在当代英美地理学家眼里,也只是早期探险猎奇描述记录式地理学的残留地盘,算不上今天地理学的窗口。近年来台湾地区办的《大地》杂志也是追随《国家地理》路子,所以并不是台湾地区地理学的代表。我们的《地理知识》也是同样。

人文的东西,主要是指心性、道德、文化、情操、信仰、审美、学问、修养等人的品性,而不是政治、经济、法律等社会的制度。那么,研究"地理"的学者如何去触及装在人脑袋里的信仰、生在人心坎儿上的情操?怎样把这些东西与"地"挂钩而令其名正言顺地进入地理学家的地盘呢？过去，地理学里面有风俗地理一说，专门记录婚丧、嫁娶、饮食、衣裳等老百姓的"五常之性"和刚柔、缓急、声音、颜色等地方的"水土之风"。这种"地理"，在我国的《史记》《汉书》里早就有了。在西方的人类地理学（Anthropogeographic）中更不新鲜。我们对"饮食分布地理""衣服分布地理""唱戏分布地理""婚礼分布地理""状元分布地理""罪犯分布地理"等"研究"也早已看得多了。不过，这类对文化人文的地理处理，还是止于形式，有的依然是器物之学，看不见活脱脱的心性。作者做的时候，只是耐心地叙述排比。读者读的时候多半是一目十行地溜，没有什么要反诸己的地方，不会像读小说传记心理书时那样常常想："这说的不是很像我吗？"

自从"人的地理学"问世，地理学者们开始对人的"灵魂深处"大感兴趣，不用说，这也是受了弗洛伊德等那些心理哲学家的影响。地理，不是光"分布"在地面上，它还别有一副面貌在活人的心头。而一个活人在俯首查地理的时候，实际上用得多的不是他的眼睛，而是眼睛后边儿的脑子，许多东西在眼睛里常常是视而不见，只有经过脑子的认可，目标才能最终被"认定"。此外，眼睛所见只有百尺之遥，脑子里"想见"的才是他完整的"天下"，他的家园故土或神州大地。在想见这些大大小小的地理的时候，人和人、他和我、夫和妻、父和子又各不相同。假如叫一群人按照他们脑中所想来画某一个地方的地图并标上地物，结果一定是一人一个样。所以，世上谁也拿不出一个百分之百客观的地理，拿出来的只能是某某人的地理。因为，地理认知与个人的经验积累、价值取舍等密切相关。在这里，不难看到，"人的地理学"首先是把认识论的复杂的一套拉入了地理学中，但不管怎么样，这么认真的讨论地理知识的认知问题，在地理学界还是头一回。

讲了认知，就可以讲参与、讲体验了。而有了参与、体验，"人味儿"就出来了，人的想法、情操、修养、审美就来了。在地理学中讲参与、体验，当然不是总去让大家画地图，除了那种因人而异的地图以外，还有两样东西有更深的人文意味，更令"人的地理"学家们感兴趣，这就是"景观"（landscape）和"地方"（place）。这两样东西都坐落在地上，沾上了"地"字，但对它们，要谈的不是"分布"，而是"含义"（meanings），以及人对它们的种种感受。

"景观"一词建筑师和地理学家都曾使用。在地理界，是德国人首先使用了这个词，表示地上所见到的一切，表意很广，一度成了"地理"一词的代名词。在英语国家，美国的索尔在建立他的文化地理体系（即所谓的伯克利学派）时，强调了景观的文化的一面，提出"文化景观"的概念。索尔说，一个特定的人类群体，在它的文化的支配下，在其长期所活动的区域中，必然创造出与其相适应的地表特征。文化地理就是要鉴别与区分不同的文化区域，探索文化历史，研究人类介入环境、运用环境、改造环境的方式，尤其要研究自然景观是怎样向文化景观转化的。在这个过程里，"文化是动因，自然条件是中介，文化景观是结果"。文化景观概念的强调，意义在于大地不仅仅被看作人们进行政治、经济、军事活动的舞台，而且也是人类的"塑造"对象。人类在对大地表面进行塑造的过程中，不仅仅是寻求功能上的效益，也伴随着浓厚的审美趣味与价值趋向。也就是说，人们既有利用大地为自己服务的一面，又有在大地上表现自身的一面。文化景观是人的自我表现，研究文化景观就是研究人。

　　文化景观的概念不难理解，指的不外是地面上的文化面貌，或者实一点说，是文化的"地貌"，文化的"地形地物"。习惯于用地图来表示地理内容的地理学家对于景观问题，除了画几幅文化地物的分布图以外，就没什么可做了。但是在"人的地理学"看来，画分布图是远远不够的。对景观的观察，不仅要从上到下地看（地图上的东西都必须是这样看的），更要"横看""侧看"。我们看惯了城市平面图，那些大体相似的街道格子，并不能告诉我们城市甲和城市乙有什么文化上的区别。只有"横"看了城市的景观，我们才会惊讶北京和纽约的不同，才会抱怨说"老北京的风貌给毁了"。所以，看一个地方的文化地理，不横看不行。另外，对文化景观光是上下左右看了还不算，还要在解译（interpretation）上狠下功夫。要说一说景观的来历、内涵、意义等。地理学中传统的地貌学也要解释自然地貌的来历，但用不着说那些丘陵冈阜的内涵和意义。可在文化地貌（景观）这里，解译它的内涵意义却是必要的、致命的。如对老北京景观的研究，如果不阐明故宫与民居的色彩含义，就会掩去了天子与庶民的景观界限；如果不对比官府外墙的萧索和内廷的繁缛，就失掉了一次描写为官者心态的机会；如果不指出胡同的幽静、严整、含蓄，则缺漏了京师百姓礼俗的一个恒久形态。没有以上这些对景观的入微的"人文关怀"，焉能说清说全这座帝都的地理文化和人文风貌？

文化景观的内涵是丰富的,储存的信息量是巨大的。政治的、历史的、思想的、伦理的、美学的无所不容。难怪美国"新文化地理"的代表人物之一詹姆斯·邓肯(J. Duncan)把文化景观列为人类储存知识和传播知识的三大文本(text)之一。他说的另外两个是书写的文本和口头的文本。文化景观则是写在大地上的文本。言有万语,书有万卷,地有万里,均"读"不尽也。文化景观既然是一种文本,那么它就有了文字的属性,那么阅读它的奥妙、麻烦、困难、复杂就都来了。一方面,"读"景观有它方便的地方。不通中文的老美,只要来中国看一看景观,就能对中国文化和中国人略知一二。不懂英文的老中,也只消看了美国的照片,就可以对没看过照片的朋友侃几句美国文化。但另一方面,"读"景观虽不受语言的制约,却被"读者"的文化背景、经验背景、心理趋向搞成五花八门。"误导""错译""小人之心度君子之腹"或"君子之心度小人之腹"的事总要发生。看一看《马可·波罗游记》,他记了不少城市如何繁荣、女人如何漂亮,可就是不记泰山如何神圣、黄河如何伟大。不少老中十分仰慕美国的摩天大楼,留影必以之为背景。可一个后现代主义的美国建筑师却说"它们就像一座座墓碑"。对同一项景观爱好取舍理解的不同说明了人的不同。喜欢城市和女人的意大利商人与爱山爱水的中国志士仁人不可同日而语。由于在文化景观中读取"含义"的复杂性,学者们搬来了结构主义、后结构主义、符号学、解释学等各色理论对之详加论述。"人与景观"已成为人地关系中新的研究主题。

"地方"这个概念有点儿新鲜,新在它把一个司空见惯的东西提升为一桩学术事件（issue）。用术语说，它是人或事所占据的一部分地理空间。从"人的地理学"来看，每一个人的地理，即他心中的世界，对他才最为切己、最为实在，才是"他的"最有意义的行为世界。"地方"就是他的世界里的一处处地点。这些地点不仅仅有个地名而已，更要紧的是它们各具含义，构成这个人对世界内容的认知，影响他的行为。如在秦始皇心中，世界至少包括：东方六国都城——他要"拔"之；泰山——他要去封禅之；蓬莱仙岛——有不老之药，他要采之。而对今天的一个大学生来说，他的世界则有：家乡——爹妈、故土，但落后；深圳——先进、机会多，但陌生；美国——神奇、发达，但谈何容易。六国、泰山、蓬莱仙岛对秦始皇来说，是决定帝业的一系列"地方"。家乡、深圳、美国对大学生来说，是决定前途的一系列"地方"。这些"地方"构成他们人生的地理，进入了他们人生的内容。用海德格尔更抽象的话说："'地方'构成'人的一种存在方式，是人存在的外部限定和其自由与现实的深度'。"

"地方"的含义得之不易，它是人的经验与自然位置结合的产物。研究"地方"及其含义的产生（the making of place）是历史文化地理学的核心课题之一。有些地方的含义，来源明明白白，像"延安——革命圣地"。有些地方的含义，来源则比较复杂，例如"泰山——五岳之首"。还有些地方的含义变来变去，如那个让人说不清滋味的镇南关—睦南关—友谊关。也有的含义与事实相左，但含义依然有它的真实性，如好几个黄帝陵中的"多余者"，人们照旧对它磕头礼拜。关于"地方"的含义的理解，可能有群体共识，也可能是个人私见,这决定于人们在领悟它的含义时的主观境况和知识背景。关于"地方"含义的讨论,甚至争论,在政治家里有,在老百姓里有,在学术界里也有。如安阳是一个"中小"古都,还是可以加入北京、西安、洛阳、开封、南京、杭州的行列,成为第七个"大"古都,曾在学术界有过不小的讨论。安阳的古都是大是小,在很多人看起来无所谓。但对安阳人来说,在心理上是致命的。对安阳做旅游买卖的人来说,在生意上更是致命的。这一现象,就是詹姆斯·邓肯说的"the power of place"(这句话暂直译作"地方的力量",但不要误解成"地方豪强""地方武装"之类)。

当然,在更多的情况下,地方的含义不是大张旗鼓地宣传在外面,而是存在于每个普通人的心间。一个个的"地方"就是他散在大地上的对世界感受的中心。即使有的"地方"在客观上是根本不存在的,如秦始皇的蓬莱仙岛,但仍然是"他的世界"的真实部分,带给他关于世界的真实含义。"人的"地理世界是由"地方"组成,也就是由各种各样的含义组成。对于一个具体的人,世界不是存在的结果,而是认知的结果。"地方"的含义变了,他的世界,即他的行为环境,也就变了。从邹衍的"大九州",到毛泽东的"三个世界",每一个人都有权建立自己的"地方"体系,建立自己的世界观念。在"人的地理学"看来,"大九州"与"三个世界"一样的真实,即哲学的真实、人性的真实。

"文化景观"与"地方的含义"是地理学对人文现象的探索角度。它企图从以人为中心的意义上思考"地理是什么",同时,又是从以地理为中心的意义上来认识"人是什么"。人对于文化景观有认同心理,这在他选择或建设居住环境和游览场所时起着决定的作用。人总要对某些"地方"寄予无限的深情,这在他的一生中"威武不能屈,贫贱不能移"。即使在死后,也要将骨灰分送过去。"登山则情满于山,观海则意溢于海",人的喜怒哀乐从来是向环境滚滚而去,又从环境滚滚而来。"大地即文章","承德""太平""红花岭""望子关",这一处处地方,记录着人们的理想和情思。大地早已是人化了的大地。对于如此一块土地,借用钱穆读儒家经书的体会:"屡读多读,才能心知其义,岂读字典而可知,亦岂训诂所能为功。"

原生态社会

——洞庭东山实习札记

二〇〇七年七月,我参加了北京师范大学地理与遥感学院师生在苏州洞庭东山的人文地理实习。

洞庭东山下,人文聚落稠密,考古学者在附近发现石器遗址,说明开发起源于远古时代。据说在南宋末年或元朝初年形成镇街,现在仍有明清时期的建筑保存。

东山虽然地方不大,但地理单元独立,人文层级丰富,具有江南典型的"县以下"社会生态(县以上是官场生态)。人文地理实习,要锻炼同学们的眼力和脑力,在混杂的现实中,识别出有序的人文空间层级。在平平常常的日常生活中,发现不寻常的社会价值。在目前我国的地理学教育中,自然地理实习做的较多,正规的人文地理实习尚少。北京师范大学的东山人文地理实习已进行了二十多年,二〇〇七年七月正式在这里挂牌了"北京师范大学东山人文地理实习基地",这是我国高校第一个人文地理实习基地。

我这次是第一回参加现代人文地理实习,感触很多,以下谈一点粗略感想。

老子说,"圣人为腹不为目",因为"五色令人目盲"。老子是好意,可是对不起,现在我们要实习,要"为目不为腹"。我们要发现问题与价值。人世间,从外表看,芸芸众生,从内里看,则百般哀乐。实习,就是钻进社会内里,见一番哀乐情状。这是一种认识训练,学术启发。

无论怎样的自然主义,都不能否认社会是人类生态的核心(这里使用的生态概念是广义的,指生存系统)。生态的范畴与属性是关键。鸟兽在丛林,人类在社会,各有自己的生态。人类投丛林,会被鸟兽所欺,鸟兽投社会,会被人类做熟。尽管人类离不开自然环境,但生态核心不能混淆,人类只有在社会里才能衣食住行,活下去。

社会实习,是真正进入社会生态,而且是原生态,与访问官员、听总结报告不同,他们说的都是条条,就像从树林里砍柴出来,大树枝放一堆,小树枝放一堆,已不是原生态的面貌。到东山可以看到社会原生态,这个系统从祖先、土地衍生出来,它的生态链是与这个"地方"有机地连接着。美国著名地理学家索尔认为,进入这样的生态,才是真正的人文地理考察。

不过,社会实习,我们要从生存者变为研究者,从生存者向社会学家升级,学会在原生态社会中寻找意义与价值。我们既要尊重原生态,又要走出原生态,否则对一切事情"习以为常"(take for granted),就不会发现问题。富人认为,没有主食可以去食"肉糜",这是他们的原生态,如果不走出他们的原生态,就不可能认识穷人没有米面时意味着什么。反之,穷人也会因自己的原生态而误判:李嘉诚天天吃猪肉炖粉条子。社会原生态可以是整体的,也可以是局部的。富人与穷人加起来是整体,分开来是局部。在整体中,局部与局部可以大不一样,就像同一树林里的飞鸟和地鼠。

人文地理学、社会地理学的特点是发现问题、价值与地方、场所的关系；发现点、线、面的空间人文层次；还有，解读景观符号。这些都是地理学的视角。其中，人本主义地理学的一派，更关注人文现象的原生状态，并进一步观察在社会发展中或表述中原生状态的变异。越是基层，人本主义越有用。我这次在东山，因为是基层，对原生态现象特别留意。

原生态的街道名称

东山镇里有一条老街，长约两千米，质量很好，上铺石板，不会起泥，号称"东山一条街，雨后好穿绣花鞋"。据调查，这条街的名字很有意思。

这条街在地图上叫人民路，不过当地人一般不叫这个名字，他们习惯于分段称呼，自东向西分为十来个路段，分别有殿前（街）、紫藤棚（街）、煤饼场（街）、叶巷（街）、漾桥（街）等十来个街名，看来都是根据路段景物特征起的名字。这样分段命名，好处很明显，路段指示清楚，不用在老长的街上从头到尾找。其实，殿、紫藤、煤场等景物今天早已不见，但名称照旧使用，已成为纯粹的街名。这些具有地名意义的俗称，很贴近生活本源，很"生态"。这些街名在地图上当然看不到，只有到了社会生态里面才知道，这是生活。而地图只是标准、原则，标准地图已经脱离了原生态。

我联想到北京的长安街。长安街长十里，只用一个名字，顶多分东、西，未闻有分段俗名。你若来找我，我说住在长安街，等于没说，你还是找不着我。长安街虽然壮观，但缺乏生活气息，它是某种象征，不是供人生活的，很不"生态"。从东山的人民路跳到北京的长安街，有点儿远，有点儿"不可同日而语"。可是在社会实习中，要的就是把不同的东西做"同日而语"。比较是发现问题的方法。人本主义强调从生活底层开始命题，由下向上看。我们身在东山，仰望北京，感到社会中的巨大变异。同是街道，可以这样，也可以那样。

城镇街道的正规命名出现较晚，是上层权力干预的结果。回顾历史，印象深的城市街道有唐长安的朱雀大街，汉长安也有些街道名称传下来，它们多是依据所对应的城市而得名。相信在社会实际生活中，街道名称会是很丰富的，没有街名，城镇的生活没办法过。多数街道的名称应该是在城市生态秩序形成的过程中，自下而上形成的。

原生态的贫富空间

像江、浙的许多地方一样，东山也是文人辈出。这里地方不大，却至少出过两个状元、一个探花、好几个进士。其中最有名的是王鏊，他几乎凑成了"三元"（解元、会元、状元，即三级科举个个第一）。据说最后殿试（明朝成化年间），因有人嫉妒，王鏊只得了探花。现在，解元、会元、探花三幢木牌楼仍立在他的故里陆巷村。这个陆巷村因保留了许多老房子、老街巷，很有可能列入某一级文化遗产名录。

陆巷村的"解元"牌楼

我去了陆巷村,要欣赏王鏊的牌楼、故居。故居大致位于陆巷村的中央,高墙深院,雅致、富贵。进去看了,令人赞美。牌楼在通向故居的小巷内,石柱木额,"会元""大学士""探花"等字赫然在望,与牌楼下面的小巷陋屋形成对照。在这幅景观面前,你可以明白荣耀乡里是什么。另外,"大学士""探花"都是京师里的大名堂,此刻在江南偏僻乡村见到,令人感到京师威权的俨然存在,它巍乎高哉,但近在眼前。

不过,问题也就产生了。这么了不起的"大学士",且官拜户部尚书,家族宅院为何一直留在这个狭窄的村子里,又怎么容得周围仍是些穷家陋巷呢?不独王家,村里另有几处富贵院落,也是各居东西,与穷宅错落。原来,传统中国人并不习惯贫富分区

建在村内街巷中的牌楼

牌楼匾额:"探花""大学士"

而居的模式。在人物归类时，我们把王鏊挑出来，但在现实生活中，王家并没有离开陆巷村，没有脱离由各色乡亲构成的"社群"（Community）。有一种纽带，将富贵的王家与其他乡亲连在一起。这种在空间上的贫富联居，是原生态聚落的特点。这种特点在传统中国相当普遍，即使在京城也是同样，王府旁边可能就是草根人家。

我们在东山提出这个"贫富空间"的命题，再与远方社会比较一下。假如，王鏊生活在英国，他得势之后，多半要另择幽雅之地建立新的、独立的府邸，如树林之间，冈阜之上，这是我们常见的英国贵族住宅景观。他们不像中国人，升官不离村里，出门就见乡亲。

但是如今，我们现代化（西化）了，东山也在现代化（西化），新的高贵小区在莫厘山的东北麓正在形成。现代富人，他们容忍不了与穷乡亲们比邻而居，他们要拉开距离，以显示财富的差距。那里的房价很高，保安森严，一般人不便进去，即使原来是乡亲。那条维系社群的传统纽带被看不见的手掐断了。

"富人区"不是东山的原生态社区，是现代外来概念。古人突破不了村落体制，现代人则以市场体制冲决村落体制，富了就跑，贫富空间格局发生变化，传统社会生态结构也在发生变化。在原来王鏊邻家子弟的眼中，世界只有一个，再远的京城，也可以从脚下一步步走过去。而如今，在被远隔于"富人区"之外的穷孩子眼中，有另一个神秘、陌生、只能眺望的世界，那里有另一种人类，叫作富人。富人是从哪里来的，他们不知道。当年丰子恺先生这样形容：乡下人看见"电灯开得闪亮"的夜行火车"头等车厢载了正在喷雪茄、吃大菜的洋装阔客而通过这些乡村的时候,在乡下人看来正像一朵载着一群活神仙的彩云飞驰而过"。看来,市场的隔阂比科场的隔阂似乎大得多。王鏊的成功令陆巷的男女老少都觉得自豪。而现代富人区会给东山带来什么,东山普通老百姓也许连想都不想。

加入社会生态的旅游者

旅游者里可能有富人,东山的乡亲们知道,旅游者与他们关系很大。

七十多年前,丰子恺画过一幅漫画,叫《都会之客》,画的是

都会之客

路边一对穿着时髦的城里人在观望乡下草屋前坐着的乡下人。从乡下老妪漫不在意的表情可知，她认为与路边的城里人没有什么相干。在本文中，我们把这种不相干称作"没有生态关系"。没有生态关系，就是漫画要告诉我们的，在乡下人眼里，那两个城里人以及他们那个样子都是多余的，因此是可笑的。

现在旅游业发展，一批批"都会客人"来到乡下，也是来看看，却受到乡亲们的欢迎。主动者甚至是乡亲们，他们主动向游客打招呼，然后兜售各种旅游产品。游客买了产品，享受了乐趣，乡亲们赚了钱，改善了生活。在本文中，我们把这种互利关系称作"具有生态关系"。

旅游商品多基于本地土特产，它的发展可以说是地方生态产品大动员。在这种特定的旅游机制中，越是原生态的东西（包括原生态的社会产品）就越有价值。丰子恺先生绝对想不到，如今"都会客"会要求花钱到老乡家里滚上一夜，老乡也会笑脸相迎、周到服务。丰子恺先生若真遇到这种情景，也会画一幅漫画："都会客"趴在土炕上，伸出手指作V字形，口形成微笑状。漫画的名字就叫"茄子"。

旅游业使本来毫不相干的人群，与地方社会、风俗、经济形成有机的关系，唤起地方社群的热情、愿望、才智，从封闭到开放，改变地方社会的生态运行，其意义是很大的。旅游经济可以让乡亲们广泛参与，家家出招、人人贡献。特别是原生态旅游，本来只是过日子做的事情，现在可以拿出来表演、收费。原来奄奄一息的古村，一下子兴旺起来，原生态与现代经济结合，有了新的价值，显出新的生机。北京远郊区有个古村,叫爨底下,翻身翻得奇快。

我插过队,出入农村,平平常常。但现在进村,是新的体验,老乡的目光已然不同,我们的农村又变了。鬼子进村、工作队进村、知识青年进村曾引发农村的不同变化,现在旅游者进村了,使村里多出一种意识、多出一种行为、多出一类人群、多出一种机制、多出一种景观、多出一种产品。表面上看,旅游者是外来的,但他对某些农村的影响是整体性的、内在的。东山的陆巷就是这样的村子。

名牌产品与社会生态

我去过景德镇,那里家家做瓷器,我也去过周庄,那里家家卖肘子。眼下在东山,只见家家卖碧螺春。我明白,这些地方是名牌产品的原产地,有基层社会生态基础,名牌是"原生态"的。在这类原生态名牌的故乡,家家与名牌有缘。不像现代工业名牌如索尼、可口可乐,它们没有原生态背景,没有百姓缘分。

东山街上茶馆不少,门口写着"碧螺春,现炒现卖"。屋里几个小桌,顾客也可以坐下来喝茶。江南的茶馆是比较普遍的,二十世纪三十年代就有作者这样说:"江南,哪个较大的城市与集镇上没有这样中国的俱乐部。"今天,有人类学家专门研究过江南的茶馆,指出"茶馆构成江南社会生活的有机体",乡镇茶馆的普遍存在,是中国旧式经济的特殊运动规律与江南社会特定历史环境交互作用的产物。换句话说,江南茶馆是特定的原生态条件下的产物,即俗话所说的"水土"的产物。可惜我没有时间到茶馆里喝茶,不知里面是什么气氛。在现代高节奏的生活中，悠闲的茶馆恐怕越来越是退休长者们的场所吧。

在大街上走走，看着各种消费品商店，感到东山人的生活，仍紧紧依托着传统生态系统。本地名牌碧螺春、白鱼等继续给人们提供幸福，带来满足。东山人似乎并不热衷外来嵌入的名牌。社会上像北京那种满口时髦腔调与词汇的"白领"不多，"白领"不是原生态的群体，他们所热衷的现代式的消费，并不需要本地生态的支持。他们不但口音要摆脱任何乡音，消费名牌也要特意的外地化、外国化。"反地方""反生态"是现代名牌的特点。香水、歌曲、发色、服饰不都是这样吗？

城市包围农村：台湾观感

在大中华区，分为几块地方，因为近百年的历史不同，便各自有了自己的特点。彼此对看，有顺眼的地方，也有不顺眼的地方。这次去台湾，虽说不可能像去欧洲那样好奇，但眼睛也没有闲着。因为是走马观花，也只有靠眼睛干看，没有机会用口耳去采访台湾人。有专家说过，五官中，眼睛从景观中获取的信息量最大。所以，虽说是靠眼睛干看，也有不少收获。下面就说说其中的一项，是从看台湾的农田开始的。

以前去香港，不指望看农田，但台湾农田是出名的大事，老早就听说台湾农民靠土地致富，地位不低，所以到台湾很想看看农村。

我在台湾的西半部从北跑到南，竟没有看到一望无际的农田。看来，台湾毕竟地方不大，农田也辽阔不起来，哪如大陆的华北。但是，当我注意观察村落而不仅仅是农田的时候，我发现了另一种解释。台湾的农村聚落已经不清晰，轮廓不清晰，内涵也不单纯。说它是农村，主要是因为它紧紧依傍着农田，有些门户前面还停着农业机械。说它轮廓不清晰，因为一些与农业无涉的房屋建筑已经穿插了进来。而从各方面看，台湾农村的城市化程度已经很高了。

城市化在机制，不在大楼

一个以农田为主要元素的地区，永远不会变成城市，但可以高度城市化。所谓城市化，不是指接踵林立的大楼，而要看城市机制的建立。在台湾的很多地方，城市机制正在一步步覆盖农村世界，这是体制上的城市化。城市方式的建立是农村现代化的重要指标。

过去看农村的现代化，主要看机械化程度，现在要看信息化程度，以及在信息化背景下的市场化程度。台湾农村景观中的广告信息是丰富的，不像大陆一些落后农村，村口墙上多是政策信息，诸如计划生育、封山育林、和谐之家等。

我从日月潭回来的路上，路过种茶区，停车进一户茶农家里买高山茶。茶农先拿出得奖证书给我看，表示茶叶的品质好，又拿出报纸报道给我看，作为旁证。然后让我品尝样品，最后拿出包装精美的茶叶，并说出一个像样的价格。我被气氛俘虏了，很大气地掏钱买了两盒。

我也曾在苏州洞庭东山的茶农家里买过碧螺春。不让尝，没什么包装，只用一个薄薄的塑料袋一兜，一只手递过来，一只手就要钱。我掏了钱，却很怀疑是次等货。

两相对照，一个是高度城市化，一个还是"原生态"。在台湾农村，感觉到更多的商业意识、商业机会。商业经营成分似乎已经大于农业生产成分。

参观日月潭时，导游讲地震的故事。这里几年前发生过大地震，把居民的房子震塌了。意想不到的是，地震后重建，居民们竟二话不说建造了一座高层大饭店。他们的商业意识如此之强。他们明白，此地可以大行开发。

台湾农民的商业开发意识由来已久。本来，台湾也是城乡两分，彼此悬隔。日本侵占台湾时，实行"工业日本，农业台湾"的政策，不发展台湾工业，台湾是典型的二元社会。国民党统治台湾时，省主席陈诚看到"农业落后造成农村社会内部之不安，极易为外邪所感染"，"不加改善，乱源即由此发生，证诸往事，历历不爽"。据说，台湾在发展农业上的方略，很早便注意发展经济作物，二十世纪五六十年代重点发展经济价值高的香蕉、凤梨、洋菇、芦笋等，并进行食品加工和开拓国际市场，致使产品风靡欧美，从而为台湾积累大量外汇，回过头来又推动了工业发展。台湾经济学家一致认为，"没有农业的发展，便没有工业的进步"。

在这个背景下，台湾农民身份转变的主轴是：农民—工人—中小企业主。一九六五年有一百万农村青年进入城市打工，二十世纪六十年代中期跨国公司大举进入台湾，出口加工遍布台湾城乡，于是打工者回家创业，在农村"客厅即工厂"，中小制造业勃兴，许多农民成为业主。"到了七八十年代，台湾两大劳动阶级的身份分际越来越模糊不清"，"八十年代初，在台湾全部劳动力人口中，只有不到百分之二十的人从事农业活动，并且他们之中有百分之九十是兼业农民。"（参见黄明英《台湾农村建设经验及其启示》，《书屋》二〇〇六年十二期）

告别原生态

台湾农村越来越不像那种全由脚下土地养育出来的原生态景观聚落,因为衣食住行的资源来自四面八方,而原生态要自给自足才能保持。在这里的农家,房子的材料、设备都具有工业化特征,首先建筑材料已经远不是原生态的东西,墙壁、房顶、窗户、门都是工业成品,屋里的生活用品更不用说。这些农户的家庭人口,恐怕也是城乡混合,有的到屋外种田,有的到别处楼里上班,这是正常状况。

过去,投向土地的只是劳动,现在,投向土地的是资本,土地因此获得了新的社会生态。土地是农村的第一资源,这个资源一旦与资本结合,可以花样百出,而这些花样在本质上乃属于城市化(现代化),而不是新农村。在这样新的生态环境下,农业只是个行业,而不再是社会。

在台湾农村,很容易见到加油站、7-11便利店等。我想起二十多年前在美国念书时,问一个美国同学:"美国农村有什么典型特点?""嗯……一个加油站,一个小超市,一个小酒吧,一个邮局,可能还有个小教堂……"那时的我听了甚是惊奇,因为我脑子里装着个中国村庄的样板:一堆土房、一个磨坊、一个牲口圈、一个场院、一口老井……原来是新旧两套生态系统。

在新的生态系统中,农村不再是个孤僻静态的场所,它也具有动态的聚集功能。且不说生活内容,单就生产来说,种子、化肥、农药、器械、塑料制品都从远方聚集到这里，共同创造价值，此种农村已经成为一类焦点，且焦点中的内涵还在不断增加。

原生态的农业要素：土壤、阳光、雨露，已经远远不够。一些老的农业格言，如"庄稼一枝花，全靠粪当家"，也显过时。现在是信息生态，要信息当家。现代农业需要有全套信息系统（不仅仅是自然系统）的支撑，包括技术、产销信息。

信息水平是发达与否的标志，说到底，人是信息动物。高超的信息交流能力、信息重复能力、信息记录与传播能力，对于人类的进化是关键的。我总认为，从猿变成人，舌头的进化比四肢的进化更加重要。人类精巧的控制语音的能力，为信息的交流、积累立了大功。猴群不可能对大量偶然性的发现进行交流、传播，它们永远留在一个水准上。而人类的大脑可以精细地控制十指，更能精细地控制舌尖。

在新的生态系统中，许多事情在反向发展。城市人开始进入农村，城市生活圈的郊区化范围越来越广，其先锋干脆进入农村。在台湾，农田旁边常可见现代厂房，农民可以就地转化为市民，而不必采取移民的方式。一般对于城市化的统计指标是看城市聚集人口的比例，这种方法已经过时，人口不必空间移动便可以实现城市化，或者说，人口的流向不必一定是由农村向城市，也可以是由城市向农村。城市化的本质在于城市机制的扩张。

农村越是现代化，其聚落越松散，最后可以是田间一座独立的小楼，这是台湾农村景观的一个特点。聚落的松散是肉眼所见的表面景观现象，就本质来说，其实是空间压缩，这是哈维充分论证过的现代性的特点。在高效率的信息交通时代,空间实效距离被压缩,两者表面相距数里之遥,但在行为效率上,如同比邻。现代化给农村带来的物理宽松性,是城市人享受不到的。

一种新的生态单元开始显现。在台湾,到处可以看到一种不大的社会景观单元,不是仅仅在大城市的附近,它包括精致的楼房、整齐的农田、优质的道路、雅致的小店。由于大小路桥的分割,原来的农村世界已经支离破碎,而这种新型小单元的景观开始引人注目。此时,如果非要用城乡关系这个概念的话,可以叫"城市包围农村"。原来,城市像孤岛,现在,农村像孤岛。农田在空间中的比例日益减小,台湾社会的半壁竟是由这些小农田支撑的。

农田不再是城市与大自然之间的过渡地带,在传统的理解上,农村农田更靠近自然,所以在文学上将田园诗与山水诗归为一类。如今站在农田里,已经写不出当年陶渊明那种闲适的诗句。今天的农田,与楼房连续间隔,它在本质上,更靠近市场,在景观上,更靠近城市。

尽管一些原生态的要素,如田里女子的头巾还可以在农村看到,但它们已经日趋零散,丧失了整体性。作为文化习俗现象,原生态要素可以长期保留,但它们已经不具备现实生态体系的证明意义。举个大陆的例子,就像在北京城里的情况:有台湾女孩半开玩笑地说:北京城里尚有许多"村气",如指路用东南西北,套近乎称"兄弟""大姐"。没错,这些都是农业社会留下的文化"遗产",但它们当然不能证明今天北京的生态特征。

农村的观赏性

过去城里人看农村人,看到他们生活苦、干活累,心生怜悯同情。现在可能要反过来,至少对许多人来说是反了过来,农村令人羡慕。现在台湾农民的生活不苦,干活也不累,许多城里人其实比农民苦,所以农村开始具有了休闲价值。加上农村环境干净美丽,农村又具有了观赏性。

许多台湾农民的住房是"洋房",又因为有绿色田地环绕,洋房又像别墅。在景观中,非农业建筑以个体的形式进入农田区,这是土地利用的新形态,它们水电气路的条件具备,农田就在大楼的脚下,成为现成的绿地。农村与城市互不陌生,特别值得注意的是:城市文化的某些元素已成为农村的装饰,农村的景观于是大变。

很多小块的楼间田地,被台农刻意种上品种多样、颜色各异的作物,农田景观犹如苑囿。山坡上的茶树,被排列得曲线优美,游人忍不住要去留影。有些原生态的要素,是作为旅游项目被特意保留下来,我猜农家女的装束就是这样。

网上有许多台湾农村的风光照片,那是网友们发自内心的贡献。许多大陆游客的体会是,看台湾,农村比城市有意思。

现代农村,应该说农村的现代化,对人们产生着越来越大的震撼和引力。我一直习惯于从城市的变化来感受社会的跃进。台湾之旅启示我,不要忘掉农村。

对于大陆的农村,我过多地注意那些被保护的古村落,如西

浙江萧山农村

递、宏村等,而对于农村之新,则没有深想。偶然,我在网上看到浙江萧山的农村照片,十分震惊。那是一幅楼房围绕田地的"大棋局",从未见过。在课上讲课,我介绍过美国盐湖城的最初规划,那是摩门教徒们的理想。他们所设想的城市格局就是犹如大棋局,关键之处是每一个方格的中间都是绿地,只有临街的边缘盖房子。站在方格之间的大街上可以看到连排的房屋,而进入方格,则进入一大片绿色花园。这样的城市规划很特别,但只限于理想,没有现实性。然而,我们的萧山农民,从另一端,即农村规划的一端,实现了这个城里人的想象。

我对我的学生们开过玩笑:你们城里人找对象,最好找个农村的，连人带地一起"整"过来，城乡结合是以后最新潮的生活方式，城里有公寓，农村有别墅园囿，这可是最佳的模式！现在看来，这不一定是玩笑。

看到农村的变化，再想城里在这一头。现在城市与农村正在深入混合，社会上到处是城市人与农村人的混合体。住在北京城里，身边的农民越来越多。城市与农村人口的混合，乃是一个新的方向，规划未来，不可能再拿出城乡二分的思路，而是要在城乡如何均衡的混合上做文章。均衡的混合，不仅在城里，还要在更广大的农村地带。城市向农村扩展，城市包围农村，城乡的混合，将出现真正的新社会。

写于二〇一一年八月十三日，二〇一七年六月修订

八

现代语境下的徐霞客

徐弘祖(一五八七——一六四一),字振之,号霞客(世人多称其号),汉族,明朝南直隶江阴(今江苏省江阴市)人。一六四一年的春天,徐霞客在江阴家里逝世。大约二百八十年后,作为文化偶像,徐霞客被人们树立起来,成为一种精神品质和知识水准的代表,被尊敬、讨论,至今不绝。

徐霞客旅行探索大地山川三十余年,并撰有《徐霞客游记》(下文简称《游记》,原文多散佚,今存六十万字)。清人钱谦益(牧斋)说,徐霞客乃"千古奇人",《游记》乃"千古奇书"。现代评论家说,徐霞客开辟了中国古代地理学中系统观察自然、描述自然的新方向,《游记》一书则是记载地貌、地质的古代地理名著,同时也是记录风景资源的重要文献,且文辞优美,堪称文学佳作。近年来,人称徐霞客为"游圣",许多发烧"驴友"以霞客为楷模,访幽探胜,踏遍祖国大好河山。

山水奇志

徐霞客的山水之志来源于父亲的榜样、游记书籍的熏陶、母亲的支持。大概因为读书有偏好,霞客十来岁童子试不成,索性改

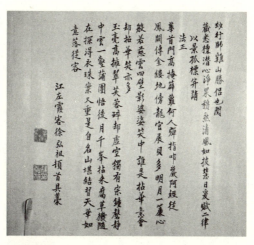

徐霞客墨迹

志投奔山水之间。到此时,霞客的所为并不新鲜,古代这样的人很多,但他从此以后矢志不渝,纯粹一生,别无他顾,这就难得了。

从二十来岁(一六○七)开始,直到去世那年,霞客"携一幞被",几乎年年出门,旅行探索了三十多年。他到过现在的江苏、山东、河北、山西、陕西、河南、浙江、安徽、江西、福建、广东、湖北、湖南、广西、贵州、云南等省。也可能到过四川。据统计,徐霞客共考察记录了地貌类型六十一种、水体类型二十四种、动植物一百七十多种、名山一千二百五十九座、岩洞溶洞五百四十多个。"一切水陆中可惊可讶者,先生以身历之,后人以心会之。"

霞客之游,颇具挑战精神,人越说不能去的地方,霞客越是要去,从而揭示了许多"千百年莫之一睹"的地区的面貌。因有强烈精神鼓舞,霞客从不惧怕身体之苦、景地之险,既然到了野外,索性放开身段,"猿挂蛇行",攀缘、匍匐。例如:在真仙岩后暗洞,大蛇横卧不见首尾,一般人看到,腿早已软了,但霞客若无其事,抬腿迈过大蛇,深入洞中。在天台山,"余赤足跳草莽中,揉木缘崖"。又一处,"石壁直竖洞底,洞深流驶,旁无余地。壁上凿孔以行,孔中仅容半趾脚,逼身而过,神魄为动"。霞客在日记中记下自己的险状,一是经验难忘,另外也有要表达风光在险的意思。险,是一种证据。

《四库提要》称霞客"既锐于搜寻,尤工于摹写",霞客每日攀缘匍匐,十分辛苦,但夜间还要挑灯,写上日记千言。霞客撰写日记,自然有日后传布其见闻感受的愿望,但更多更直接的原因应该是:记录是一种重复体验,是消化,是进一步的旅行享受。霞客在世时,并没有怎么张罗出版日记的事。

接二连三的山川疑问,无止境的探索欲望,是霞客旅行持久不倦的实质性原因,"百蛮荒徼之区,皆往返再四"。山河地貌的分合原委,是霞客脑中持续追问的问题,对他来说,猎奇不是目的,将奇转化为不奇,即完成解释与理解,才是探索的目标。

明末清初,霞客及《游记》已经获得称道,但多在奇人、奇文方面。有些人虽然夸赞他的穷尽天涯的精神,但脱不出古代的寰宇观和神秘主义的价值观。

清代学者注重《游记》版本整理,用力于日记的搜集、厘订,功绩在奠定了版本的框架。但对于霞客的研究,并不深入。不过清初的潘耒(次耕)还是点到了霞客的几处关键:"霞客之游,在中州者,无大过人;其奇绝者:闽粤楚蜀滇黔,百蛮荒徼之区,皆往返再四。……先审视山脉如何去来,水脉如何分合,既得大势后,一丘一壑,支搜节讨。……故吾于霞客之游,不服其阔远,而服其精详;于霞客之书,不多其博辨,而多其真实。"潘耒的这篇文字,本没有附在《游记》前后,而是单独收在《遂初堂集》中。丁文江最初整理《游记》时,不知有此文,是梁启超发现此文,介绍给了丁文江。《四库提要》的"以耳目所亲,见闻较确","此书于山川脉络,剖析详明",类似潘耒的看法。

清朝后期,对于霞客的关注议论不多,霞客的文章、知识被束之高阁。

徐霞客的再发现

至二十世纪二十年代,人们终于对徐霞客进行了再发现。所谓对徐霞客的再发现,是指对于他事业价值的再评价。首先对徐霞客的事业进行再评价的是二十世纪初中国"最科学的人"丁文江。

丁文江十六岁即赴日学习,后辗转欧洲,所学主要为地质学、动物学、地理学。回国后对于中国地质学的贡献极大。丁文江自己说:"余十六出国,二十六始归,凡十年未曾读国书,初不知有徐霞客其人。辛亥自欧归,由越南入滇,将由滇入黔。叶浩吾前辈告之曰:'君习地学,且好游,宜读《徐霞客游记》。'"一九一一年丁文江在上海购得铅字本《游记》,"但未尝一读全书"。

一九一四年,丁文江又入云南考察。"独行滇东滇北二百余日,倦甚则取《游记》读之,并证以所见闻。始惊叹先生精力之富、观察之精、记载之详且实。"徐霞客的准确记录,对于丁的考察帮助甚大,丁始为《游记》所打动。丁文江与霞客的神交地点在云南。丁文江曾多次自称是"中国唯一的'西南通'"。丁文江是在考察实践中才发现了《游记》的价值,这恰恰说明了《游记》的属性。

在考察实践中,丁文江发现了霞客的非凡之处,从此,投入时间精力,整理、研究、宣传霞客精神与成就。丁不满足于前人"奇人""奇书"的简单评价,他说:"钱牧斋说:'徐霞客千古奇人,游记乃千古奇书。'似乎他真是徐霞客的知己,然而看他所做的徐霞客传,连霞客游历的程途都没有弄明白,其可谓怪事!后来的人随声附和,异口同声地说奇人、'奇书',但是他们不是赞赏他的文章,就是惊叹他的脚力,除去了潘次耕以外,没有一个人是真能知徐霞客的。因为文章是霞客的余事,脚力是旅行的常能,霞客的真精神都不在此。"丁文江在所编《徐霞客先生年谱》中阐明了霞客的"真精神":"然则先生之游,非徒游也,欲穷江河之渊源,山脉之经络也。"在与张骞、玄奘、耶律楚材做比较时,他说:"这三个人不是恭维皇帝,就是恭维佛爷,霞客是纯粹地为知识。"丁文江还总结出霞客的多项重要地理发现。

丁文江宣传徐霞客也有为中国人争气的心理。他在为《地质汇报》写的序中,引出德国人李希霍芬的话:"中国读书人专好安坐室内,不肯劳动身体,所以他种科学也许能在中国发展,但要中国人自做地质调查,则希望甚少。"丁文江在《年谱》中辩道:霞客"此种'求知'之精神,乃近百年来欧美人之特色,而不谓先生已得之于二百八十年前!"如地学家叶良辅所言:"丁先生的推崇霞客，还有别的用意，他一面是为外国人常说中国学者不能吃苦，要借他一雪此言，一面要借一个好模范来勉励一般青年去做艰难的工作。"

丁文江对霞客的赞扬，不仅是学术研究，更有发自内心的冲动，有现实价值的激励，有实践热情的鼓舞。黄汲清曾将丁文江比作"二十世纪的徐霞客"，又说丁文江的成就远远超过徐霞客。为取得第一手材料，丁文江力主"登山必到峰顶，移动必须步行""近路不走走远路，平路不走走山路"的野外考察精神，并身体力行。

丁文江对徐霞客的"发现"，主要是在国内地学界引起了极大共鸣，由此，开始了对于徐霞客的现代阐释。

现代语境下的徐霞客

评价古人，不可避免地会从当代价值观出发。丁文江是这样，后面的学者"与时俱进"，对于徐霞客的评价研究，也因现代社会意识形态背景的演替，每出新局面，"徐霞客"的内涵越来越丰富。

一、伟大的地理学家

首先在丁文江的带动下，一批顶尖地学家，包括竺可桢、张其昀、翁文灏、任美锷、侯仁之、陈述彭等，在倡导科学考察的背景下，从现代地理学的价值标准出发，高度评价了徐霞客在地理学上的前瞻性。一九四一年，在贵州遵义，浙江大学史地系举办纪念徐霞客逝世三百周年大会，撰写纪念文章的有竺可桢、张其昀、任美锷、黄秉为、谭其骧、万斯年等，后由张其昀辑成《地理学家徐霞客》商务印书馆一九四八年版)。此书曾引起李约瑟的注意,或受其影响,李约瑟后来讲了这样的话:"他(霞客)的游记读来并不像是十七世纪的学者所写的东西,倒像是一位二十世纪的野外勘测家所写的考察记录。"(李约瑟《中国科学技术史》第五卷。)

一九四九年后,侯仁之先生对于徐霞客的研究评价最有影响,他对于霞客的地理学价值的阐述获得公认:"这部游记和一般所谓游记确乎不同。它反映了作者在系统地观察和描述自然地理诸现象时所表现的超越前人的一种新倾向,特别是他对于西南广大地区内喀斯特地貌的考察,说明了他不但是在忠实地描述自然,而且已经在步步走向规律性的探讨。"(《中国古代地理名著选读》序言,科学出版社一九五九年版)因侯仁之先生重视《游记》的地貌学价值,所以在主编《中国古代地理名著选读》时,特请地貌学大家任美锷做《徐霞客游记》的导读。

任美锷着重介绍了徐霞客考察西南地区石灰岩地貌的意义。"我国西南诸省,石灰岩分布面积很广,是世界最大的石灰岩地貌区域之一。霞客在湖南、广西、贵州和云南做了详细的游历,因此对西南石灰岩地貌的分布、各地区间石灰岩地貌的差异、各种石灰岩地貌的类型和其成因都有详细的科学的记载,这无疑是世界上有关石灰岩地貌的最古的文献。"(《中国古代地理名著选读》)

褚绍唐综合各家,对霞客地理学成就曾有概括:在地理科学上,徐霞客试图摆脱旧地理志的框架,开拓探寻自然界规律的新方向、新途径。他描述了各种岩溶地貌的形态,厘定各种地貌名称,提出钟乳石、石潭、落水洞及天生桥的成因。他还通过地区比较,指出广西、贵州和云南三省的不同地貌特征。他对河流的侵蚀作用、滇西的火山和地热现象、气候和植物的关系都有精辟见解。他确定金沙江是长江的上源,纠正了墨守《禹贡》的旧观点。他考察了南北盘江、怒江、澜沧江和长江的源流,探寻雁荡山的雁湖所在,纠正了旧志书中的错误(《徐学研究要有开拓创新精神》,载《徐霞客研究》第六辑)。

在现代地理学家的笔下,徐霞客的成就被用现代地理学术语重新阐释,例如:"他对岩洞和钟乳石的成因都有独到的见解,曾经指出某些岩洞是由于流水机械侵蚀造成的,钟乳石则由于从石灰岩中滴下来的水蒸发后,碳酸钙凝聚而成。"(《中国古代地理名著选读》)这是认识理解的需要。不过,在阅读这些以现代词汇阐释的时候,仍不能忘记古今地理学的本质差异。侯仁之先生在赞扬徐霞客的同时,也提醒人们,"只是由于他所处的时代以及相关科学(如地质学、水文学、气候学等)的发展水平的限制,还不能够充分理解各种现象并作出更系统、更科学的理论总结"。在积极评价霞客时,侯先生的表述分寸是"他(霞客)已经在沿着这个方向前进了"(《徐霞客——石灰岩地貌考察的先驱》,载《徐霞客研究》第一辑)。

霞客之学,达到了经验认知的最高峰。他实现了对现象层面的系统观察,并上升到问题层面,具备了比较丰富的问题意识。但是,由于时代的限定,他缺乏回答问题的更高的知识能力。西方现代地理学的开创者洪堡、李特尔,具有霞客不可能获得的学术资源条件(现代生物学、气象学、地质学),并有霞客未曾采用的工作方式（对野外资料做数十年室内研究）。徐霞客毕竟是古代地理学家，而不是现代地理学家。一个探索者，只要具有现实主义精神，就会接近科学，但现实主义精神不直接等于科学。

二、徐学的诞生

二十世纪八十年代初，陈桥驿先生首先提出"徐学"概念，得到徐霞客研究者们的响应。一九九九年江苏教育出版社出版了《徐学概论——徐霞客及其〈游记〉研究》一书。徐学的提出，令徐霞客研究跃身为一种经典性学术（类似于"红学""郦学"），使研究对象从霞客本人与《游记》本身向所有相关联的问题拓展，徐霞客的社会环境、人生交往，《游记》一书中记述过的所有事物，均成为徐学研究的内容。二十世纪九十年代的社会繁荣气氛为徐学研究注入了新的能量，加入研究的学科有旅游学、历史学、社会学、文学、文化学、美学、宗教学、民俗学、民族学、谱牒学、版本学、方志学、地理学、地貌学、岩溶学、气象学、动植物学等。应该说，徐霞客研究至此达到了高峰。

任美锷讲："过去，我曾经说过：'《徐霞客游记》的最大价值，是在于他对地学的贡献。'现在看来，这一评价是很不够的。在今天，徐学的内容已经远远超出了地理科学的范畴，而应更多地注重徐霞客的高尚人格和治学精神。"（《徐学的兴起是顺应中国文化发展趋势的必然结果——〈徐学概论〉序一》，载《徐霞客研究》第六辑）

褚绍唐说："除了在地理学上的成就之外，《游记》中还有关于社会动态、史迹考证、文物古迹、民情风俗以及宗教、民族等方面的记述,这对研究明末时期社会状况及历史事实等都是很宝贵的资料。"(《徐学研究要有开拓创新精神》,载《徐霞客研究》第六辑)

在徐学研究范畴中,对于明末知识分子特征的研究,突破了霞客为"孤独"行者的概念。周振鹤指出,明末士大夫阶层中的一些人,从空谈性理转入经世务实,崇尚实学的思潮逐渐形成,许多知识分子主张"不必矫情,不必逆性,不必昧心,不必抑志",而摆脱传统意识形态羁绊,以现实主义精神走入地理世界。实际上,明末存在一个具有共同特征的旅行家群体,霞客乃是其中的佼佼者。

徐学概念的建立与徐学研究的迅速进展无疑是一件可喜的事情。不过,也应当注意,关于徐霞客的研究,不能因为问题范围的大幅拓展而模糊它的核心价值。有些题目在徐学中不一定具有足够的学术含量(如徐霞客关于城市的考察)。徐学是现代概念,在整个徐学中,徐霞客个人只是一个局部,不必件件事情都要直接落实在徐霞客头上(如直接用《游记》考察明末经济大局)。

三、"游圣"

二十世纪八十年代以来我国旅游业开始发展,进入二十一世纪,在经济飞速发展和大众生活水平迅速提高的背景下,旅游业成为重要的经济产业,许多文化活动都开始向旅游业靠拢,与旅游业挂钩。在这个背景下,"徐霞客旅游方式"被提了出来。

徐霞客旅游学价值成为徐学研究的新重点,诸如徐霞客旅行的目的、旅行的分期、方式、历程及旅游资源的开发等。有评论者说:

"关于徐霞客的新的旅游研究,突破了过去仅以徐霞客对地质地貌、江河源流、山脉走势等属地理学范围考察为研究对象的旧框子,丰富和拓宽了徐学研究领域。"(张度《〈徐霞客与山水文化〉——一部颇具特色的徐学新著》,《徐霞客研究》第一辑)于是,徐霞客又多了一个新头衔"游圣"。

"游圣"一衔,极大地凸显了霞客的探险旅行价值,而旅行家比"地理学家"更具有大众性,更具有大众模仿意义。的确,自霞客被宣传之后,每有长途跋涉,人们便联想到徐霞客。二十世纪三十年代西南联大师生曾组织"湘黔滇旅行团",长途跋涉三千五百里,他们的精神使人联想到徐霞客。参加过旅行团的任继愈回忆:出发前,"有人带上《徐霞客游记》,沿途与当年《徐霞客游记》对照"。刘兆吉说:"我们徒步荒远的精神,颇能与明代的徐霞客媲美。"曾有评选"十大徐霞客人物"的活动在社会上展开,这是霞客精神走向大众的又一个重要标志。

不可避免地,"游圣"形象与科学考察先驱的形象有所不同,它多少模糊了霞客的科学性、学术先进性、广泛的社会关联性。因此,陈桥驿先生提醒徐学的研究者:徐学研究不能捆绑在旅游业上(《关于"不能把徐学捆绑在旅游业上"的通信》,载《徐霞客研究》第十五辑)。徐学研究可以促进旅游业的发展,但徐学不仅仅是谈旅游。在这个问题上,可以看到学界与大众对徐霞客价值的不同选择。

探索旅行、地理考察是霞客相互联系的两个高度,在整体评价中,不能偏废。旅行家不直接等于地理学家,在旅行探索的基础上,对大地进行系统考察,建立问题意识并寻求解释,才算上升到了地理学家的层面。徐霞客是两全人物。

四、高尚人格

任何正面人物楷模,其高尚的道德是必不可少的。坏人干不出好事,这是中国识人、论人的传统。道德结论是升华,是继承性的生命力之所在。早在丁文江的时候,就热情地赞扬了霞客的勇气和献身精神:"乃求知之念专,则盗贼不足畏,蛮夷不能阻,政乱不能动;独往孤行,死而后已。"

对于"青年之士",霞客是励志楷模。丁文江在二十世纪二十年代说:"今天下之乱,不及明季,学术之衰,乃复过之。而青年之士,不知自奋,徒借口世乱,甘自暴弃;观先生之风,其亦可以自愧也乎!"

在日后对霞客的品评中,人们在道德这条线上不断延伸,也有"与时俱进"的味道。在高扬爱国主义精神的时期,人们将霞客所热爱、所歌颂的山川进一步明确定性为"祖国山川",又鉴于明末的乱局,遂将旅行与爱国主义联系起来,称《游记》抒发了爱国激情,霞客具有"炽烈的爱国主义感情"。在众多关于霞客的文章中,可以看到越来越多的道德品质名称:尊孝道、尊师友、爱祖国、爱人民、反对分裂、维护祖国统一、民族团结等。不难看出,这里有些帽子是过大了。这种情况,在赞美人物的活动中常见,无须多说。需要冷静的是,要防止出现一个"高大全"的徐霞客。还有,是我们在学习徐霞客,而不是让徐霞客学习我们。

徐霞客在今日已经不是一个具体的人，而是一个逐渐概念化的人，一个被不断发扬光大的历史文化楷模。在纪念霞客逝世三百七十年的时候，我们不妨重读《游记》，再一次表示对这位古代探险旅行家、地理学家的敬意，同时，也体会一下原汁原味的徐霞客精神。

写于二〇一一年五月，徐霞客逝世三百七十周年之际

还地理学一份人情

——记华人地理学家段义孚

我们说人文地理学是研究人类行为的一门学问。但是人的问题在被人研究时，常常被搞得脱离了人之常情、人之常性。在众多由人操作的"研究"中，在由人画定的"模式"中，你我都是概念、是符号，而不是你我。

人有丰富的情感，而人的情感除了施之于人而外，用在"地"上的恐怕算第二多。现在"人地关系"是地理学的一个大题目，人与地之间的功利关系（这是一个老关系，即地利）、运筹关系（经济地理最擅长）、生态关系（新兴的环境课题）是着重研究的问题。这三类关系均立足于理性，有"不依人的意志为转移"的特点。但是，如果环境里面的东西都是不依人的意志，而我们又总是在"不依人的意志"中活动，那我们还要意志干吗？人与地的关系之间，还有许多依人的意志、依人的情感为转移的事情，这些是我们生存世界的一批重要内容，没有这些东西，我们便与动物无异。

二十世纪七八十年代始，西方许多地理学家认真对待了人的意志、情感的问题，形成一股学术潮流，汇合时代意识，开出新风。在这一来势相当猛烈的西方地理学术潮流中，一位领军人物居然是一位华人，这便是段义孚。

在西方，华裔社会人文学者不像理工科学者那样容易进入学术理论的主流,原因很多。华裔社会人文学者多以研究中国见长,其学术声誉都来自对中国具体问题的研究。美国有人说,在社会人文学界里,常常是黑人研究黑人问题,妇女研究妇女问题,中国人研究中国问题,只有白(男)人研究所有的问题(everything)。这种说法听起来不舒服,但近于事实。不过,在段义孚这里却有所不同。段义孚虽是出生在天津的中国人,但他研究的问题是贯通整个学科的基本理论,在西方人文地理学界,无论是谁,不拜读段义孚的书,就不能完全融入二十世纪后二十年的学术话语。

段义孚一九三〇年生于天津,后随家庭到澳大利亚、菲律宾。成年后先在牛津读大学,一九五一年入美国伯克利大学为研究生,一九五七年获博士学位。之后,分别在印第安纳大学、芝加哥大学、新墨西哥大学、多伦多大学、明尼苏达大学、威斯康星大学教书。自任教于明尼苏达大学始,段义孚在地理学上贡献陡增,声名鹊起。一九七三年,获得美国地理学家协会授予的地理学贡献奖,一九八七年美国地理学会授予他 Cullum 地理学勋章。

段义孚

一九九八年,段义孚曾应邀在约翰·霍普金斯大学作"学术生涯"(Life of Learning)演讲。"学术生涯",是该大学高级荣誉演讲的固定名称,只邀请有重大贡献的学者,此前地理学界只有历史地理学家 D·梅尼格(D. Meinig)受过邀请。段义孚在演讲中回顾了自己的治学历程,也特意提到早时中国生活带给他的长存的感受记忆。段义孚注重人性、人情，称自己研究的是"系统的人本主义地理学"（systematic humanistic geography），以人为本，还地理学一份人情，就是他的"地学"的特征。

段义孚原来的专业是地貌学，但在伯克利时，也听文化地理大师索尔的课，他自己的人文兴趣则向来盎然。无论是面对自然还是人文，他总有一股强烈的情绪感受。他称自己不喜欢蔽天无序的热带雨林，而喜欢坦荡的沙漠，沙漠上可以清楚地观日月、辨方向，而且一眼望去，数里之遥，去向目标明确，舒服痛快。关于城市，他感到纽约整齐的棋盘街格局对陌生人来说是友好的，一会儿便走熟了。而欧洲那种老城街道有欺负生人的味道，要"转向"很长的时间。

或许就这样，在后来转为人文地理研究中，人的情感、心智的发挥总是段义孚观察地理问题的出发点，他要以人为本，而人本来是有感情、语言、想法的。在将人扮作科学理性逻辑样板的风潮中（二十世纪六十年代兴起的逻辑实证主义计量革命），段义孚却将人的种种主观情性与地理景观的丰富关系摆到人们面前，并进行了极具智慧的阐发，吸引了众多学者的目光。自二十世纪七十年代以来，Yi-Fu Tuan（他的英文名字）一名，蜚声于世界人文地理论坛。

人对地的情感关系当然不只是观沙漠、雨林那样简单，那样单纯的只有个人意义。最早，人对地的情感关系曾酝酿出重要的文明成就，我们不可不查。人类可以理性地耕种土地，规划城池，但面对高山、大海、沙漠这些无法认识来头、无法将其撼动、无法假其操作的东西时,人类最初只能以情感对之。比如,山脉的危乎高哉让人首先产生敬畏情感,在此情感基础上渐渐产生一系列敬山的思想与行为,敬山是人类古代文明中普遍存在的东西,加上通天的猜想,则更为之震慑、为之战栗景仰。

感受、抒发、兴叹等情感行为几乎占据了对高山、大海地理"认识"的主要内容,望洋兴叹似乎是人们面对大海时的唯一反应,我们找不到多少古人关于它们的具有理性实践意义的地理描述,而正是那些感性的描述与猜想,构成着人类关于这一部分地理的早期"知识"。

在人文地理方面,优越感(ethnocentrism)是每一个独立发展起来的民族在想象其他民族时总要出现的一种初始情感,即使小如"夜郎"的国家,也有"自大"的原生优越情感,它与华夏民族对"蛮夷"的优越感、埃及人对尼罗河以外的人(埃及人说他们不属于"人")的优越感,都是一样的东西。这种原生的优越感是早期宏观人文地理观念建立的基础,因为大家都有优越感,所以许许多多民族(不光是中国人)都曾以为自己是世界的中心。这种优越感只有被现实反复"挫伤"之后才会改变、消失。优越感的消失是一种情感的消退,而这一情感的消退才会为宏观人文地理观念的修正真正敞开大门。否则就会像中国士大夫面对利玛窦的地图一样死不认账。在感情的支配下,人宁可相信谣传,"请面对事实",则是件令人痛苦的事情。

段义孚指出,爱与怕是人类情感的基本内容,而被文化转化为种种形式。就"爱好"与"惧怕"这两个重要主题在人文地理中的表现，他各写了一部书，一个是《恋地情结》(*Topophilia: a study of environmental perception, attitudes and values*)，另一个是《恐惧景观》(*Landscapes of Fear*)。其中《恋地情结》是他的成名作，此书至今仍是美国各大学景观专业的必读书。Topophilia 是由 topo 与 philia 合成，前者指地，后者指偏好。与其相对应的词，是 topophobia，表示对地方场所的恐惧。Topophilia 一词不是段义孚首用，却是因他的详尽阐发而大获其名，成为人文地理学中的重要术语，收入词典。

段义孚所关注的人类的"爱好"与"惧怕"，主要并不是那些繁荣壮丽或悲惨苦难的社会整体性的大喜大悲，而是在街道上、校园里，在日常炊洗琐事中，在男女老少的闲逛中所包含的与地方场所相对应的爱与怕，他说这些都构成人文地理的内容。正如他自己倡导的那样，他成功地将"这些寻常事物后面的暗中关系、隐藏含义，以新鲜有力的语言揭示出来"。

恋地的本质是恋自我，当地方场所被赋予人的情感、价值后，人便与地"合一"。"合一"不是合在自然属性，而是合在人性（所谓"天人合一"也是同样，不是合在自然生态，而是合在人类道德）。祖先下葬，是一种最明显的人地合一，这个地方因此有了"根"的性质，

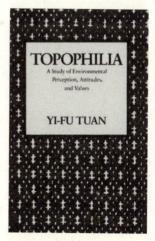

《恋地情结》封面

子孙可以在这里深情地下跪。这里,情感是第一位的。在地理学中,如果排斥掉情感,则永远没有墓地的位置。墓地的情感状况是复杂的,对一些人来说是亲切的,对另一些人来说是恐惧的,但无论是谁,进入墓地就会动情。理性在墓地没有立足之地。

同样,理性在迪士尼等大大小小的"乐园"中也没有立足之地。段义孚说,人有一种很不实际的毛病,喜欢打造"白日梦境",在求实方面,人远不如动物,动物没有梦想。因为有"白日梦"的追求,各种美妙的乐园、乌托邦便在人文地理(人间世界)中出现。在这些"地方",人们纵情欢歌,忘记自己的年龄、职务,忘记家里难念的经、人生不如意的事。在这样鼓动情感、丢弃理性的气氛中,真实世界被粉饰了。

人对于环境存在美学反应(aesthetic response),美学反应的方面很多,最终形成人的情感性世界观。家乡、故土、墓地、圣地、公园、海滨都是情感世界观中的地点场所。现在这类内容都归入文化地理的范畴。文化地理不仅仅研究各种文化项目的客观分布,对于某些项目,也应注意文化景观所反映的情感类型。中国与西方都有墓地,如果只讲项目类型,不讲情感类型,则中西方的墓地就没有什么区别,而实际上两者的环境氛围是很不同的。西式墓地像公园,绿草如茵,石雕精美,环境幽静,假日常有人来此消闲,布置野餐,欣赏碑刻,甚至情人约会。在中式坟场里哪能这样。在香港一处西式墓地中需要挂这样的牌子:"游人请保持宁静以示尊重,并请勿嬉戏或生火。"在中式坟场则完全不用这样的劝告。

在地理环境中,不可能存在没有破坏的建设,破坏是一个不可避免的主题。新的景观在眼前，而旧的景观却只留在记忆中，进入记忆，于是就进入了人的情感范畴。对于旧景的记忆与感怀，每个人都不可避免。有力量的人可以为旧景在故地竖立纪念碑。我们如果将所有的纪念碑标在地图上，便出现一份情感地图，人们按图索骥，徘徊各处，会有一番情感满足。

人与"地方"的情感关系很多很多。可以说，面对各类"未知"地区，人类其实都是与其发生情感关系。而在这些情感关系中，恐惧是最主要的主题。陌生产生恐惧，恐惧则又必然产生要克制、调节恐惧感的进一步的心理行为，在这些心理行为中又常常附有"发明创造"。中国古代"风水"中，有许多是情感心理的调节术，它寻找地理景观中已知的，并被符号化的安宁、太平、兴旺的代表因素，经过选择和人工附加，将它们组合为具有镇、压、克、胜力量的新景观结构，从而达到战胜恐惧感的心理作用，获得情感成果。所以，越是陌生、越是不自信、越是有恐惧感，就越容易信风水说，行风水术。

人对于环境反应的内容是复杂多范畴的，在这个主题下，看起来不相关的学科，如哲学、心理学、城市规划、景观构建、人类学都可以"友情链接"起来，段义孚的视野正是这样宽阔。在人的环境心理分析上，他是高手、大师，人们说，段义孚是地理学家，也是优秀的心理学家。美国心理学界的确授予段义孚学术奖，段义孚自己谦称这是"偶然的"，而事实上这一点儿也不意外。

人是在群体中生活的，但有着个人感受、个体意识，段义孚以此为线索，考察了个人隐私空间的发展。在欧洲，中世纪的生活是公众的、公开的、社交的，缺乏隐私，即使是家中的餐桌也仿佛是公开的，也须端正仪表。段义孚说：他们"有自我，但没有自我意识"。十九世纪晚期，个人隐私发展，欧洲房子达到了"分割性"的顶点，房间各备功能，还包括"仅供个人与他的书和他的思想独处"的小室。

段义孚所讨论过的人与环境的问题很多，且饶有趣味，因为他就从你的身边说起。当然他的趣味来自他的智慧，许多许多是你见到却没有想到的。他的人本主义就是这样与人切近，不尚高远，但求深省。人本主义的（Humanistic）一词在地理学界，与Yi-Fu Tuan一名密切联系在了一起。

人本主义在地理学中的提倡，大大丰富了人文地理学研究的"厚度"。以历史地理研究为例。西方一些历史地理学家由此指出，历史地理学可以研究三种历史环境（包括自然与人文两方面的）：一、由文献与景观记录的真实环境；二、由过去规范理念描绘的抽象环境；三、由过去人们所体验的感知环境。我国历史地理学界，主要研究兴趣都是集中在对第一种历史环境的复原，这种研究讲求实在，不尚发挥。第二种环境的研究属于地理思想史的范畴，我国已有人研究，少数大学里也有这样的课程。地理思想史的研究对象，不是地表，而是地理观念的群体，有更强的时代特性与社会性。对于第三种环境的研究目前尚少（所知有复旦大学博士学位论文《从古代诗歌看古人的环境感知》），而此类研究恰与人本主义的关系最密切。这类研究多涉及人的心理，不易把握，搞得不好还有臆测之嫌。

的确，人本主义地理学谈论的，大多是总体性的理解，而较少个案研究。即使如此，整体性的理解还是需要的。人本主义学说提醒人们不要忽视人的理念与体验。因为环境不是单纯的客观的"存在"，而是人们行为的外部依据，所以是"行为环境"。对行为环境的研究提供了理解行为的重要参数，也是解释景观变化的关键。在弄懂景观之前，我们必须理解人和他的文化，我们必须理解他所具有的身体和心理的限度，"我们必须知道他的文化为他规定了怎样的选择，知道他周围的人加给他怎样的规矩"（H.C. 普林斯）。

"我最热爱的是中国"

二十世纪初年,有一些外国学者凭着纯粹的学术意志,来到社会激变中的中国。他们宣讲西方学术,探索中国问题,艰苦调查,著书立说,在中国近代学术发展中做出重要贡献。但是由于各种原因,他们之中的许多人都被我们忘掉了。美国大地理学家葛德石(或作葛利石,G.B.Cressey)就是其中被忘掉的一位。

一九二三年,葛德石自欧洲启程,取道北方戈壁荒途来到中国,赴任上海沪江大学(英文名称为Shanghai College)地质系教授,旋任该系主任,组建新式地学教育。他在一九二六年九月二十日写给美国众朋友的公开信中说:"我一个学期要上四门课,总共十一学时,差不多有一百名学生。""过去两年来,我主要致力于组建工作和安排讲座,从现在起,我应多做些研究了。"在一九二三年到一九二九年的六年里,他多次到中国各地进行地理考察,"旅行凡三万里,除云南、四川、西康、新疆和福建外,足迹所至达二十余省"。当时的中国,军阀混战,社会无序,葛德石的地理考察,因"匪乱和内战,屡为阻障"。如一九二六年,"我本想到内蒙古多做些工作,但由于战事而未果。我又打算对滦河做地质考察,此河从蒙古高原流下,至天津北部入海。工作本进展顺利,但到七月十三日(不是星期五),我突遭五六个歹徒袭击,工作遂告中断"。

"我最热爱的是中国"

葛德石在中国考查

一九二六年至一九二八年间,葛德石三次油印了一份关于中国地理的书稿。后将书稿完善,配以图表、照片,以 The Geography of China(中国地理)为名,交上海商务印书馆。"一九三二年即将出版时,逢日本侵入上海,底版被毁,所有图幅及照片全部损失。"此时,葛德石已经返美,在希拉丘兹(Syracuse)大学任地质地理系主任。复经重事编纂,书稿再成,于一九三四年改在纽约出版,名为 *China's Geographic Foundations:a survey of the land and its people*(中国的地理基础:这片土地和其人民概述)。

葛德石的书在美国出版后,在中国遂有反响,因受重视,"盗版"书不久问世。据侯仁之师回忆,一九三六年先生于燕京大学留校任教,须讲授中国地理学,参考书以葛德石的著作最佳,但原版难求,只能找到非正式翻印的劣版。因一直喜爱此书,先生直到留英期间(二十世纪四十年代后期),才在英岛购得原版(已然是第八次印刷版），当时的订购单与发票至今与书同为珍藏。

葛德石书原为英文，非正式的中文译本早便流传，且不止一种。直到一九四五年，此书总论部分（前六章）的中译本正式出版，译者是薛贻源，书名为《中国的地理基础》，由开明书店印行。薛氏在译序中说："总论部分，译者于肄业师大地理系时，承系主任吾师黄海平先生的鼓励课外译读和训诲，即将初稿完成；去冬原著者葛德石教授代表美国国务院访华，于来所就任本所研究员时，得机面请教益，特将译文重加整理出版。""至于分论部分，系由吾师谌稷如先生译出"，"定名为《中国区域地理》，将另行出版"。所谓分论部分，即第七至二十一章，均为区域地理，包括十五个大区：华北平原、黄土高原、山东辽东热河山地、满洲（东北）平原、满洲东部山脉、兴安岭、中亚草原与沙漠、中央山系、长江平原、四川红壤盆地、江南丘陵、东南沿海、两广丘陵、西南台地、西藏边陲。此分论部分于一九四七年由正中书局出版。

葛德石《中国的地理基础》一书的重要贡献之一，是采用了十五个自然区（见上）的划分方法。此前关于中国的地理著述，多利用已有的政区为区域框架。政区尽管分辨明确，易于指示，但于环境与经济方面，却相当混乱。葛德石指出，"一个农夫生活在河南或在山东的事实，其在地理上的意义，远不及他的农田是在肥沃的平原或在多石的山地。农民更关心的是谷物的适当雨量，而不是省会的名称"。所以对中国景观区域的划分，宜舍弃政治的界线，而依据环境与经济的特征。葛德石的十五区分法，早先在本书的沪江大学油印初稿中便已提出，正式出版时更臻完善。

不过，应该说，舍弃政治界线而取环境特征的中国区域划分方法，并不是自葛德石始，即使在洋人中，一九〇八年夏之时（L.Richard）的《中国坤舆详志》(*Comprehensive Geography of the Chinese Empire*)就已经用了自然区划法。所以准确地说，葛德石的贡献在于，他的划分更为合理，而其所合之理正是地理学中很要紧的一点，即人与地的关联性。

葛德石的书，以"人类的遗产"一节开篇，他写道："中国人民生活的根基，深入到土地里面。细心耕种的田园，徒手收获的农作，以及土筑的屋舍，在在显示着人与自然的密切联系。"葛德石的地理区域划分，以人地关系特征为指标，观察人如何"渲染"了大地，这最终体现为文化景观。重视文化景观，正是美国地理学的一大特色。一方面是理论传统的引导，另一方面可能产生于同工业化的美国景观的对照，葛德石在中国感受到人与环境的和谐完美：中国"文化景观的种种方面，曾经过了一次进化调和的广泛过程，几乎在每个地方，人们在很久以前，业已尽他所有的工具，来利用自然的富源了。……中国的人生活动已与自然环境完全相适应，我们应用生态植物学的名词，可称之为最理想的'群落'"。这里，葛德石并非是空发议论，以他在中国"三万里"的野外观察与情景体验，上述言语应是发自内心。

同样是因为野外考察，他常常发现旧有地理"文本"上的问题。如在蒙古高原考察时他发现："许多蒙古地图上都画了不少并不存在的城市，好像作图的人不愿意留出一大块空白的地区。另外，他们参考旅行者的记录，在地图上标满了地名。许多地名是河谷或牧场,也有一些只是井或者不重要的寺庙。其实城市仅仅分布在沙漠的边缘。有一次笔者来到一个地方,在一类标注已成规模的城镇的地图上,这个地方总要被标出来,但那不过是一个电报亭,只住着夫妻俩和一个孩子。还有一次,我用了好几天去找一座在最好的地图上指示的城市,可那座城市早在好几个世纪之前就被成吉思汗毁掉了。"

充分的考察体验与大量的文献整理,构成了写作《中国的地理基础》的基础。在总论中对中国地理形势的宏观把握,在分论中对十五个大区的贴近描述,令一个广袤大国的复杂地理呈现在不同的视野中。科学理性,使这本书对中国的优点与劣点并举,在批评方面,并无忌讳。然而,与研究对象的亲近性,又令作者对

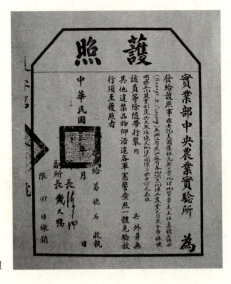

葛德石的通行护照

他所描述的人文大地日渐生情。这是地理学的特点，也是地理学家的特点。我们注意到葛德石在"原序"中脱口而出的一句感慨：因为本书要冷静地对待中国的各方问题，"著者对中国的真诚的友谊，或已难为人知了"。

其实，葛德石"对中国的真诚的友谊"正溢于言表。书中对中国文明的赞美与对中国现代更新的信心，在在可见。葛德石所亲历的中国，正值内乱频发、外患不止的时代，但他在"理解中国"一节中却告诉读者："目前是不足作为批判中国的代表时期。""今日中国历史最重要的因素，不是报纸所通常报告的战争和饥馑。经济的、社会的和智力的改进，较之过去军事的和政治的演变，重要得多。中国变动得慢，对于她正有所觉悟的世界新秩序，做完满的适应，也许还需要数十年。而她的结局之为坚忍不拔，那是无可怀疑的。"

在后来的生活中，葛德石对中国的热爱之情，执着未减。他在希拉丘兹的住所，本是一座典型的洋房，却在门廊添立了两个中国式的红漆大柱。今天故人已去，但红柱在绿色小丘之间仍十分显眼。葛德石曾说："中国所表现的艺术和生活的优美，似乎可于北平（北京）得之……住在北平一年，乃是一种世界的最精选的经验。"不知道他选立红漆大柱是否就是受了北京建筑景观的影响。胡适于一九三九年访问过希拉丘兹，并在葛德石家聚会，应当就在这里。

"二战"期间，葛德石曾任美国国务院驻华文化联络代表，居重庆，与中国地理学家常有来往，并被聘为中国地理研究所兼任研

葛德石故居

葛德石与胡适合影

究员。一九四四年,中国地理学会成立十周年,美国地理学家协会通过葛德石发来贺文,中国地理学会亦经葛德石回函致谢,信中讲:"葛德石是我们真诚的朋友,他在中国的不算长的时间里,已访过许多地方。他同中国的大多地理学家均有交往,并向我们详细介绍了美国地理学界的工作。"在信上署名的理事有胡焕庸(主席)、翁文灏、竺可桢、涂长望、张印堂、黄国璋、李旭旦(秘书长)等,这都是中国地理学界的泰斗。

中国抗战胜利后,葛德石以个人的名义写了一封热情洋溢的致中国人民的长信,祝愿中国走出战争疮痍,抓住历史新机,振兴民族事业。我们不知道这封个人书信是否果真传达到中国民众,但信中情感的真切,足以动人。这封或许并未发出的信件原稿,现保留在希拉丘兹大学档案馆里。

一九四九年春,在里斯本大会上葛德石当选为世界地理学会会长。四月七日应英国著名历史地理学家达比(H.C.Darby)邀请,到利物浦大学做名为"中国的前途"(China's Prospects)的公开演讲,演讲之后曾由侯仁之先生作答词。那几天中令侯仁之先生最不能忘怀的是,演讲的第二天,葛德石又被邀做关于苏联的报告,当时葛德石正兼任苏联大地图集顾问,此报告为内部讲座,在报告之先,葛德石特意声明:我今天虽然讲的是苏联,但是"My first love is China"(我最热爱的是中国)。侯先生常常感慨,五十多年过去了,这句话依然有声。

一九五二年,因为在亚洲研究上的卓越贡献,葛德石被授予美国的戴维森勋章。戴维森勋章专为太平洋地区的地理研究而设,葛德石为获此奖项的第一人。一九七二年至一九八八年期间，又有四人获奖。一九九九年，侯仁之先生为获此奖项的第六人。

一九五四年二月十五日，葛德石"以一个从事了三十来年亚洲研究的地理学家的身份"上书艾森豪威尔总统，就当时的美中关系，提出三点建议。一、台湾国民党没有希望再返回大陆，美国必须与共产党打交道。长远战略是将北京与莫斯科分别对待，莫斯科政治上可以影响中国，但要支持北京在经济上独立，不依赖苏联。这是需要的，也是可行的。二、在一年或多一点的时间以后，只要北京遵守最起码的外交礼仪和条约规定，美国就可以承认北京政权。实施程序可以是，先允许日本与北京贸易，然后美国逐渐同中国大陆直接贸易，在北京加入联合国的问题上美国不动用否决权，最后正式承认北京政权。与此同时，对美国公众做宣传教育。三、台湾问题。这是个很麻烦的问题，只要台北与北京都宣称自己代表中国，就不可能有解决办法。美国将继续支持蒋介石，但美国显然也要进行一些调整。

一九五四年三月十二日，美国国务院助理国务卿罗伯逊（Walter Robertson）给葛德石回了信，向他申述了美国政府的立场：美国毫无选择地要制裁中国的共产党政权，限制他们同自由世界的贸易，在政治上孤立他们。美国承认台湾的"中华民国"是中国的合法政权，在联合国代表中国。共产党政权对外要占领整个朝鲜，欲将北朝鲜并入中国领土，要颠覆越南和其他东南亚国家（按：这里我们且不追究美国政府哪来的这些"奇怪"想法）。对共产党中国的任何缓和，都会增强他们军备的经济基础，使他们无虑地进攻邻国。承认共产党中国，接受他们在国际社会的合法性，无疑会提高他们的声望。另外，鉴于意识形态的联系与共同的利益，美国看不出在北京与莫斯科之间有任何分歧。美国目前的政策是，逼使北京向苏联索求苏联无法提供的援助，这样就会造成两者关系的紧张。

三月十七日葛德石立即给 Robertson 回信，再次申诉自己的观点。他说：我不赞成任何左派或右派的专权。我之所以给总统写信，是希望国际紧张局面能有缓和的一天。只要存在中华人民共和国愿意建立基本的外交关系的可能性，美国就应当有所准备。

用一句俗话说，真不知葛德石欠了我们中国什么，他竟如此"没完没了"地为中国操心。但是，对这样一位差不多半辈子把心放在中国的世界级的大学者，我们现在的中国人倒是太冷淡、太健忘了。回想一九八七年我在希拉丘兹大学过春节。晚会规模很大，有一位美国男子，虽不会讲中国话，却对中国人分外热情，跟每个中国人都打招呼，他必讲的一句话是："My father is Cressey."（我父亲是葛德石）但 Cressey 是何许人？是他的儿子又如何？他对于中国有什么特别之处？在场的中国人没有一个知道的。几年前，我到上海，找到沪江大学校友会，这个校友会办得很正规，有牌子、有联络处、有专人值守，工作应是很认真的。但是，我查遍了"在校任职外国人名单"，竟没有葛德石的名字。问工作人员，也没听说过。我也查过一些一九四九年以后的中文文献，只在二十世纪五十年代的《地理学报》上找到过一篇文章《葛德石反动地理学批判》，文中说："在旧中国葛德石曾经挂着沪江大学'教授'的招牌，干了多年的侦察工作。……葛德石巧于将这些反动观点,包藏在虚伪的关怀、同情与慰勉等好听的言辞当中,偷偷地进行毒害的宣传。""华尔街走卒"葛德石"'笑里藏刀'的暗害行为,实在较之公开的进攻更为可怕,更是可恨"。五十年代以后,在中国书报中很难见到葛德石的名字了。

如此看起来,是我们欠葛德石先生的太多了。问题是,像葛德石这样早年在中国治学,在内心植下对中国的热爱,在二十世纪五十年代的风潮中被当作帝国主义政治的陪绑,最后被中国新一代完全忘记的外国学者,还有不少呢。

泽林斯基的《美国文化地理》

注意美国文化地理学的人,都知道有一个伯克利学派(Berkeley School),因为诞生在加州伯克利大学,所以有这个名字。其创始人物是索尔,大名鼎鼎,他又培养出三十多名研究生,分散在美国各大学教书,大多奉行老师的学术风格,这个学派因此影响巨大。威尔伯·泽林斯基(W.Zelinsky)的《美国文化地理》于一九七三年初版,是伯克利学派的代表著作,影响很大。一九九二年,该书又出修订版。初版与修订版之间,时隔约二十年。值得注意的是,在这二十年间,美国学界思想发生了许多振荡,伯克利学派曾受到尖锐批评,尤其是二十世纪八十年代初后现代主义思潮涌起以后,伯克利学派犹如人文地理界的稻草人,受到一批"新文化地理学"人物的猛烈抨击。泽林斯基正是在伯克利学派的"危难"时刻,再行修订出版了《美国文化地理》。无论泽林斯基本人的想法如何,该书的修订出版,自有特别意义,令留心美国文化地理学发展的人格外注意。

在修订版的简短序言中,泽林斯基对正在风头上的"新文化地理学"未置一词,表现出超然的态度。对初版原有四章的文字内容,亦未做一字改动。甚至对那个在"新文化地理学"看来是最成问题,连袒护者也不敢做过多辩解的核心概念:文化是一种"超级机体"

(superorganic),也没有做"适当处理"。这似乎表明了泽林斯基的固执立场。

文化是一种超级机体,这是伯克利学派人物对文化理解的自觉或不自觉的基本立场。《美国文化地理》一书,是自觉地运用了这个概念,认为存在一个自在的、超越个人的"泛美文化",从而对这个文化之体在地理空间上的生成、表现与命运,进行了描述与归纳。这就使该书的内容很像一部美国文化"超级机体"的传记,具有文化历史地理的特点。该书的初版包括两大部分,第一部分是关于美国文化的来源与特征,第二部分是关于美国文化在两维空间即大地上的延伸。

美国大地,从没有什么文化(意思是印第安人的文化太原始了,涉及的地方也太少了),到布满力度强大的现代文化景观,这是一个典型的"伯克利学派"过程,即在文化的驱动下,大地的自然景观向文化景观的转变。泽林斯基感到,美国大地是一个研究文化地理过程的绝好实验室。

关于美国文化的来源,泽林斯基指出欧洲传统、本地土著、非洲黑人文化这三大根源。当然,欧洲文化因素是主要的。关于美国文化有三大根源的看法,在美国可以说是共识,著名历史地理学家梅尼格在其巨著《美国之塑造》(*The Shaping of America*)中,也是从这三大根源论起。

对于形成之后的美国文化,泽林斯基概括为四个方面,这四点概括在人文地理学界很有影响,它们是:一、强烈的、几乎是无政府的个人主义;二、视动态与变化为最高价值;三、机器主义的世界观；四、尽善尽美主义兼救世主。

其中第一、二两项是世人熟知的美国人特点。第三项所谓机器主义的世界观，是说美国人把世界连人带物都看成一个个大小不同、简单的、没有什么神秘性、可以为人控制的"机械系统"。惠特尼（Eli Whitney）所发明的可互换机器部件，是美国人的一大技术贡献，却也提供了一个意义更宽的思维范式：在人类社会中，也都是些可换部件，脏了要擦，坏了要换。在地理方面，泽林斯基说，美国大多城市的整齐方格子街区和以数目字为街名的做法，也是机器观念的反映。

关于追求尽善尽美以及救世主精神，泽林斯基以为是美国文化最特殊的一面。在美国文化之体内长大的人，便会认为美国不是世界上的"某一个国家"，而是"一个"具有特殊使命的国家。这个使命就是实现完美的人类之梦（当然就是美国之梦），并欲与世界其余国家共进美梦大同。关于这一点，有人称作"道德帝国主义"。美国在大行经济、军事扩张的背后，还有道德扩张。美国医生、教士、慈善家、教师等往往涉足世界偏僻角落，乃是这种文化精神的推动。美国政府的对外政策，也往往有背后的道德观在干预。

在文化地理上，所谓尽善尽美的追求，突出者如早期的新英格兰地区、摩门教徒的盆地王国（盐湖城地区）、佩恩（W. Penn）的神圣实验（宾夕法尼亚州费城），均有乌托邦景观。在宾夕法尼亚州地图上，尚可读到动听的地名，如Edenville（伊甸园）、Freedom（自由）、Harmony（和谐）、Paradise（天堂）、Philadelphia（兄弟友爱之城，即费城）。即使是充满艰辛的西进运动，也有追求田园牧歌的成分。

在救世主的方面，美国人与外国人都承认有一个世界景观范围（国家不同，程度不同）的美国化（Americanization），但褒贬不一。

该书第二部分关于美国文化在美国大地上的传播过程，是一个地理味道更浓的主题，内容涉及旧世界文化要萃在新大陆的选择性转换、早期文化中心区的形成、由文化中心向边疆推进的种种聚落形态、后边疆时代的移动方式、重大变革的空间传播、深层社会文化结构性变化的时空差异等。

美国大陆被文化填充的过程，是由夹携着"文化行囊"（cultural baggage）的先驱者实现的。他们主要动身于大西洋沿岸的三大文化中心：南新英格兰、德拉瓦尔与萨斯克翰纳谷地、彻撒皮克湾，而一个个边疆地带自身的文化意义则并不大。在这一看法上，泽林斯基与美国边疆问题鼻祖特纳的看法很不一样，特纳认为，美国精神品格的许多重要之点都熔造于不断推移的边疆地带。

"美国房子"（American House）是泽林斯基等伯克利学派人物十分注重研究的文化景观，那是些普普通通的房子，高级职业建筑师对它们没有兴趣，但文化地理学者对它们的风格形态、区域分布做了许多考察，其中有的甚至成为美国文化地理学的经典之作。泽林斯基说，上述三大文化中心都发展出自己的房子特色，并沿特殊路径传向远方。慷慨无度地使用空间，是所有"美国房子"最醒目的特征，而每一座房子又是个包含若干运转系统（如水电、冷热）的大机器。不过，在由"美国房子"布列的整合文化景观中，却包含着肉眼看不出的支离破碎的教徒分布的"马赛克"。美国教派歧异，其多何止二三百数，大至州县，小至一镇一村，都可能教徒分治、教堂别立。这一无形的"马赛克",助长了美国人顽固的个人主义。如果再加上种族因素,情况就更复杂。

该书第二部分的最后,泽林斯基谈论的是美国文化地理的结构,也就是文化区域的分布。文化区域,无论对于地理学者或非地理学者,都是容易理解的概念,也是在大多国家容易察觉的事实。不过,泽林斯基还是提出了一类别具特点的"志愿文化区"(voluntary region)的概念,在这类文化区,没有土生土长的居民(如传统文化区那样),而多是些经个人选择而会聚来的人,文化区的面貌由他们创造。"志愿文化区"最为完美的例证,就是摩门教徒的盆地王国(盐湖城地区)。应当指出,"志愿文化区"也是典型的"伯克利学派"区域概念,即无文化区演变为文化区。

以上是《美国文化地理》一书一九七三年初版的一些重要内容。数年之后,其代表的理论立场,尤其是在"文化"概念的理解上,开始受到尖锐批评。批评者指出,伯克利学派以"超级机体"的概念将文化凌驾于个人之上,文化决定人,形成"文化决定论"。另外,文化不是一成不变的恒定"机体",伯克利学派没有充分注意文化的内部运动(inner-working)令文化发生变异的情况。批评者多为较年轻的地理学家,他们的主张被称为"新文化地理学"。"新文化地理学"在总体上属于后现代主义思潮,强调个人主观作用,就考察目标来说,注重异质性、独特性、唯一性,轻视事物的规律性。《纽约时报》曾有文章以后现代主义的口吻说:二十世纪的重大教训是,任何伟大的真理都是虚假的。后现代主义地理学家说:当我们寻找空间秩序的时候,我们才发现,这个世界原来是没有秩序的。

如前所述,泽林斯基是在伯克利学派的"危难"时刻,再行修订出版了《美国文化地理》。在新版中,增加了篇幅颇长的第五章,题为"变动的美国"。"变动"一词,说明泽林斯基原来的具有"超级机制"特点的文化概念有所松解。二十世纪九十年代的现实,令每一个人承认文化的非稳定性。在一九六八年至一九七二年间(该书初版的写作时期),泽林斯基还能够以确定的把握描述美国的"国家之魂",而现在,美国是"变动"的。由于一系列新的技术、新的思潮、新的觉醒频频出现,美国的城市景观、乡村景观、社区景观都发生了许多变化,而且仍在继续变化。在外部环境上,泽林斯基又指出激烈的国际转化渗透(transnationalization)的作用。他举例说,世界上当然还在蔓延美国的可乐和爵士乐,但中国的东西也开始每日或每周出现在普通美国人的面前。所以"美国文化与世界文化是不可分割的"。

由于交流与渗透,世界范围内出现了超越国度的泛世界景观,如星级饭店、CBD办公楼、汽车品牌、大型机场、购物中心等。不过,在承认国际间文化渗透的同时,泽林斯基强调美国文化在世界范围内的核心地位,美国向全世界输出的文化,范围最广、力度最强。当今世界的重大发展离不开美国文化,这是"美国文化与世界文化是不可分割的"又一层意思。在泽林斯基对当代美国与世界文化交流的描述中,我们依然看到那个"超级机体"的影子,它活跃于"美国化"的过程中。尽管如此,在主观上,由于受到现代高速变化的社会生活的冲击,泽林斯基在该书最后承认:"欲对体制、思想等做固定而确切的概括,则把事情看得太简单了。"

"天涯共此时"

(附《大卫·哈维：当代人文地理学家中的思想者》)

一百多年前（一八九〇）经济学家马歇尔（A.Marshall）曾说，在社会科学中，时间的问题比空间的问题更重要。但现在，不少人已反过来认为，空间的问题比时间的问题更吃紧。福柯，还有不及福柯出名的许多学者，都有这样的感受：如今在不少问题上我们之所以蒙在鼓里，不是因为时间的问题不清，却是因为空间的问题未明。

空间，就是这个被繁缛复杂重叠错落的社会人文网络所铺满了的地球表面。村落体系、城镇体系、交通体系、市场体系、政治体系、思想体系，以及土地制度、经济制度、法律制度、教育制度，还有国际关系、民族关系、供求关系甚至亲属关系、敌我关系、海外关系，等等。这些常说的体系、制度、关系，无一不是在大地上一块一块、一条一条、一片一片，或者几块几块、几条几条、几片几片地形成、沟通、对峙、发展、存在着的。这些数不尽的社会人文网络在每一个瞬间都强加给我们极为复杂的世界感受。或远或近、或此或彼、看得见或看不见，关键是，在每一个"此时"它们都"俱在"。对许多事物的存在，甚至发生，我们已觉察不到时间的链条。谁能分得清北京那些"一下子"出现的大楼孰先孰后，谁能说得出亚太经济体系千百个公司的老板哪个先上班哪个后上班。"眼前的时代似乎首先是一个空间的时代",福柯的这句话并非只表达一种表面的印象。

许多社会问题的真实面貌离不开它们或繁或简的空间结构。为了把空间的问题搞明,就要把社会问题(包括社会史)的研究空间化(spatialization),自二十世纪八十年代起,许多学者便呼吁此事。学者们抱怨十九世纪以来多数社会理论(如马克思的,韦伯的,德海姆的)都有重时间轻空间的倾向,有人喻之为"重史的脾气"。在要扳一扳这种理论上"重史的脾气"的人当中,欧美一些"后现代"地理学家倡导最力。一方面,这是西方人文地理学向社会研究的深层"切入"时,必须要辨明的一个前提,属于学科自身的理论建设。另一方面,这也是当今世界格局大改组的形势所提出的现实题目,属于经世致用的需要。

一二十年以前,激进主义的思潮席卷美国。"马克思主义地理学"激流涌现。其对理论上忽视空间的传统鞭笞最厉。著名人文地理学家哈维(David Harvey)在借助马克思主义对美国社会进行批判的时候,发现马克思主义自身便忽视了空间。他指出在这个关于资本主义的博大精深的理论中,时间性的分析是极有力的,但空间性的考虑却相对薄弱。它缺乏足够的篇幅讨论资本主义体系横向延伸的深刻的空间过程。而正是这一过程(包括由此而引发的各种反馈过程),步步为营地创造了今日世界政治经济的总格局,也就是华伦斯坦(Wallerstein)所详加论述的"世界体系"。资本主义的建立不但是一个革古今之变的历史过程,同时也是一个夺天下大势的地理过程。当这一地理过程一经开始,便再没有哪一个另外的国家可以在自己的时间序列里"独立地进入资本主义"了。而当这一格局一旦建立,便没有哪一个国家能够在自己的政治孤岛上"自力更生"地发展现代经济了。所以没有世界总格局的意识,尤其是忽略了这一格局的限定机制,而简单地以为某一个地方总结出来的历史经验具有"放之四海而皆准"的属性,或者完全不理会其他地方的存在而认为自己的发展具有绝对的任意性,都要出现理论与实践上的失误。为了将马克思主义导入现代人文地理学,以便从空间的面上展开对资本主义社会不均衡性的研究,哈维试图建立一套"历史－地理唯物主义"(hisctorico-geographical materialism)的理论。

哈维的"历史－地理唯物主义"并没有成为走红的名字,但是这些"后现代"地理学家所大力倡导的将社会问题研究空间化的实质,却是很有意义的。毫无疑问,人类社会自身具有地理特性。"地理"在这里,和常说的意思有点儿不同,不是指自然环境摆出来的四至八到,也不是指提供地利的山林浸泽。它是人类行为的一种属性,一种必然要展开的形态。人文地理,乃是人事。我国历史上的都城,无论搬到哪儿,都称作是"虎踞龙盘"。这当然是社会政治空间所排出的势态,而不是由龙首原或卧虎山所"天成"的地形。再比如美国那些笔直的州界,那个一眼就看到的"地理",更是人的勾当没商量。这些州界只能画在人造的地图上,却不能画到实在的洛

大卫·哈维

基山上。想到人类社会在空间形态上表现出来的种种花样，必须承认，把社会问题（包括社会史）的研究空间化，是很有道理的。

对人事所形成的种种空间系统，不能想成是摊在大地上僵化不动的"架构"，然后人们在里面做事。这就把它们与人分开了。它们本身是人（群）的一部分，是活的，充满了风云际会。它们既被人类社会所生产，又反过来生产人类社会。人类社会若离了它们，就不算个社会。社会的发展若不包括它们，也就无法说清。一些研究中国历史的人在考察早期各种社会制度的产生时，已然注意到社会发展的地理空间过程是不能漏掉的。如许倬云在研究西周史时，就发现不少东西都是在由紧密的血缘社会向宽阔的地缘社会转化的过程中产生出来的。李零在对西周封侯制度和秦汉封禅制度等问题的细密考察时，感到只有摸清当时社会空间"常常长"的具体过程，才能跟着说清这些制度"常长常消"的原委。在对后来的帝国广阔领土秩序的形成、城市社会空间形态的建立、人口的流动与地理分布等问题上，我国历史地理学者的研究更是节节前进，得到了很多非由此路而不可得的社会认识。要顺便说一下的是，迄今为止，欧美汉学家们对中国学者的历史地理研究还没有整体性的认识。这恐怕也是由于那股传统的"重史的脾气"。

天下大事小事的确有个历史的属性。有人说世上只有一门知识，就是历史。但是康德说还有一门叫地理。康德不光说，也还做。他在科尼斯堡大学竟教了四十年地理。不过，他把历史和地理，时间和空间分得太开了，分成两个不大相干的知识领域，造成治史的只研究时间，治舆地的只考虑空间。这个问题在中西地理学界早已引起警觉，自二十世纪四十年代起就一辩再辩，强调了地理现象的时间过程，大大推动了历史地理学的发展。相对来说，在史学方面，强调历史现象的空间过程的声音还不够大，即使事情已然做了，也尚未站出来明白地说一说。倒是地理学家更敏感一点，在综述北美历史地理学研究的长篇文章中，芝加哥大学地理学者康增（M.P.Conzen）替研究空间问题的历史学家们总结了工作。为了依然保留一条学科的界线，称那些历史学家的研究是"地理历史"（geographical history），有别于地理学家的"历史地理"（historical geography）。无论是历史地理还是地理历史，其实都是打通社会时空的办法。

因为天下大事小事也都有地理的属性，人文地理学顺理成章地成为社会研究的一个基本手段。所谓"基本"手段，意思就是研究什么样的问题都应当有地理学一份儿。果然，在欧美的"福柯热"中，在对现代化弊病的声讨中，也有地理学家的吼声。许多地理学家从景观分析的角度批判了现代化对人性的压抑，还有许多地理学家则谴责以牺牲他人和环境为代价的现代化模式。加拿大历史地理学家哈瑞斯（CHarris）等人，更是不甘示弱地下手研究权力（power）的地理"话语"（discourse），也就是权力是如何在空间形态上"说话"而且"算数"的。一方面由于地理学在广泛的社会人文问题的研究中逐渐"找到了自我"，另一方面由于一个个自然地理的课题渐渐被邻近学科"侵权""瓜分"（地貌研究的题目被地质学拿去不少，植物地理渐渐被农林科学取而代之，等等），地理学就整体来讲，日趋人文化、社会化。这几乎是一个世界潮流，在北美尤其明显。

地理学进一步的人文社会化,增加了社会科学的丰富性,却也添了几分麻烦。麻烦在如何找到一种更好的空间叙述语言,以便更有效地传达事物的共时性质。索加(Soja)在要说明他观看洛杉矶万千景物"尽收眼底"的快感时,察觉到语言上的困难:所见的东西本是共在眼前,但用语言描述时,却要有先有后。空间事物是共时的,语言叙述是续时的。不少现代绘画爱把众多杂乱的东西一并放入画面。还有许多电影以及广告,故意飞快地变换镜头,令观众目不暇接,"这个没看清,那个就来了"。这些"视觉语言"在共时性描述上倒是技高一筹。地理学作为处理空间问题的"行家",早有地图一手,以展现各类事情的空间分布。近年来飞速发展的地理信息系统(GIS)技术,则是地理学同电脑结合而产生的新的空间思维语言,以模拟共时空间的复杂性、动态性与逻辑性。在非地理专业中,学者们虽没有绘制地图的耐心,更无 GIS 的本事,但设计几幅简化的模式图,也可以有效地表示事物彼此共存、相互作用的实质。当然,话说回来,日常语言毕竟是我们人类最基本、最灵活、最深刻的表述工具,在空间描述上也最终如此。地理描述是语言发展并走向灿烂的路途之一。中文之美,不能不说仰仗了对"落霞""孤鹜""秋水""长天"之画面的生动再现,和对"左环沧海,右拥太行,北枕居庸,南襟河济"之形势的高瞻远瞩。

欲理解今天的世界,需要把高瞻远瞩的目光扩展到四海之外。无论叫太平洋世纪也好,还是叫全球世纪也好,都说明世界各方势力在争夺对人、资源、技术、产品、市场的占有、组合和控制,已日趋全球一体，因而空间的问题更加紧迫。首先把空间的问题处理好，才能去"跨世纪"。过去说，温故而知新，但现在还要会"看着邻居过日子"，要掌握决胜千里的一套办法。事情正从空间渗透过来，像一句广告说的："林河酒，XO 的享受"。作为一个现代人，不得不承认：世界只有一个。无论是做环球旅行的情侣，还是炸飞机的恐怖分子；无论是开汽车的美国人，还是骑骆驼的伊拉克人；无论是北京街头倒卖 CD 软件的"哥们儿"，还是西雅图华盛顿湖畔思维奇异的盖兹先生，大家都是"海上生明月，天涯共此时"。

附　大卫·哈维：当代人文地理学家中的思想者

大卫·哈维是当代西方地理学家中以思想见长并影响极大的一位学者。他一九三五年生于英国肯特郡的吉林厄姆（Gillingham），一九六二年获剑桥大学博士学位，一九六一年至一九六九年曾在布里斯托尔大学教书，一九六九年至一九八六年任美国约翰·霍普金斯大学地理学与环境工程系教授，一九八七年转为英国牛津大学教授。一九九三年又返回约翰·霍普金斯大学地理学与环境工程系执教。

哈维的学科立脚点是人文地理学，但其学术视野及思想内涵则贯通于人文社会科学的许多方面。以地理思维之长（空间观察）见人文社会之短（批判弊病），是哈维治学的主要特点，也是其学说为人关注的主要原因。所以，哈维不仅仅是一位地理学家，更是一位社会理论大家。在社会学、人类学、政治经济学等方面，均有杰出声誉。作为一个地理学家,能取得如此广泛的社会人文影响力,是战后地理学界所罕见的。

一九六九年出版《地理学中的解释》(中译本由高泳源译,商务印书馆一九九六年出版)一书,奠定了哈维的理论地位,使其成为地理学中实证主义的代言人物。而一九七三年出版的《社会公正与城市》(Social Justice and the City),又标志着哈维一个更重要的理论进展,即一种充满"社会关怀"的激进立场,有评论说,该书体现了他对逻辑实证主义"科学方法"的失望与发现马克思主义理论的新的兴奋。《社会公正与城市》一书的出版,与美国社会中的批判思潮、激进思潮相呼应,很快产生超越人文地理学界的广泛影响,成为这一潮流的名著。随后,哈维又出版了《资本的限度》(The Limits to Capital, 1982)、《资本的城市化》(The Urbanization of Capital, 1985)与《意识与城市经验》(Consciousness and The Urban Experience, 1985)均着力于揭露资本主义社会中政治经济与城市地理、城市社会弊病的关联性。哈维成了激进主义地理学的一名旗手。

作为旗手,哈维执着地高擎马克思主义的地理理论。哈维自认为对马克思主义所忽略的空间问题,有开创性的阐发。他强调,资本主义的发展是一个涉及全球的地理问题,而且资本主义国家曾经历了"空间修整"(spatial fix)的过程,将自身积累的危机与阶级矛盾转嫁到国外市场。他在"历史唯物主义"这个传统概念中,加上"地理"一词,成为"历史-地理唯物主义"(historical-geographical materialism)。二十世纪八十年代初,北京大学历史地理学家侯仁之先生访问约翰·霍普金斯大学,哈维特地选了五月五日(马克思诞辰)这一天来会见侯先生,意义十分明显。一九九七年,在纪念《共产党宣言》发表一百五十周年纪念活动中,哈维亦作有关《共产党宣言》的演讲,指出社会主义应当具有一种能够包容异质的具体形式,而不应是一个纯粹的概念。直到近些年他所出版的新著《资本的空间》(*Spaces of Capital: Towards a Critical Geography*)中,仍表现出对马克思主义理论的执着的忠诚。

在研究对象上,哈维是与时俱进的。对于所谓"后现代"问题的考察,他也是一位敏锐的学者。他的《后现代性的条件》(*The Condition of Postmodernity: An Inquiry into the Origins of Cultural Change*, 1989)一书被普遍认为是精彩的对后现代社会秩序与非秩序性的阐述。他指出,后现代主义城市反对现代主义的那种理性规划,而倾向于个性化的美学追求,"空间属于一种美学范畴"。在另一本讨论后现代性的书《希望的空间》(*Spaces of Hope*, 2000)中,哈维强调,后现代性是一种新的对时间与空间的经验方式,即对时间与空间的高度"压缩",生活变得急促而空虚。他从地理学家特有的角度提醒人们,地理考察是认识人与人差异的重要起点。哈维仍然以批判的视角,指出迪士尼乐园、郊外封闭小区等是一种"变质的乌托邦"(degenerate utopias),这些貌似欢乐、闲雅的人造小区使人忘记了外面的充满麻烦的真实世界。在阐述后现代社会问题时,哈维汇集了建筑学、城市规划理论、哲学、社会理论、政治经济学等多种学科,在他身上,我们似乎又看到早期地理学家那种博大、无所不包的情形。

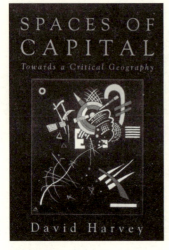 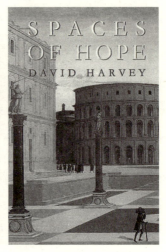

《资本的空间》封面　　　　　　《希望的空间》封面

现在哈维已是一位老人，但学术活动依然活跃，他所获奖项甚多，举要如下：美国地理学家协会杰出贡献奖、瑞典人类学与地理学会 Anders Retzius 金质勋章、伦敦皇家地理学会 Patron（赞助人）勋章、地理学 Vautrin Lud 国际奖、阿根廷布宜诺斯艾利斯大学荣誉博士学位、丹麦 Roskilde 大学荣誉博士学位、纽约城市大学人类学系"杰出教授"荣誉等。